U0461739

国家社科基金
后期资助项目
GUOJIA SHEKE JIJIN HOUQI DZHU XIANGMU

青少年体育政策研究

Research on Sports Policies for School Children and Adolescents

罗小兵　鲁长芬　著

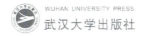

WUHAN UNIVERSITY PRESS
武汉大学出版社

图书在版编目(CIP)数据

青少年体育政策研究/罗小兵,鲁长芬著.—武汉:武汉大学出版
社,2023.12
国家社科基金后期资助项目
ISBN 978-7-307-23940-1

Ⅰ.青… Ⅱ.①罗…②鲁… Ⅲ.青少年—体育锻炼—政策—研
究—中国 Ⅳ.G806

中国国家版本馆 CIP 数据核字(2023)第 155533 号

责任编辑:聂勇军 责任校对:汪欣怡 版式设计:韩闻锦

出版发行:**武汉大学出版社** (430072 武昌 珞珈山)
(电子邮箱:cbs22@ whu.edu.cn 网址:www.wdp.com.cn)
印刷:武汉邮科印务有限公司
开本:720×1000 1/16 印张:19.25 字数:338 千字 插页:1
版次:2023 年 12 月第 1 版 2023 年 12 月第 1 次印刷
ISBN 978-7-307-23940-1 定价:76.00 元

国家社科基金后期资助项目（20FTYB012）

国家社科基金后期资助项目
出版说明

后期资助项目是国家社科基金设立的一类重要项目，旨在鼓励广大社科研究者潜心治学，支持基础研究多出优秀成果。它是经过严格评审，从接近完成的科研成果中遴选立项的。为扩大后期资助项目的影响，更好地推动学术发展，促进成果转化，全国哲学社会科学工作办公室按照"统一设计、统一标识、统一版式、形成系列"的总体要求，组织出版国家社科基金后期资助项目成果。

全国哲学社会科学工作办公室

目　　录

第一章 导 论

第一节 研 究 背 景

一、现实需要

(一)青少年体育关乎国家发展和民族复兴

"少年强则中国强,体育强则中国强",青少年的身心健康是国家富强和社会进步的重要标志,是加速实现中华民族伟大复兴的重要基础。同时,青少年体育是整体体育事业全面发展的动力,是提高国民综合素质的基本环节,是综合国力的重要基础。1995 年颁布的《中华人民共和国体育法》规定:国家要重点关注儿童、少年的体育活动,增进少年、儿童的身心健康发展[①]。

近年健康中国战略所着力打造的"全民健康"立足全人群和全生命周期两个着力点。青少年既是全人群的特殊人群也是全生命周期的关键时期,是健康中国建设的聚焦点,青少年健康自然成为打造全民健康的核心目标。青少年体育是落实健康中国"预防为主,推行健康生活方式,减少疾病发生,实现全民健康"目标最基础最重要的方式,理应在促进青少年健康、社会健康和国民素质提升上承担重大责任和使命。

(二)青少年体育发展过程中问题凸显

近年来,青少年体育受到了党和国家的高度关注。但是从具体实践来

---

① 全国人民代表大会.中华人民共和国体育法[EB/OL]. http://www.npc.gov.cn/npc/c30834/202206/ad515e98ae274e44b1cd2c02687db07f.shtml.

看，我国青少年体育发展布局、体质健康及资源供给等方面还存在一定的问题。特别是青少年的体质健康状况堪忧，视力不良检出率居高不下、肥胖与超重比例持续攀升、心肺功能和运动能力下降、体育参与程度不高等问题严重阻碍了健康中国战略目标的实现和体育强国战略的实施，暴露出了我国青少年体育治理体系建设的滞后。因此，在落实全民健身计划、建设体育强国、落实健康中国目标的过程中，解决青少年体育发展中的突出问题显得尤为必要。

（三）政府对青少年体育政策立法日渐重视

自新中国成立以来，党和国家制定和颁布了大量有关青少年群体的体育政策。如从 1950 年颁布的《准备劳动与卫国》和《关于更广泛地组织青少年参加体育运动的指示》到改革开放初期颁布的《国家体育锻炼标准》和《关于保证中小学生每天有 1 小时体育活动的通知》再到社会主义市场经济建设时期颁布的"中央七号文件"等一系列重要政策文件，均是由国家权威部门联合发文的，特别是在中共中央颁布"七号文件"以后，青少年体育发展问题一直是学术界的研究热点。近年来，政府相继颁布了《体育发展"十三五"规划》《青少年体育"十三五"规划》《"十四五"体育发展规划》，对青少年体育的发展进行整体布局；《全民健身计划（2016—2020）》提出了实施全民健身计划是国家的重要发展战略，将青少年人群作为推动基本公共服务均等化和重点人群项目发展的中心工作；《"健康中国 2030"规划纲要》提出了青少年体育活动促进计划；《全民健身计划（2021—2025）》提出了实施青少年体育活动促进计划，推进青少年体育"健康包"工程等。如此多的政策文件无不体现出国家对青少年体育发展的关心与重视。

（四）青少年体育政策实施效果不理想

新中国成立以来，党和国家颁布了一系列体育条例、法律法规、发展规划、行政命令、指导方略、通知等，近年来针对青少年体育的政策文件更是层出不穷，且很多政策文件都是以国务院、国家体育总局（简称"体育总局"）、教育部等政府主管部门发布的。体育政策文本数量多、涉及面广、政策内容丰富、权威性强。然而，良好的政策愿景并没有产生良好的实际效果。青少年体质健康状况堪忧，青少年体育参与度较低、体育活动水平明显不足；体质与健康方面的部分指标水平持续下滑，青少年超重和肥胖问题严重，7~22 岁的城乡男女生肥胖人数不断增长，城市青少年超重和肥胖的比例已经超过了世界卫生组织公布的 10% 的安全临界点①；青少年竞技体育后备人才不足，很多原来的优势项目青黄不接。可见，体育政策从颁布到实施落地，有一段相当长的路要走。

二、理论背景

(一)体育政策研究成为热点

政策科学起源于美国，也称政策分析。1951 年拉斯韦尔与拉纳合作，在美国出版《政策科学：范围和方法的新近发展》一书，为政策分析奠定了基础。该书在出版初期并没有引起人们的关注，后来因为各种社会问题的复杂化，推动了政策科学在社会各领域的发展。我国政策科学理论体系兴起于改革开放，随着改革开放进程的推进、政治管理体制改革的深化，以及市场化、民主化、法治化速度加快，政策科学成为一个越来越热的学科领域，学科体系日渐完善，其应用性、现实性和本土化逐渐增强，从而推动了政策科学在分支学科领域的探索与分化，体育政策学应运而生。

近年来，体育政策研究如雨后春笋般地涌现，用政策科学理论与方法来研究体育政策已成为近些年体育科学创新的新方向。体育政策研究内容涉及竞技体育、学校体育、群众体育、体育经济与产业等多个领域，研究主题涉及体育政策文本、体育政策执行、政策工具使用、政策资源开发、政策评价体系、公共体育政策、体育战略等多个方面，理论视角趋于多元化，涉及政策分析理论、组织管理理论、演化博弈理论、利益相关理论、政策变迁和制度变迁理论等各种政策理论。但从整体上讲，体育政策研究理论的适宜性、实践针对性尚未得到充分体现，存在理论与问题解决、理论与研究框架脱节的现象。

(二)对青少年体育政策的系统研究较为缺乏

纵观新中国成立 70 多年的历史，青少年体育的发展在每个历史阶段都深深地烙上了政策指引的痕迹。特别是近年来党和国家政府部门对青少年体育的重视达到了前所未有的高度，颁布的青少年体育政策也创造了历史新高。但政策效果并没有在学术界得到积极的回应，对青少年体育政策的系统研究较为缺乏。

---

① 刘扶民，杨桦. 中国青少年体育发展报告[M]. 北京：社会科学文献出版社，2017：33-35.

近年来，已有的青少年体育政策研究主要表现出以下特征：(1)学校体育政策、群众体育政策、竞技体育政策是体育政策研究的热点和重点；(2)政策科学理论与方法和青少年体育政策研究存在"两张皮"现象，如一些关于青少年体育俱乐部政策、体育健康促进政策和青少年运动员政策的研究，重在阐述现象和具体表现问题，很少从政策学角度探析政策本身的问题，其政策研究的深度和高度有待提升；(3)对体育政策工具研究有所涉及，但也存在问题，如对政策文本内容进行编码的样本量偏少，研究成果的代表性还有待商榷，已有研究基本上采用定性式的定量分析，在编码过程中缺乏信效度的检验；(4)研究对象较为侧重对某一项、某一类或某一领域政策的解读与分析，缺乏从时空维度对青少年体育政策进行历史的、动态的、系统的研究；(5)国外学者善于运用实验法，重点关注青少年体育政策的制定、执行过程和评估效果，以及体育政策与青少年体育活动及身心健康之间的关系，很明显，我国在这方面的研究稍显不足。

第二节　研究意义

一、实践意义

政策的最大意义在于实践。本书立足于青少年体育发展的现实需要，具有较大的实践意义。

(1)为政府决策部门制定科学、适宜、高效的青少年体育政策提供行政咨询和参考，推动政府有效实现政策目标、提升政府绩效。

(2)让人们更好地了解青少年体育政策的内容结构、特征规律及发展方向，把握青少年体育政策发展的脉搏。

(3)促进青少年体育政策从文本向实践软着陆，提高青少年体育政策的针对性、可操作性和实效性。

(4)能够为青少年积极参与体育活动并逐步落实各项政策提供行动指导和建议，从而全方面提高我国青少年群体的身心健康水平。

(5)助推健康中国目标实现，落实全民健身战略，助力体育强国建设，为实现中华民族统一与伟大复兴贡献智慧。

二、学术价值

本书系统研究美国及我国的青少年体育政策，并分析定位我国青少年体育政策的发展方向，探寻我国青少年体育政策未来定位和治理策略，具有以下价值：

（1）为我国青少年体育政策研究提供国外先进经验。

（2）为后续青少年体育政策研究提供丰富的文献材料和政策清单。

（3）研究青少年体育政策环境、政策目标与价值取向、政策内容、政策措施等，可丰富完善我国青少年体育政策研究的理论框架。

（4）不仅促进政策科学研究方法在我国青少年体育政策研究中的应用，也提高了青少年体育政策研究的深度和高度。

第三节　青少年体育政策研究述评

一、核心概念界定

（一）青少年

目前，从世界范围看，受国家政治、经济及文化传统等诸多因素的影响，各国对青少年年龄的界定存在着一定差异，有的国家的儿童在 8 岁就出现了发育迹象，而有的国家可能要延续到 14 岁以后①。世界卫生组织、联合国儿童基金会等发展机构通常将 10 岁至 19 岁的人群范围界定为青少年（adolescent），15~24 岁的定义为青年（youth），10~24 岁的称为年轻人（young people）②（图 1-1）。苏联将青少年界定为 14~30 岁，巴西将 22 岁视为青少年期的结束。

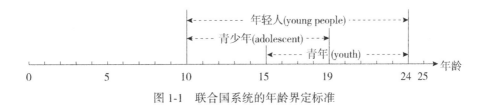

图 1-1　联合国系统的年龄界定标准

我国在对青少年的概念及年龄进行界定时，也未形成统一的标准。无

① 陆士桢，王玥．青少年社会工作［M］．北京：社会科学文献出版社，2010：2-4.
② 胡玉坤，郑晓瑛，陈功，王曼．厘清"青少年"和"青年"概念的分野——国际政策举措与中国实证依据［J］．青年研究，2011（4）：1-15.

论是青少年儿童，还是成年的青年人，按照习惯经常笼统称其为"青少年"，对这一概念的界定并没有严格的标准。国家统计局在进行人口普查时，将青少年的年龄界定为 15~34 岁；中国法律将青少年犯罪人群的年龄规定为 14~25 周岁的人；在《中国青少年体育发展报告(2016)》(以下简称《报告》)中，《报告》将青少年体育界定为 6~19 岁年龄段人群的体育。

综上，对于青少年的概念及其年龄的界定，国内外都未达成共识。结合国内外的研究成果，本书遵循《报告》中界定的青少年年龄：6~19 岁。因此，本书的青少年主要是指学生群体、青少年运动员等。

(二)政策

政策(Policy)是我们耳熟能详的一个名词，但是对它的定义到目前为止还没有一个统一的说法。公共政策学的创始人哈罗德·拉斯韦尔(Harold Lasswell)认为："政策是一种含有目标、价值和策略的大型计划。"[1]詹姆斯·安德森(J. E. Anderson)认为："政策是政府的一个有目的的活动过程，而这些活动是由一个或一批行为者为处理某一问题或有关事务而采取的。"[2]我国政治学者陈潭认为："政策是规范、引导社会公众和社群的行动指南或行为准则，是由特定的机构制定并由社会实施的有计划的活动过程。"[3]本书遵循陈潭所提出的政策概念范式，认为政策不仅具有指引的作用，在执行过程中还具有动态性。

(三)体育政策

作为政策科学的重要组成部分，体育政策也可以看做青少年体育政策的上位概念，对于它的定义在国内外有诸多不同的表述方式。较有代表性的如钱景认为："体育政策是指国家为实现一定历史时期的体育路线和目标而制定的行动准则。"[4]王曙光等认为，体育政策是国家制定的开展体育活动和促进体育事业发展的规范和准则[5]。虽然学者们对体育政策的表达不尽相同，但都将体育政策作为一种静态的事物进行阐释并强调了政策规范作用。

---

① 林水波，张世贤. 公共政策[M]. 台北：五南图书出版公司，1982：8.
② 陈庆云. 现代公共政策概论[M]. 北京：经济科学出版社，2004：2-4.
③ 陈潭. 公共政策学原理[M]. 武汉：武汉大学出版社，2008：5-7.
④ 钱景. 试论体育政策的科学性[J]. 四川体育科学学报，1987(4)：10-11.
⑤ 王曙光，李维新，金菊. 公共政策学[M]. 北京：经济科学出版社，2008：408-409.

新中国成立 70 多年来，我国颁布了大量的体育政策，文本数量多，内容庞杂。因此，本书侧重从国家层面来分析我国的体育政策，并将体育政策定义为：党和国家在一定历史时期内为满足公众对体育的需求、促进体育事业发展所做出的决策及相关措施。它反映了党和国家在特定的历史时期对待体育问题的态度和价值取向。

(四) 青少年体育政策

本书将青少年体育政策定义为：在一定历史时期内，党和国家为保证青少年体育事业的健康发展、维护青少年体育权益、提升青少年身心健康水平，针对青少年这一特定群体而制定的具有一定稳定性和强制性的规范体系和行动准则。

二、政策分析的理论基础

政策科学形成于 20 世纪 50 年代，1951 年拉斯韦尔 (Harold Lasswell) 和拉纳 (Daniel Lerner) 发表《政策科学：范围和方法的新近发展》标志着政策科学的诞生，该书对政策科学的对象、性质和研究任务等作了较具体的规定。在随后的 1968—1971 年，德罗尔 (Dror) 发表了被称为政策科学的"三部曲"：《公共政策制定检讨》(1968)、《政策科学构想》(1971)、《政策科学进展》(1971)。德罗尔继承和发展了拉斯韦尔的政策科学理论，对政策科学的一系列基本理论问题作了进一步详细的论证[①]，从而形成了相对完整的政策科学系统[②]。20 世纪 70 年代后，一些政策科学学者开始关注现实具体的政策问题，政策分析范式迅速成长壮大，代表人物是林德布洛姆。林德布洛姆用政策分析表示一种将定性与定量相结合的渐进比较分析类型，将政策科学领域理解为一门应用型的社会科学学科[③]。

(一) 政策分析类型

国内外对于政策分析的研究由于对理论基础和政策本质的理解存在差异，从而导致不同派别林立，始终没有形成一种普适的观点[④]。威廉·邓恩 (William Dunn) 提出了政策分析的三种主要类型，分别是前瞻性分析、

① 张聪林. 基于公共政策的城市规划过程研究[D]. 华中科技大学，2005.
② 陈振明. 政治与经济的整合研究——公共选择理论的方法论及其启示[J]. 厦门大学学报(哲学社会科学版)，2003(2)：30-39.
③ 战建华. 公共政策学[M]. 济南：山东人民出版社，2011：37.
④ 段培新. 政策分析研究方法文献综述[J]. 社会科学管理与评论，2013(1)：88-93.

回溯性分析和综合分析。前瞻性分析主要涉及政策行动启动前信息的提供与转换，为最终拍板决策提供依据。回溯性分析主要涉及政策落实后相关信息的获取及转换。不论是前瞻性分析还是回溯性分析都有其缺陷和优势，前瞻性分析涉及预测，存在信息不充分、可信度不高等缺陷，但它对政策运行控制具有重要的指导性作用；回溯性分析属于事后分析，虽与政策执行过程无关，且具有一定的被动性，但它所提供的信息真实、可靠，具有重要的分析价值①，所以邓恩提出了第三种更为全面的综合分析形式，吸取了前瞻性分析和回溯性分析的相关优势②。

（二）政策分析框架

在斯图亚特·S.那格尔编著的《政策研究百科全书》中，我们发现麦考尔（George J. McCall）和韦伯（George H. Weber）提出了另一个政策分析的框架，即从政策内容和政策过程的角度进行研究③。政策内容包括政策将要影响的特定目标或目标集合、期望的特定事件过程、选择的特定行动路线、相关意图的特定表述以及采取的特定行动等。政策内容的分析是将政策内容的一个或多个属性看做解释变量，分析其对部分或整个政策内容的影响。这些政策的属性包括：政策领域、制度范畴、目标范畴、时间周期、价值导向、政府层次等。政策过程包括一系列行动及其相互影响，对这些行动和相互影响的分析会导致最终选择的优化，即对一个看似满意的特定政策内容做出权威的最终选择。政策过程的分析主要分析政策周期的一个或几个阶段。关于政策周期的阶段划分不同学者有不同看法，但至少包括政策的表述、政策决策、政策执行、政策评估与反馈这几个阶段。

（三）政策分析模型

本书参照托马斯·戴依的公共政策系统理论模型。公共政策系统理论模型将公共政策视为政治系统的输出，公共政策是政治系统在受到外在环境压力时，所做出的一种反应④。该模型认为，公共政策的制定受社会环境里影响政治系统的各种力量的"投入（inputs）"，以及政治系统范畴以外的任何情况或状况（condition or circumstance）的"环境"因素的影响，而政

---

① 谢明. 政策分析的主要类型及其评述[J]. 北京行政学院学报，2012(3)：45-48.

② 威廉·邓恩，等. 公共政策分析导论[M]. 北京：中国人民大学出版社，2002：32.

③ 那格尔. 政策研究百科全书[M]. 北京：科学技术文献出版社，1990：60.

④ Easton D, Dennis J. The Child's Image of Government[J]. Annals of the American Academy of Political & Social Science, 1965, 361(1)：40-57.

治系统是彼此相互有关联的结构和过程的集合体。其影响因素包含以下几项：(1)政治系统，指相互关联的结构及过程的结合体，其功能是在为整个社会作具有权威性的价值分配的工作；(2)环境，政治系统以外的情景或状况称之为环境，公共政策的制定受环境中各种因素的影响，包括公共政策的受益人(beneficiaries)，其他支持或反对政策的公众、利益团体、政府其他部门的人员等；(3)投入，对政治系统有任何影响的环境中的力量称之为投入，投入又可分为需求、资源、支持以及反对；(4)输出，政治系统所做出的具有权威的价值分配称之为输出，这些分配就是公共政策；(5)回馈，系统理论模型认为公共政策的制定过程为一循环的过程(cyclical process)，其回馈旨在显示政府制定的政策会影响需求、资源、支持或反对，而激起另一回合的政策制定过程。该模型将公共政策制定看做一个循环的过程，较好地回应了政治现象的复杂性与动态性，在急速变迁的环境里，政策的需求随着环境的变迁而改变，系统为了持续生产，必须适应环境的需求，解决系统所面临的困难。公共政策系统理论是系统理论在政策科学领域的具体化，是指导本书开展深入研究的重要理论基础。

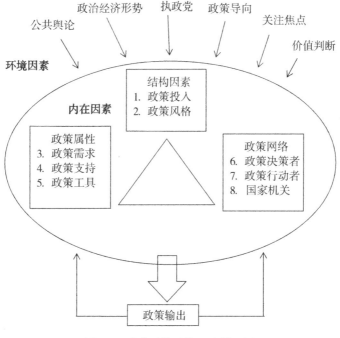

图 1-2　公共政策系统理论模型图

同时，公共政策系统是指一个由政策主体和其他利益相关者，以及将他们与政策客体、政策环境联系起来的政策支持系统、政策反馈系统等所组成的有机整体。政策体系既是政策运行的载体，又是政策发展的基础。政策制度的研究通常分两个层次进行，其一是分析政策体系内部的结构要素及其相互作用的规律性，为优化政策体系、提高政策有效性提供依据；其二是分析政策系统与政策客体、政策环境的关系，以揭示公共政策问题的前因后果、决策的条件和情势，并对政策效果进行评估①。

(四)政策工具

政策工具的研究正在成为一个新的学科分支或主题领域，它是伴随着公共管理主体的多元化、公共政策的复杂程度和执行难度的增加而出现的②。20世纪80年代，受到西方政策学界的广泛重视，许多学者投身于政策工具的研究，这一时期代表作有Hood的《政府的工具》③。20世纪90年代，政策工具的研究成为西方政策科学研究的热点，其研究成果不断得到丰富和完善，逐渐成为政策科学中的一个学科分支，由国外两位学者共同主编的《公共政策的工具》是这一时期具有影响力的代表作④。迄今为止，学术界对"政策工具"的研究包括政策工具的内涵、分类及应用等方面，但其定义还未形成统一的观点。学者思考角度不同，对其理解也不大相同。

从因果的角度，Salamon将政策工具理解为政府推行政策的手段，把它视为一种明确的方法，通过此方法推动集体行为解决公共问题⑤。Peters等认为政策工具可被看成目标，而法律和政府的行动是具体的工具⑥。

从目的角度出发，Elmore认为政策工具是为实现政策目标而对政策

---

① 景俊杰. 二十一世纪以来日本体育政策运行研究[D]. 上海体育学院，2013.
② 黄红华. 统筹城乡就业中的政策工具——以浙江省湖州市为例[J]. 中国行政管理，2009(2)：117-122.
③ 邬文燕. 中国低碳经济发展的财政政策工具研究——基于政策文本的分析[D]. 南京大学，2014.
④ 刘春华，李祥飞，张再生. 基于政策工具视角下的中国体育政策分析[J]. 体育科学，2012，12(32)：3-8.
⑤ Salamon Lester M, et al. Tools of Government：A Guide to the New Governance[M]. Oxford University Press，2002：37.
⑥ 盖伊·彼德斯，弗兰斯·冯尼斯潘. 公共政策工具——对公共管理工具的评价[M]. 北京：中国人民大学出版社，2007：32-44.

手段做出的权威性选择①。Linder、Peters 将其定义为实现政府目标的手段②。Schneider、Ingram 将政策工具定义为激励目标群体遵守政策或利用政策机会的政策手段③。

从机制的角度，Hood 认为不同的政策工具进行组合可以实现各种政策目标，它是将政策目标转化为实际行动的机制④。我国学者在这方面也有一定的研究成果，将其定义为国家为了实现政策目标，将其转化为具体行动而采取的一种有效的方法，一旦政策工具失效，政府的目标便无法实现⑤。

不难看出，各学者从不同的角度对政策工具进行阐述，其结果存在一定的差异，但是实质内容相似。政策工具首先是一种手段，它的存在是为了实现政策目标。因此，本书将体育政策工具界定为：体育政策执行者为了实现一定的体育政策目标，解决体育政策具体问题而采取的各种途径和手段。

选择并运用不同类型的政策工具，其政策实施效果也截然不同。关于政策工具的分类方式有很多，目前影响范围较大，应用领域较广的有以下6 个，见表 1-1：

表 1-1　　　　　　　　　　　　　不同政策工具分类方式

学者	政策工具类型
施耐德(Schneider) 英格拉姆(Ingram)	权威工具、激励工具、能力工具、象征及劝告工具、学习工具
豪利特(Howlett) 拉米什(Ramesh)	自愿性工具：家庭、社区、私人市场等 强制性工具：补贴、产权拍卖、税收等 混合型工具：监管、命令性、权威性等
胡德(Hood)	依据政策目标划分为探索性工具和影响性工具，结合节点、职权、财政和组织四种资源，将政策工具划分为 8 种：建议、法律、补助、提供服务、调查、登记、咨询和统计。

---

① Richard Elmore. Instruments and Strategy in Public Policy[J]. Policy Studies Review, 1987, 7 (1)：174-186.

② Stephen, Linder, Peters. Instrument of Government: Perceptions and Contexts[J]. Journal of Public Policy, 1989, 9(1)：35-56.

③ 陈振明. 政策科学——公共政策分析导论[M]. 北京：中国人民大学出版社，2003：71.

④ Chirstopher Hood. The Tools of Government[M]. London：Macmillian, 1983：21.

⑤ 张成福，党秀云. 公共管理学[M]. 北京：中国人民大学出版社，2007：31.

续表

学者	政策工具类型
麦克唐纳(McDonnell) 埃尔莫尔(Elmore)	命令性工具、激励性工具、能力建设工具、权威重组工具和劝告工具
萨拉蒙(Salamon)	规制性工具、非规制性工具、开支性工具、非开支性工具
Roy Rothwell Walter Zegveld	供给型政策工具、环境型政策工具、需求型政策工具

以上学者对政策工具的分类标准不同,有的基于政策主体不同而划分,有的基于政策资源不同而划分;有的从宏观角度出发,有的从微观角度出发,没有优劣之分。本书的研究对象是青少年体育政策文本,考虑到Roy Rothwell 和 Walter Zegveld 的分类方式能够较为全面地囊括青少年体育政策所使用的各类政策工具,即:不同的体育政策可能对青少年体育的发展分别具有推动型、影响型或拉动型的作用,体现在政策工具上即为供给型、环境型和需求型工具。因此本书将此分类法作为基本政策工具维度的理论基础。

鉴于政策工具的重要性,国外政策工具理论在环境保护、财政金融、可再生资源、农业、教育等领域被广泛应用。在国内,财政金融界较早使用了"政策工具"这一概念;公共管理学界在环境保护①、房地产行业②、农村基础设施建设③、协同发展城乡就业等领域也有关于政策工具的个案研究④。近年来,利用可再生资源缓解能源危机成为各国学者的研究热点,因此我国关于可再生资源的政策工具研究也受到高度关注⑤⑥。

三、青少年体育政策研究述评

(一)体育政策的相关研究

与其他领域的政策研究相比,目前我国体育政策的研究还处于探索阶段。从当前收集的有关政策的研究成果来看,其可被归纳为以下几类

① 杨洪刚. 中国环境政策工具的实施效果及其选择研究[D]. 复旦大学, 2009.
② 刘洪. 政策工具的评价与选择:以房地产业政策工具为例[D]. 厦门大学, 2005.
③ 王春福. 农村基础设施治理的政策工具选择[J]. 学术交流, 2008(2): 68-71.
④ 黄红华. 统筹城乡就业中的政策工具选择与优化[D]. 浙江大学, 2009.
⑤ 程啸天. 政策工具视角下的中国风电产业政策文本内容分析[D]. 浙江大学, 2011.
⑥ 赵丽莉. 政策工具视角的中国光伏产业政策文本内容分析[D]. 浙江大学, 2011.

研究：

1. 体育政策的本质研究

沿袭公共政策的研究共识，体育政策本质研究从概念出发，进而探讨体育政策的特点及其分类。由于上文已经阐述了体育政策的概念，在此不再赘述。目前关于体育政策特点的研究为数不多，李启迪的观点较为典型，他认为体育政策除了一般公共政策特性以外，还有利益相关性、效果滞后性和层次性等特征①。体育政策的类型根据划分标准的不同而形式各异，在纵向上，可分为国家政策和地方政策；横向上，一般可分为学校体育政策、群众体育政策、竞技体育政策及其他体育政策等②。

2. 体育政策的价值研究

从体育政策的本质来说，它充分体现了人的主观能动性，而人的选择往往就囊括了一定的价值理性。从当前所收集和整理的资料中，对体育政策的价值研究主要有两种范式，即应然研究和实然研究。目前与之相关的研究多是从某项体育政策内容出发，分析其实际价值取向及缺失，再讨论政策的应然价值取向，为政策的未来发展方向提供参考。如邵凯和董传升通过分析和解读我国当前的体育政策，认为我国体育发展方式的价值在改革背景下发生了回转，并将其总结为以下三个方面：（1）从重视竞技体育的优先发展到重视群众体育的科学发展。（2）从"被动选择"到"以人为本"。（3）从体育价值的"国家需要"到"公民需要"。马宣建从历史的角度对我国颁布的奥林匹克和群众体育政策进行了个案研究，他认为坚持"一个中国"，坚持互动合作、互利多赢是中国体育政策的基本价值取向；陈彩祥和马廉祯认为我国抗战时期的国民体育政策价值主要体现在"救国"，强调养成人的斗争精神和训练人的作战技能。

3. 体育政策的过程研究

政策，它不仅是一项静态的文本，同时也是一个动态的实践过程。我国学者普遍将公共政策学的观点移植到体育政策的过程研究之中，认为体育政策过程主要包括四个阶段，即"政策问题认定—政策决策—政策执行—政策评估"。目前学者对于"政策问题认定"的研究较少且单一。

对于体育政策决策的研究，学者主要是对其影响因素进行探讨。钱景认为从体育政策基本要求来看，影响体育政策的形成因素包括体育发展因

---

① 李启迪. 体育政策学构想［M］. 金华：浙江师范大学，2005：10.
② 苗治文. 当代中国体育政策分析［D］. 北京体育大学，2006：6-10.

素、社会因素、科技因素等①。李建军深入分析加入 WTO 之后，其对我国体育政策产生的影响。马宣建同样指出，奥运周期对体育政策造成了影响，实际上两者都是阐述政策环境是影响政策决策的重要因素之一。

对体育政策执行的研究是当前我国体育学者研究的热点问题，研究多集中于体育政策执行过程中的执行偏差、执行不畅等现象以及导致这些现象出现的原因。如潘凌云与王健、王书彦与孙晓婷、陶克祥、张德军与杜少辉等众多学者对我国学校体育政策执行中出现的困境进行了深入的分析或思考，杨青松和罗建河、刘红建、李晓甜等学者对我国群众体育政策执行中出现的问题进行研究，并提出了相应的解决措施。Phillips 等人通过对阿肯色州公立学校在执行与营养和身体活动相关的学校政策的效果进行了为期 5 年的跟踪调查，并对政策执行的水平进行了数据编码，以指标分数的形式来评估其在不同的年份、领域和学校的政策执行情况②。Kelly R. Evenson 等人对美国北卡罗来纳州的学校体育政策进行了网上在线调查研究，结果显示：学校体育政策的执行对于增强学生学习注意力、提高体育参与的活动水平、养成健康习惯、提高安全意识以及更高的师生参与度等起到很大的促进作用③。Young 等人对体育和健康教育部门的负责人等进行了访问调查，分析了学校支持体育政策的程度和实践的情况，结果表明，学校尽管存在政策执行不当的情况，但仍然对体育政策有所支持④。

对体育政策进行评估是检验体育政策实效性的重要手段，包括预评价、执行评价和后果评价三个方面。目前关于体育政策的评价多以执行评价为主，预评价和后果评价则相对较少。我国学者主要是对学校体育政策、群众体育政策和竞技体育政策的效果以及现行体育政策的总体效果等进行研究。

4. 有关体育政策的历史变迁研究

基于宏观的研究视角，伍绍祖将 1949—1999 年的体育发展史划分为八个历史阶段，在每个阶段中分别对群众体育、学校体育、竞技体育等专题进行阐述。其中有涉及青少年体育政策部分，但只是将与青少年相关政

---

① 钱景. 试论体育政策的科学性[J]. 四川体育科学学报，1987(4)：9-13.

② Phillips M M, Goodell M, Raczynski J M, et al. Creating and using index scores in the analysis of school policy implementation and impact[J]. Journal of School Health, 2012, 82(6): 253-261.

③ Evenson K R, Ballard K, Lee G, et al. Implementation of a school-based state policy to increase physical activity[J]. Journal of School Health, 2009, 79(5): 231-238.

④ Young D R, Felton G M, Grieser M, et al. Policies and opportunities for physical activity in middle school environments[J]. Journal of school health, 2007, 77(1): 41-47.

策内容的演变作为整体体育事业发展的一部分，并非对政策内容的解析与研究①。熊晓正与钟秉枢将新中国体育的发展划分六个历史板块，并分别从竞技体育、群众体育、学校体育、体育产业等体育政策入手，系统论述了新中国体育发展模式的形成、演变和改革历程②。

金世斌将我国改革开放以来的体育政策的发展阶段划分为"竞技体育优先发展、深化体育改革、备战北京奥运会、和谐体育全面发展"四个阶段，并对其演进特征进行了总结③。肖谋文在阐述改革开放以来的体育功能变迁的基础上，认为体育政策也随之发生变化，并呈现出从"竞技体育重点发展"到"竞技体育与群众体育协调发展"再到"和谐体育"的演进过程。以上学者皆是在深入分析我国社会历史背景的基础上，对我国体育和体育政策进行了历史的分期，有利于提高人们对体育政策整体面貌的认识④。

基于微观的研究视角，在学校体育政策方面，黄衍存等将改革开放以来我国学校体育政策法规的历史演进划分为三大阶段：恢复与调整阶段（1978—1989）、健全与规范阶段（1990—2005）和顶层设计与规划阶段（2006年至今）⑤⑥。张文鹏分别对民国时期和新中国成立以来的学校体育政策的演进进行了研究，为人们呈现出了这两个历史阶段的学校体育政策的整体发展脉络⑦⑧。在群众（大众）体育政策方面，蔡治东⑨、魏荣⑩、肖谋文⑪分别对我国群众（大众）体育政策的历史演进进行了研究，并总结

① 伍绍祖.中华人民共和国体育史（1949—1998）·综合卷[M].北京：中国书籍出版社，1999：396.
② 熊晓正.新中国体育60年（1949—2009）[M].北京：北京体育大学出版社，2010：278.
③ 金世斌.改革开放以来我国体育政策演进与价值嬗变[J].体育与科学，2013，34（1）：36-41.
④ 肖谋文.从功能演绎到制度变迁：改革开放后我国体育政策的演进[J].北京体育大学学报，2012，35（2）：16-18.
⑤ 黄衍存，彭雪涵.改革开放时期学校体育政策法规的演进与思考[J].福州大学学报，2015（4）：92-96.
⑥ 谭利，于文谦.改革开放以来我国学校体育政策工具的选择与优化[J].北京体育大学学报，2019，42（5）：63-71.
⑦ 张文鹏.民国时期学校体育政策演进研究[J].体育文化导刊，2017（2）：175-180.
⑧ 张文鹏，王健.新中国成立以来学校体育政策的演进：基于政策文本的研究[J].体育科学，2015，35（2）：14-23.
⑨ 蔡治东，汤际澜，虞荣娟.中国大众体育政策的历史变迁与特征[J].体育学刊，2016，23（4）：35-39.
⑩ 魏荣.建国以来我国群众体育法规建设的回顾与展望[J].西安体育学院学报，2016，33（3）：274-277.
⑪ 肖谋文.新中国群众体育政策的历史演进[J].体育科学，2009，29（4）：89-96.

出其演变的特征。在竞技体育政策方面，张翠芳将新中国成立以来我国竞技体育政策的发展历程划分为四个发展阶段，对其演进的特征进行总结，并针对政策存在的问题提出了优化的发展路径。在有关青少年体育政策方面，李东斌、党权、张卫平在对青少年体质健康促进政策的历史进行回顾后，针对历史发展过程中出现的问题提出了相应的解决措施。许正勇对我国青少年体育俱乐部政策的变迁历程进行了分析，总结了政策的变迁特点，并针对现有的政策问题提出了建议。张康平通过对英国青少年体育政策演进的历史回顾，发现其演变特征呈现出一致性与连贯性的特征，并对我国青少年体育政策提出"推动体育教育与竞技运动在学校体育中并行发展，青少年体育与重大体育赛事充分契合，国家财政、彩票与社会组织共同承担资金保障，建立青少年体育政策协同执行机制"①的建议。刘红建等学者通过对英国青少年体育政策演进脉络及其特征的深入分析，为我国青少年体育政策的进一步发展提出了相关意见。从以往研究中可以发现，学校体育政策和群众体育政策的演进研究一直是国内学者关注的焦点，而对于青少年体育政策的演进研究则多是从国外的角度出发，得出相关启示，为我国青少年体育政策的改进和发展提出相关建议，缺乏对国内青少年体育政策演进历程的研究。

(二)青少年体育政策的相关研究

从目前收集的资料看，以"青少年体育政策"为标题或主题的研究并不多见，相关研究可归结为四个方面：一是从宏观的视角探究青少年体育政策的发展现状；二是通过研究他国的青少年体育政策及发展经验，为我国青少年体育政策的制定和实施提供借鉴；三是对某项具体的政策文本进行解读；四是采用不同的研究方法或研究范式对政策进行研究。

从宏观的视角研究青少年体育政策的学者主要有王庚勇、刘泽林、郭立涛和贾文彤。从他们的研究中可以得出：青少年体育政策存在权责主体指向不清；政策执行不力；评估、激励体系不完善和政策实施的单一性等问题。关于青少年体育发展对策，王庚勇从两个方面提出对策："将青少年体育事业发展纳入国家政府发展规划；建立与青少年体育相关负责人及青少年自身利益直接相关的青少年体育考核评价机制。"②郭立涛和贾文彤

---

① 张康平.英国青少年体育政策的演进及启示[J].体育文化导刊，2015(5)：36-39.

② 王庚勇，刘泽林.我国青少年体育政策存在问题及对策研究[J].吉林体育学院学报，2013，29(5)：26-29.

对我国青少年体育政策进行研究后，认为积极学习国外先进经验，将政策制定融入青少年体育政策的环境之中是有效解决问题的途径①。

从对国外青少年体育政策的研究来看，郭伟等人对二战以后日本政府振兴社会体育的政策进行了研究，为我国青少年体质健康发展提供了借鉴②。张康平基于渐进主义政策分析模型，对英国青少年体育政策的演进进行了分析，并总结出其发展的特征，为我国青少年体育政策的改进和发展提供启示③。张文鹏立足于治理的视角，通过对英国青少年体育政策的治理结构及制度进行分析，提出了我国实现青少年体育治理能力和治理体系现代化的相关建议④。郑祥荣与江广和对国内外青少年锻炼行为健康促进与干预理念和策略进行分析以后，为我国提出了相应的政策建议⑤。

从有关青少年政策文本的研究来看，自我国颁布《全民健身计划纲要》、"中央7号文件"、《学校体育工作条例》等有关青少年体育工作的政策文件之后，围绕着某一政策的出台背景、政策文本解读以及如何实施等问题在过去的十几年里一直是学术研究的热点。其中，最有代表性的研究是体委政法司朱琼在《全民健身计划出台的前前后后》一文中，对全民健身计划的出台经过进行了详尽的论述⑥。张文鹏等人通过对教育部〔2014〕3号文的解读，旨在突破当前学校体育工作的发展瓶颈，进一步推动学校体育工作的发展⑦。陈志丹和晏艳琴在对"阳光体育运动"政策实施的影响因素分析的基础上，提出了"阳光体育"政策有效实施的策略⑧。赵广涛运用生理学的相关理论对"中央7号文件"进行解读，分析了体育锻炼对青少年各项生理机能的影响，为中学体育工作者开展体育活动提供了理论参考⑨。吴亮通过对《全民健身条例》中有关学校体育的条文进行解读，总结

---

① 郭立涛，贾文彤. 我国青少年体育发展政策研究［J］. 成都体育学院学报，2013，39（9）：14-18.
② 郭伟，等. 日本青少年体育振兴政策对我国青少年体质健康促进的启示［J］. 西安体育学院学报，2016，33（6）：690-693.
③ 张康平. 英国青少年体育政策的演进及启示［J］. 体育文化导刊，2015（5）：36-39.
④ 张文鹏. 英国青少年体育政策的治理体系研究［J］. 北京体育大学学报，2017，40（1）：71-77.
⑤ 郑祥荣，江广和. 国内外青少年健康促进与干预策略比较［J］. 成都体育学院学报，2013，39（7）：17-22.
⑥ 朱琼. 全民健身计划出台的前前后后［J］. 体育文史，1995（3）：16-17.
⑦ 张文鹏，王健，董国永. 让学校体育政策落地生根——基于教育部〔2014〕3号文的解读［J］. 体育学刊，2015，22（1）：66-69.
⑧ 陈志丹，晏艳琴. "阳光体育运动"政策的有效实施研究［J］. 教学与管理，2017（9）：31-33.
⑨ 赵广涛. 从运动生理学角度看加强青少年体育锻炼的意义——解读中央7号文件［J］. 运动，2010（2）：37.

了《全民健身条例》在性质、内容、操作层面上的特点，并为我国学校体育的发展提出相关的建议①。Phillips 等人通过对 2008 年至 2013 年澳大利亚所有联邦、州及地区颁布的青少年儿童健康促进政策文件进行收集，从中抽取出 17 项与青少年儿童密切相关的政策文本，并对其进行编码与分析，以评估卫生部门在解决青少年儿童的健康和健康公平问题上所起到的社会作用的程度②。

从研究方法来看，依据 Rothwell 和 Zegveld 等的观点，赵立霞开发出我国青少年体育政策文本量化分析范式，并对政策工具进行了修正，进而在政策工具的视角下对青少年体育政策进行了量化分析③。张文鹏与王健运用内容分析等方法分别对我国晚清时期和新中国成立以来的学校体育改革成果——政策文本的文种、数量、主题、制定主体以及政策工具进行了分析，归纳出其政策演进的特征，并提出相关建议④。Howie 和 Stevick 通过案例分析的方法，对南卡罗来纳州的学生健康与健身法案(SHFA)进行研究，试图用定性研究方法来解释政策实施中出现失误的原因⑤。Bocarro 等人通过采用 SOPLAY 观察量表(the system for observing play and leisure in youth)对学校体育政策、学校体育设施等进行了考察，并运用回归分析的方法对收集的四所中学学生的身体活动数据进行分析，以评估体育政策、体育设施、监督活动以及它们相互之间的主要影响⑥。Olstad 等人采用多案例的方法，对加拿大 13 个省(地区)实施的"每日身体活动政策"(DPA)进行了追踪调查，以了解每日身体活动政策的实施及传播过程，并审查其

---

① 吴亮.《全民健身条例》有关学校体育的条文解读及思考[J]. 河北体育学院学报，2012，26(2)：42-44.

② Phillips C，Fisher M，Baum F，et al. To what extent do Australian child and youth health policies address the social determinants of health and health equity? ——A document analysis study[J]. BMC Public Health，2016，16(1)：512.

③ 赵立霞. 我国青少年体育政策文本量化分析——一个分析框架及其应用[J]. 南京体育学院学报(自然科学版)，2014，13(1)：131-135.

④ 张文鹏，王健. 清末学校体育改革的制度更新：基于政策文本的研究[J]. 成都体育学院学报，2016，42(5)：113-117.

⑤ Howie E K，Stevick E D. The "Ins" and "Outs" of Physical Activity Policy Implementation：Inadequate Capacity，Inappropriate Outcome Measures，and Insufficient Funds[J]. Journal of School Health，2014，84(9)：581-585.

⑥ Bocarro J N，Kanters M A，Cerin E，et al. School sport policy and school-based physical activity environments and their association with observed physical activity in middle school children[J]. Health & Place，2012，18(1)：31-38.

产生的影响①。

(三)国外青少年体育政策研究

1. 关于政策过程的研究

菲尔波茨(Phillpots)②运用倡导联盟理论(Advocacy Coalition Framework, ACF)分析了体育教育(PE)和学校体育政策的制定过程。科莫③(Comeau)分析了加拿大的体育政策演变,论证了思想和制度在加拿大体育政策制定中的作用。哈里斯等④(Harris)、席勒⑤(Skille)等研究探讨了将体育组织,特别是体育俱乐部作为体育政策执行过程的主要主体。山姆等人⑥(Sam)从制度理论着手,通过访谈政府工作人员,阐述行政安排是如何促进或限制政策问题、政策意见的形成,探究政府部门在政策制定出台中扮演的角色,以及政策制定的程序。恩佐拉斯和瓦尔达尔⑦(Enjolras B,Waldahl R)对政策文本、访谈和参与式观察记录进行分析,并用法团主义、政策共同体、庇护关系理论等三种理论解释挪威体育政策的制定过程,认为公共体育政策是公共体育行政、政治制度和体育组织之间相互作用的结果。菲尔波茨(Phillpots)等人⑧通过研究县级合作伙伴关系在英国体育政策传递中所起的作用,发现政策网络关系和合作伙伴关系

① Olstad D L, Campbell E J, Raine K D, et al. A multiple case history and systematic review of adoption, diffusion, implementation and impact of provincial daily physical activity policies in Canadian schools[J]. BMC public health, 2015, 15(1): 385.

② Phillpots L. An analysis of the policy process for physical education and school sport: the rise and demise of school sport partnerships[J]. International journal of sport policy and politics, 2013, 5(2): 193-211.

③ Comeau G S. The evolution of Canadian sport policy[J]. International journal of sport policy and politics, 2013, 5(1): 73-93.

④ Harris S, Mori K, Collins M. Great expectations: Voluntary sports clubs and their role in delivering national policy for English sport[J]. VOLUNTAS: international journal of voluntary and nonprofit organizations, 2009, 20(4): 405.

⑤ Skille E, Stenling C. Inside-out and outside-in: Applying the concept of conventions in the analysis of policy implementation through sport clubs[J]. International review for the sociology of sport, 2017.

⑥ Sam M P, Jackson S J. Developing national sport policy through consultation: The rules of engagement[J]. Journal of sport management, 2006, 20(3): 366-386.

⑦ Enjolras B, Waldahl R. Policy-making in sport: The Norwegian case[J]. International review for the sociology of sport, 2007, 42(2): 201-216.

⑧ Phillpots L, Grix J, Quarmby T. Centralized grassroots sport policy and "new governance": A case study of County Sports Partnerships in the UK-unpacking the paradox[J]. International review for the sociology of sport, 2011, 46(3): 265-281.

的出现体现了政府执政从"大政府"向"治理"的转变。吉米①(O'Gorman Jimmy)将 Matland 的冲突与模糊模型运用于分析英国足协的章程标准计划，以此来了解政策过程中的政策执行问题。Bosscher 等人②通过定性与定量相结合的研究初步探索出评估精英体育政策评估的模式，并且在 6 个国家进行初步测试，提出了 9 大支撑指标来评估精英体育政策。泰罗③运用 SPLISS(Sports Policy Factors Leading to International Sporting Success)研究模型，结合爱沙尼亚国家审计署对精英体育政策的绩效审计，分析了爱沙尼亚精英体育政策的投入-产出-结果比率，进而对精英体育政策进行评估。Jennifer E④针对目前学校学生体育活动水平较低的现状，对美国关于青少年体育校本(以学校为基准)政策评估 13 篇文章进行综述，发现体育校本政策有效地提高了青少年身体活动水平，可以让一定比例的学生积极参加体育课程，但政策评估的重点是政策执行，而不是政策实施效果。Thomas L. Schmid⑤ 对美国洛杉矶联合学区新政策执行效果进行评估，发现新政策执行效果有限，但可以提高体育教学的质量。

2. 关于政策内容的研究

克莱格对加拿大身体活动政策的目的、政策的驱动力、政策的结果、政策的阻碍和成功因素等方面进行了分析⑥。伯恩斯坦(Bornstein D B)⑦从 56 个国家的 252 份文件中筛选出 6 个具有代表性的国家政策，从计划发展过程、计划特征、计划内容、建议组成部分等方面具体分析这些国家身体活动计划文本，发现身体活动计划中"实施计划的领导责任和角色"

①　O'Gorman J. Where is the implementation in sport policy and programme analysis? The English Football Association's Charter Standard as an illustration[J]. International journal of sport policy and politics, 2011, 3(1): 85-108.

②　De Bosscher V, De Knop P, Van Bottenburg M, et al. Explaining international sporting success: An international comparison of elite sport systems and policies in six countries[J]. Sport management review, 2009, 12(3): 113-136.

③　Taro K, Hanni E. Using a Comparative Method in Performance Audit for Evaluating Effectiveness of the Elite-Sports Policy: The Case of Estonia[J]. Administrative Culture, 2015, 16(1): 24-46.

④　Jennifer Robertson-Wilson, Meagan Dargavel, Pamela Bryden. Physical Activity Policies and Legislation in Schools[J]. American Journal Of Preventive Medicine, 2012, 43(6): 643-649.

⑤　Thomas L Schmid, Michael Pratt, Lindsay Witmer. A Framework for physical Activity Policy Research[J]. Journal of Physical Activity and Health, 2006, 3(1): 20-29.

⑥　Craggs C, Corder K, et al. Determinants of change in physical activity in children and adolescents: a systematic review[J]. American journal of preventive medicine, 2011, 40(6): 645-658.

⑦　Bornstein D B, Pate R R, Pratt M. A review of the national physical activity plans of six countries[J]. Journal of Physical Activity and Health, 2009, 6(2): 245-264.

会限制衡量进度和政策评估，为此提出美国的政策计划应该包括实施细节，如明确领导责任、关键组织的角色、列出具体的行动战略和目标、设立完成日期等。西涅等人①对欧洲地区的 27 份国家身体活动促进政策文本进行内容分析，认为政策内容主要包括政策参与机构(或部门)、政策实施、法律地位、目标群体、目标、时间表、预算、评价与监控等 8 个方面。伯格等人(Berg B K)②对美国混合武术立法的政策话语进行分析，用叙述和解释性方法阐述了美国管制混合武术政策的制定与实施过程，并对三个政策的背景进行分析，解释了在时间的推进下，政策话语在立法机构、利益相关者、社会政治气候的互动中发生的演变。弥尔顿和鲍曼(Milton and Bauman)③认为身体活动政策框架内容应该包含国家建议的身体活动水平、国家目的和目标、身体活动监测或健康监测系统、公众教育4 个关键领域，这几个关键领域是国家身体活动促进政策框架的保障。沙普(Schoppe)等人④对国际身体活动政策和几个国家的身体活动政策进行了述评，主要从 11 个方面对政策进行分析，分别是：(1)咨询协商。在政策制定过程中与主要利益相关者进行磋商。(2)组合策略。与多个机构采取综合施策方法，采用组合战略(面向个人和面向环境的干预措施)，并针对不同的人群。(3)不同层级。在不同层级有相应的措施。(4)合作伙伴关系。(5)融合。将身体活动政策融入其他议程中。(6)稳定的资源支持。(7)政策认同度。有相关的标语、品牌和口号等。(8)时间表。(9)评估。(10)监测机制。(11)国家身体活动指南。WHO 颁布了一个由布尔(Bull)等人⑤研制的身体活动政策审计工具，该工具通过三个主题来对身体活动政策进行审计，这三个主题是：政治结构和历史、国家身体活动政策的内容和发展进程、政策执行的经验。具体是通过 17 条标准来对三个主题进行审计：(1)政策发展过程中的咨询方法；(2)循证依据；(3)整合政策；(4)国家建议的身体活动水平；(5)国家目的和目标；(6)

① Daugbjerg S B, Kahlmeier S, Racioppi F, et al. Promotion of physical activity in the European region: content analysis of 27 national policy documents[J]. Journal of Physical Activity and Health, 2009, 6(6): 805-817.

② Berg B K, Chalip L. Regulating the emerging: A policy discourse analysis of mixed martial arts legislation[J]. International journal of sport policy and politics, 2013, 5(1): 21-38.

③ Milton K, Bauman A. A critical analysis of the cycles of physical activity policy in England[J]. International journal of behavioral nutrition and physical activity, 2015, 12(1): 8.

④ Schoppe S, Bauman A, Bull F. International review of national physical activity policy[J]. Report, 2004, 3(7): 51.

⑤ Bull F C, Milton K, Kahlmeier S. Health-enhancing physical activity policy audit tool[J]. Copenhagen: WHO Regional Office for Europe, 2011, 2(1): 11.

有明确时间表的实施计划；（7）组合战略；（8）评估；（9）监测机制；
（10）政治承诺；（11）持续的资金支持；（12）领导和协调；（13）合作伙伴
关系；（14）政策与实践之间的联系；（15）传播策略；（16）政策认同；
（17）网络配套专业人员。该审计工具于 2015 年更新到了第二版，主题由
原来的 3 个拓展为 11 个，但是 17 个标准并未改变。布尔（Bull）等人综合
前人的研究，对标准不断更新演进才得到最终的标准。

3. 关于政策执行问题的研究

杰森（Jason）研究学校体育政策与中学生体育活动参与度之间的关系，
发现学校制定的政策存在的问题，例如在 8 项体育活动设置中，其中有 5
项是男生比较擅长、感兴趣的体育活动，而女生擅长的体育活动设置得比
较少①。艾瑞克（Erink）对南卡罗来纳州的 2005 年《学生健康与健身法案》
进行调查，发现此政策执行存在的主要问题有：执行人员能力较差，执行
手段不当和资金支持不足②。Haug 发现体育政策可以有效促进挪威中学
生参与体育活动及课间体育活动的兴趣，但是体育政策执行效果不佳，强
调政策制定必须具有科学性③。

（四）研究评述

前人对体育政策和青少年体育政策的研究，成果较为丰硕，为本研究
奠定了扎实的基础，总结国内外现有成果，主要有以下特征：（1）从研究
对象来看，目前国内外青少年体育政策研究侧重对某一项、某一类或某一
领域政策的解读与分析，缺乏从时空维度对青少年体育政策进行历史的、
动态的、系统的研究。（2）从研究内容来看，目前国内外青少年体育政策
研究主要集中在学校体育政策、群众体育政策、竞技体育政策领域，较少
涉及青少年体育政策。（3）从研究方法来看，目前国内外青少年体育政策
研究存在政策科学理论与方法运用欠佳的现象，如有些对青少年体育俱乐
部政策、体育健康促进政策和青少年运动员政策的研究，重在阐述现象和
具体表现问题，很少从政策学角度探析政策本身的问题，其政策研究的深

---

① Jason N Bocarro, Michael A Kanters, et al. School sport policy and school-based physical activity environments and their association with observed physical activity in middle school children[J]. Health & Place, 2012(18)：31-38.

② Erink Howie, Doyle Stevick. The "Ins" and "Outs" of Physical Activity Policy Implementation：Inadequate Capacity, Inappropriate Outcome Measures and Insufficient Funds[J]. Journal of School Health, 2014, 84(9)：581-584.

③ Haug E, Torsheim T, Samdal O. Local school policies increase physical activity in Norwegian secondary schools[J]. Health Promotion International, 2010, 25(1)：63-72.

度和高度有待提升。(4)从研究工具来看,目前国内外青少年体育政策研究涉及较多的政策工具,但对政策文本内容进行编码的样本量偏少,研究成果的代表性还有待商榷,已有研究基本上采用定性式的定量分析,在编码过程中缺乏信效度的检验。(5)国外学者不仅关注青少年体育政策的制定,还重视政策执行机制、措施和执行评价研究,强调政策执行的效果。国外对于青少年体育政策研究呈现出领先的趋势,其青少年体育政策研究理念与方式方法,为推动我国青少年体育政策研究提供了理论参考与现实依据。

既有的研究不乏真知灼见,但对青少年体育政策的整体发展规律、深层次治理困境、整体发展趋势及治理策略等关注较少,缺乏对宏观政策设计、微观政策实施与青少年体育治理体系和治理能力现代化之间关系的整体性把握。未来我国青少年体育政策研究在积极吸收他国成功经验的基础上,应将相关政策治理理念、方式方法与我国具体实践相结合,将青少年体育政策设计实施、青少年体育政策工具应用纳入到我国青少年体育治理体系和治理能力现代化进程中考量,不断完善我国青少年体育政策治理体系,提升体育政策治理能力,助力体育强国建设。

第四节　研究设计

一、研究目标

美国作为发达国家代表,其青少年体育治理一直受到各个国家的关注,对其青少年体育治理政策制定与实施的研究,一方面能为我国体育政策学的体系构建与完善贡献一种新的视角,丰富我国的体育政策研究方法及框架。另一方面为我国青少年体育治理政策的制定、执行、评估提供借鉴,为我国青少年体育的发展提供经验。历史制度主义认为,由于历史事件具有一定的因果关系、偶发性与不规则性,所以应该拉长观察制度变迁的时间序列来看制度的变化。我国积累了丰富的青少年体育政策文本,对这些政策文本的挖掘与解读是研究新时期青少年体育治理的必要条件。基于此,本书以政策科学理论与方法为基本框架对青少年体育政策文本进行研究,通过分析梳理青少年体育政策以及政策工具使用的现状、不足及启示,在我国具体语境下明确青少年体育政策发展方向,分析青少年体育政策治理面临的风险挑战,提出青少年体育政策治理优化策略,既是对青少年体育政策研究系统化的勇敢尝试，也是为弥补现有研究缺陷做出的积极努力。

（1）对美国和中国的青少年体育政策文本进行系统研究，分析其发展特征。

（2）对改革开放以来青少年体育政策文本进行定量和定性研究，分析我国青少年体育政策工具运用特点。

（3）结合我国青少年体育发展的社会背景和教育要求，对青少年体育未来政策发展方向进行定位。

（4）结合我国青少年体育发展的社会背景和教育要求，对青少年体育未来政策发展方向进行定位，整体分析现阶段我国青少年体育治理困境，提出新时期我国青少年体育治理策略。

二、研究内容

（一）美国青少年体育政策文本分析

采用政策文本分析法、文献资料法、逻辑分析法等对美国青少年体育政策进行分析，使用麦考尔-韦伯政策分析理论对政策内容与政策过程进行分析。政策内容分析从政策环境、政策目标及价值取向、政策的组合策略、政策建议等方面进行分析，政策过程分析主要从政策制定、政策执行、政策评估等方面进行分析。

（二）中国青少年体育政策文本分析

采用政策文本分析法、文献资料法、历史研究法等研究方法，从历史的视角，结合政策环境，以有关青少年体育的重要政策法规文件为线索，呈现出青少年体育政策的缘起、演变与发展的历史脉络，并对每一阶段的青少年体育政策文本的数量、文本文种、发文部门及其相互间关系进行分析，从政策环境、政策目标、政策价值取向、政策措施四个方面分析我国青少年体育政策的演变规律和主要问题。

（三）改革开放以来我国青少年体育政策研究——基于政策工具视角

采用内容分析法、文献资料法、统计分析法对改革开放以来我国76份主要的青少年体育政策文本进行定量和定性研究。首先从基本政策工具维度和青少年体育治理主体维度构建青少年体育政策分析框架，再对选定的政策文本进行编码，并将其归入构建的分析框架，进行频数统计和量化分析，描述我国青少年体育政策工具应用情况，总结我国青少年体育政策工具运用特点。

(四)我国青少年体育政策未来发展方向与治理策略

借鉴美国经验，结合我国青少年体育发展的社会背景和教育要求，采用内容分析法、文献资料法、历史分析法、比较分析法对我国青少年体育政策发展的价值取向、目标内容和内容框架进行定位，并针对当前我国青少年体育政策治理困境，提出我国青少年体育政策治理策略。

三、研究方法

(一)文献资料法

通过 web of science、Jstor、EBSCO、中国知网、万方等国内外数据库检索，利用计算机网络、各大图书馆、政策法规部门等搜集、整理、分析美国和中国的青少年体育政策文本及相关论文、图书和材料等，为本研究奠定理论基础。

(二)政策文本分析法

作为一种政策科学研究方法，政策文本分析法具有揭示文本中所含的内隐信息的潜力，即文本中通常附有一些深层的信息，这些信息独立于作者意识之外，但实际上却被传达。政策文本分析可分为三种类型：一是定量分析，重在描述文本中的某些规律性现象或特点，试图探索出隐含于文本中的政策意图，属于传统的内容分析；二是定性分析，多是从某一视角出发对文本进行阐释，属于话语分析；三是综合分析，即文本的定量分析与定性分析相结合，对文本既有定量描述也有定性阐释甚至还有预测①。本研究采用了综合分析，既研究政策的数量、文种、发文部门以及其相互间关系，也结合具体的社会背景、政策措施、政策发展动因把握青少年体育政策的整体概况，理清政策制定过程内容变化的基本特征，寻求政策发展的基本规律与主要问题，预测青少年体育政策的发展方向。

(三)历史分析法

历史分析法与文献资料法密切相关，它须根植于广泛的历史资料，更

---

① 涂端午.教育政策文本分析及其应用[J].复旦教育论坛，2009，7(5)：22-27.

强调对研究对象历史变迁的梳理及某些规律的把握①，分析以往的政策，不能脱离当时特定的历史环境、社会背景和教育要求。本书坚持历史唯物主义的原则，力争通过对美国和我国青少年体育政策的整理和发掘，还原青少年体育政策治理历史原貌。研究过程中有以下要点需要准确把握：(1)首先是要把青少年体育政策治理置于相应的历史时期进行分析，在特定的历史大环境(制度、思想、经济、政治、文化、教育、体育等)中把握青少年体育政策治理特征。(2)用发展变化、系统全面的眼光看待青少年体育政策治理，总结历史发展的客观规律。(3)注重历史研究的客观性，把历史发展过程与发展结果紧密联系起来分析，追求历史事实的本真，实事求是地研究青少年体育政策治理的变迁与发展。

(四)比较分析法

比较分析法又称类推或类比法，是指对所研究对象在某一方面的异同进行类比或对比，从而揭示出事例的一般规律。本书以美国、中国青少年体育政策为调研对象，以政策科学理论与方法为基本框架对其青少年体育政策文本进行研究，通过比较分析梳理我国青少年体育政策以及政策工具使用的现状、不足及启示，在我国具体语境下明确青少年体育政策发展方向，分析青少年体育政策治理面临的风险挑战，以此提出青少年体育政策治理优化策略。

(五)逻辑分析法

逻辑推理是我们认识事物、揭示事物内在发展规律的重要手段。逻辑分析法是本书所采用的核心研究方法之一。具体来看，探究我国青少年体育政策问题，首先要回答政策主体与客体之间的内在逻辑关联，阐释青少年体育政策制定实施的必然性与必要性。其次，从价值层面分析青少年体育政策制定与实施的价值准则，系统回答青少年体育政策发展的目标指向和实际维度。

(六)数理统计法

用 EXCEL 等软件对政策文本整体和不同时间段的数量、类型、发布主体，以及问卷调查结果进行统计分析，以从整体和阶段上把握青少年体育政策的发展演进情况。

---

① 李思晨. 十三行时期跨文化传播语境下中国形象解构[D]. 华南理工大学，2020.

第二章　美国青少年体育政策文本分析

体育活动不足是 21 世纪面临的最大公共健康问题。青少年体育政策可以通过改变各种机制，对个体施加更广泛更直接的影响，促使青少年参与体育活动。美国较早认识到体育活动对青少年的健康效益，出台了一些青少年体育活动政策。本章运用文献资料法、政策文本分析法等对最终获取的 13 份美国青少年体育活动政策进行分析。

第一节　政策文本的获取

一、初步筛选

本研究在 MEDLINE、ERIC、Academic Search Premier、Education Research Complete、PsycINFO、SPORTDiscus with Full Text 等外文数据库，以"Physical Activity""Activity Level""Sport"为检索主题，以"Childhood（birth-12 yrs）""School age（6-12 yrs）""Juvenile（9-12yrs）""Adolescence（13-17 yrs）"和"Teenager（Youth 中的 13-19yrs）"为青少年年龄范围，检索"physical activity""physical education""sports""plan or policy or guideline or report or strategy or promotion"等关键词，初步筛选与青少年体育相关的政策，共获取 69 份政策文本初步信息。

二、二次筛选

进行二次筛选，主要遵循以下原则：（1）政策应是全国性的，不能是州政府或地方政府的；（2）政策应具有实际指导意义，有直接的行动指向；（3）根据体育政策的定义，政策文本的发布主体可以是政府组织也可以是非政府组织。二次筛选共筛选出 39 份政策文本。

三、专家筛选

将筛选的政策清单送给美国相关专家，咨询专家的意见，以此检验政策文本的完整度和信效度。初步筛选的政策主要送给沈波教授（Bo Shen）、陈昂教授（Ang Chen）、李卫东教授（Weidong Li）等学者。沈波教授是美国韦恩州立大学终身教授，李卫东教授是美国俄亥俄州立大学终身副教授，陈昂教授是北卡罗来纳大学终身教授，此项工作是在三位教授回国讲学期间进行的。李卫东教授与沈波教授还专门研究过体育政策及其对美国 K12 体育教学研究的影响，政策文本的筛选是在两位教授研究所选的政策基础上，根据本研究的要求，选取与青少年相关的体育政策，并将政策清单送交相关教授评定。根据专家们的意见，最终选定了 13 份政策（附录 1）。

四、具体获取

得到专家对相关政策文本信息的反馈后，我们利用 Google Scholar 进行检索，同时从政策发布机构的官方网站中搜索，如在美国疾病预防控制中心（CDC）、美国健康与公共服务部（HHS）、美国医学研究院（IOM）等机构的官方网站中检索并下载相关政策文本，通过分析最终获取的 13 份政策文本，系统研究美国青少年体育政策。

第二节　美国青少年体育政策的内容分析

一、政策环境

政策都是在一定的社会背景下出台的，美国青少年体育相关政策受政治、经济、文化的影响，大致经历了四个阶段，具体如下：

第一个阶段的特点是探讨运动（Exercise）与健康的关系。以德式体操和健美为主的运动在 19 世纪初传入美国之后，经过改良的体操和健美运动使美国男女都能受益。到 19 世纪 70 年代时，美国的医生和教育者频频讨论运动与健康的关系。19 世纪 80 年代至 20 世纪初，《波士顿医学与外科》杂志的常规讨论主题是身体训练与健康的关系。

第二个阶段的特点是重视体育教育（Physical Education）。在这个阶段中有三个重要的节点，第一个节点是 1885 年美国健康、体育、休闲与舞蹈协会的创立，标志着美国开始重视体育教育；第二个节点是第一次世界大战时，美国应征入伍者体检不合格比例达到三分之一，全国开始想办法通过体育教育提高青少年的体质健康，促进了学校体育的发展；第三个节点是"大萧条"时期，经济不景气，财政紧缩对体育教育产生负面影响。

第三个阶段特点是重视体适能（Fitness）与健康的关系。1953年汉斯和鲁斯在体育杂志上发表了题为《肌肉适能与健康》的文章，文章提到美国有56.6%的学龄儿童达不到健康标准的最低要求，而这个比例在欧洲仅仅为8%。该报告一经发表即引起美国一片哗然，并受到了美国时任总统艾森豪威尔的重视，总统立即邀请各界学者及相关政府管理人员参加讨论会，最终促成了青少年体适能总统委员会（President's Council on Youth Fitness）和美国青少年体适能总统咨询委员会（the President's Citizens Advisory Committee on the Fitness of American Youth）的成立。青少年体适能总统委员会得到各届总统的重视，并经历了数次更名，这个机构致力于为青少年的体适能与健康服务提供帮助。

第四个阶段的特点是强调身体活动（Physical Activity）与健康的关系。美国运动医学学会（American College of Sports Medicine）于1978年鲜明地提出了身体活动和健康之间的关系与体适能有着很大的区别。在随后的20世纪80—90年代，一系列关于身体活动的流行病学研究强化了身体活动与健康的关系认同。如身体活动与总体死亡率、心血管疾病、中风、高血压、癌症、非胰岛素依赖型糖尿病、关节炎、骨质疏松、肥胖以及心理健康之间的研究，这些都表明身体活动对与健康相关的疾病及健康因素有着积极的作用[1]。与此同时，国际社会也强调要注意健康促进中的政策影响因素。1986年11月，第一届健康促进国际会议在加拿大渥太华召开并发表了《渥太华宪章》，提出到2000年和更长时间达到"人人享有卫生保健"的目标（"人人享有卫生保健"的目标是世界卫生组织于1977年提出的）。该宪章成为健康促进的指导依据和精神力量，此后各种大大小小的国际会议都进一步明确阐述了健康促进中的主要策略的意义，其中包括健康的公共政策。1988年在澳大利亚阿德莱德召开了第二届国际健康促进大会，会议的主题是"制定健康的公共政策"，大会发表了《阿德莱德宣言》。《阿德莱德宣言》指出制定健康公共政策的主要目的是创造支持性环境，为了达到这个目的，除了卫生部门外，农业、贸易、教育、工商业、交通等部门都有必要把健康作为制定政策的重要依据加以研究。2000年，

---

① 高镝，闫伟华，孙民康，等. 2019年美国癌症患者身体活动指南的特点及启示[J]. 中国运动医学，2022，41（3）：237-244.

第五届国际健康促进大会在墨西哥召开，会议的主题是"健康促进——建立公平的桥梁"，目的是展示健康如何改善人们的健康状况和生活质量，尤其是生存环境恶劣的脆弱人群。

二、政策的目标及价值取向

(一)青少年体育活动与青少年健康

体育活动与健康之间的关系在很早以前就被论及，在西方的视角中，早在公元前5世纪时就有希腊的医生论及身体活动与健康的关系。赫迪库斯(Herodicus)、希波克拉底(Hippocrates)、盖伦(Galen)等人对健康的论述，按现在的通俗理解就是：呼吸新鲜空气、吃好、喝好、睡好、进行大量运动，并且保持好心情无疑对健康有利。运动是获得和维持健康的重要因素，盖伦认为运动有两方面的作用，一是有利于排泄物的排放，二是身体各部位状况良好是运动的产物。随着时代的进步和医学的发展，19世纪30年代时，约翰·冈恩(John Gunn)在他的著作中论述锻炼时提到美国医生运用一种训练系统替代药物来治疗疾病，并取得较好的效果。显然，锻炼对健康的效用得到了一些医生的认同，并在实践中予以采用。经过几个阶段的发展，美国逐渐意识到身体活动对健康的促进作用，在往后出台的政策中提出的目标都是促进健康。

体育活动不仅对成年人的健康有重要意义，对青少年的身心健康也有着积极作用。青少年进行体育活动有着短期和长期、直接和间接的健康作用，从长期来看，青少年时期的体育活动水平直接关系到成年后的体育活动水平，对骨骼健康、乳腺癌和久坐行为都是有长期效用的；从短期来看，已有的研究表明，青少年进行体育活动对哮喘病、囊性纤维病的治疗是有好处的，同时对青少年的自尊和精神状态会有积极促进作用[1]。一些研究表明体育活动能提高青少年的认知能力，帮助青少年提高注意力[2]。

美国较早认识到体育活动的重要性，并付诸行动。颁布相关政策的部门是美国健康与公共服务部，在其颁布的系列健康国民政策中，最早在《健康国民2000》中将身体活动作为增进健康的优先领域，其他部门和组

---

① Hallal P C, Victora C G, Azevedo M R, et al. Adolescent physical activity and health[J]. Sports medicine, 2006, 36(12): 1019-1030.

② Rasberry C N, Lee S M, Robin L, et al. The association between school-based physical activity, including physical education, and academic performance: A systematic review of the literature [J]. Preventive medicine, 2011, 52: 10-20.

织也在不同时期颁布了促进青少年身体活动的相关政策。

(二)政策目标的价值取向

价值选择是所有公共政策最本质的规定性，社会政策背后往往蕴藏着某种价值立场，任何一个国家或地区在一定历史阶段所实施的社会政策，必然深受当时的社会价值观引导。如何确定或取舍公共政策目标往往与人们的价值认识有着直接关系，尤其是政策决策者关于政策客体对政策主体的需要和利益关系的认识，直接影响着政策目标的选择。不同价值观的决策者在确立公共政策目标时，对同一问题的决策会形成不同的政策目标①。所以，政策目标最能体现政策主体对政策价值的认识，政策目标的变化最能体现政策价值取向的变化。

表 2-1　　　　　　　　　　各青少年体育政策的目标表述

时间	政策名称	目　标　表　述
1996	卫生署报告②	在日常生活中用适量的身体活动促进美国人的健康，提高生活质量
1997	学校、社区促进青少年终身身体活动指南	鼓励青少年进行身体活动，并持续到成年阶段，使之终身受益
2000	通过身体活动和体育促进青少年的健康	增加青少年身体活动水平和体适能水平
2008	美国身体活动指南	提供有科学依据的指导，帮助6岁及以上的美国人通过适当的身体活动促进健康发展
2011	促进身体活动与健康饮食的学校健康指南	为促进健康饮食和身体活动提供学校健康指南
2011	疾控中心关于在社区增加身体活动的战略指南	为相关领域和部门在社区实施增加身体活动的策略提供指导

---

① 黄婧. 我国农民工政策研究——以公平的政策价值取向为视角[D]. 南昌大学，2007.

② 全称为 *Physical Activity and Health*：*A Report of the Surgeon General*。

续表

时间	政策名称	目 标 表 述
2012	青少年身体活动提升战略	找出能够增加青少年身体活动的干预措施
2013	全面的身体活动项目：学校指南	为学校和学区制定、实施、评估身体活动项目提供详细的指导
2013	教育学生：将身体活动与体育教育带入学校	全方位地在学校增加身体活动
2016	国民身体活动计划	增进健康，预防疾病，提高生活质量
1990	健康国民2000	增加健康生活的长度，缩小健康差距，覆盖健康预防服务
2000	健康国民2010	增加健康生活的年限和质量，消除健康差距
2010	健康国民2020	提高国民生活质量并延长健康生活寿命；实现健康公平，消除不公平现象并提高各群体的健康水平；为促进国民健康创造良好的自然和社会环境；促进生命各阶段健康行为、健康发展和生活质量的提高

    美国青少年体育政策总的目标是为了促进健康，但是从政策目标的具体表述（表2-1）来看，还是经过了一个变化发展阶段的。在卫生署的报告中提出通过身体活动促进健康，提高生活质量，在《健康国民2000》中提出要"增加健康生活的长度，缩小健康差距，覆盖健康预防服务"，《健康国民2020》提出"提高国民生活质量并延长健康生活寿命；实现健康公平，消除不公平现象并提高各群体的健康水平；为促进国民健康创造良好的自然和社会环境；促进生命各阶段健康行为、健康发展和生活质量的提高"。从最开始的"提高质量，覆盖服务"，到后来的"缩小差距"，再到后来的"实现公平"，其政策的价值取向已然发生了变化。20世纪80年代时，因美国生活水平的提高，文明病变得严重，为维持健康所支付的费用急剧增多。仅1987年一年美国因身体活动不足所导致的医疗费用就达到292亿美元，平均每个人花费大概1412美元[1]。美国人的健康状况和经济负担已经到了岌岌可危的时刻，所以身体活动政策的出台都是为了解决美

---

[1] Pratt M, Epping J N, Dietz W H. Putting physical activity into public health：A historical perspective from the CDC[J]. Preventive medicine, 2009, 49(4)：301-302.

国人民所面临的健康问题，需要以最高的效率实现政策的健康目标，此时的政策价值取向是以"效率"为优先的。身体活动政策的"效率"价值取向不仅在于时间上的高效，即能够在短时间内将美国青少年的健康提升，还在于政策的投入与产出的效率，即政策追求的是将有限的政策资源发挥出最优的政策效率。进入 21 世纪，特别是近十年来，政策的价值取向转变为追求"公平"，在美国青少年身体活动相关政策中，已经明确地提出要实现健康公平，消除不公平现象，并且提出不同人群的健康需求，如《美国身体活动指南》列出了专门针对青少年、成人、老年人、孕妇、残疾人、患有慢性病的人等不同人群的身体活动建议。

美国青少年体育政策目标的价值取向从注重"效率"向注重"公平"转变，是为了满足不同时代的健康需求，也是为了解决不同时代的健康矛盾，这是美国青少年体育政策的一大特点。

三、政策建议的身体活动水平

表 2-2　　　　　　　　　　　　　身体活动水平的建议

时间	政策名称	建议的身体活动水平
1996	卫生署报告	1. 两岁以上的人最好每天都进行中等强度的耐力性身体活动，至少累计 30 分钟以上 2. 通过增加中等强度身体活动的时间，或进行高强度身体活动，可以实现身体活动的额外健康效益
1997	学校、社区促进青少年终身身体活动指南	青少年应每周至少参加三次以上的活动，每次持续时间至少 20 分钟，活动强度应该达到中高等强度
2000	通过身体活动和体育促进青少年的健康	沿用以前的建议
2008	美国身体活动指南	1. 每天进行至少 60 分钟的中高强度身体活动 2. 身体活动的类型应包括有氧运动、与年龄相适应的强肌活动和健骨活动等三种 3. 健骨活动对青少年来说特别重要，骨质量在这一时期增长最快，并在青春期结束时达到峰值
2011	促进身体活动与健康饮食的学校健康指南	借用《美国身体活动指南》的建议水平
2011	疾控中心关于在社区增加身体活动的战略指南	借用《美国身体活动指南》的建议水平

续表

时间	政策名称	建议的身体活动水平
2012	青少年身体活动提升战略	对青少年的健康来说，身体活动的总量要比单一维度的频率、持续时间、强度，或不同类型活动的组合（如有氧、强肌、健骨活动）更重要
2013	全面的身体活动项目：学校指南	借用《美国身体活动指南》的建议水平
2013	教育学生：将身体活动与体育教育带入学校	借用《美国身体活动指南》的建议水平
2016	国民身体活动计划	参考卫生部门的指南
1990	健康国民 2000	每天至少进行轻、中等强度的身体活动30分钟，高强度身体活动，每周至少3次，每次20分钟
2000	健康国民 2010	高强度身体活动，每周至少3次，每次20分钟
2010	健康国民 2020	有氧活动和强肌活动，一周至少三次

（一）身体活动的量

美国政策建议的身体活动水平，见表 2-2。政策建议的身体活动水平，即政策认为青少年应该进行多少身体活动才能达到促进健康的目的。在早期，美国运动医学学会（American College of Sports Medicine，ACSM）等机构和相关学者就提出了身体活动的一些建议（主要关注运动量），在此期间，他们认为进行身体活动应该要达到健康效益的负荷，如果没有达到建议水平，则无法实现身体活动促进健康的效果[1]。

"Some is good，more is better"是这些政策提出身体活动建议的主要思想，这个思想也是经历了一个阶段变化的。关于"some"的理解，不同时期有不同的关注点，在 2008 年以前，这些政策重点关注的是身体活动的强度，如健康国民系列政策和卫生署的报告都建议进行中高等强度的身体活动。而在 2008 年的身体活动指南中提出了适宜青少年进行的身体活动类型，并且建议应该重视身体活动的总量。虽然指南提出了要重视身体活动的总量，但并未有直接研究证据能证明身体活动的总量对青少年有健康

① Lakka T A, Venalainen J M, Rauramaa R, et al. Relation of leisure-time physical activity and cardiorespiratory fitness to the risk of acute myocardial infarction in men[J]. New England Journal of Medicine, 1994, 330(22): 1549-1554.

效益。在随后的中期报告，即 2012 年的《青少年身体活动提升战略》中明确提出要注重青少年进行身体活动的总量，并有相关研究作为支撑①。所以美国的青少年身体活动建议经历了从注重活动强度到注重活动总量的转变。

身体活动的强度有绝对强度和相对强度之别，绝对强度一般以氧气的摄取量为测量标准，或者可以转化成产生等效的以千卡(kilocalories)为单位的热量，或以千焦(kilojoules)为单位的能量消耗。相对强度一般以最大摄氧量(VO_2max)表示，而人在活动时的心率与摄氧量有线性直接关系，所以一般也用心率储备(或最大心率百分比)来表示活动的相对强度②。与绝对强度相比，相对强度的提法是根据个体的生理机能来考虑的，所以用心率来表示强度的研究比较多。随着 ACSM 1978 年相关立场声明的发布，中等强度的身体活动进入大众视野，这个时期的研究主要关注中等强度的身体活动对健康的作用。后来又有学者对高强度的身体活动与健康之间的关系进行研究，Lee 和 Branc 等学者的研究表明高强度的运动量要比中等或低强度的运动量更有健康效益③④。所以在早期，政策所建议的活动量是偏重于进行高强度的身体活动的。ACSM 的建议和学者的研究由于实验的对象不同，可能会存在差异，更为关键的是他们忽视了一个重要因素，即过于关注强度而忽视了运动的总量(负荷)这个因素。控制变量中，强度不同，同时频率和持续时间也不同，结果就无法控制，这些结论也就引发了质疑。

身体活动总量不仅包括活动的强度，还有频率和持续的时间等方面。有研究表明，身体活动的总量要比强度更重要，Manson、Kraus 等人⑤进行的研究有力地支撑了该观点。所以随后的相关政策关注身体活动的总

① 鲁长芬，曾紫荣，王健. 美国《青少年身体活动提高战略》研究[J]. 体育学刊，2017，24(3)：81-86.

② Bouchard C, Blair S N, Haskell W L. Physical activity and health[M]. Human Kinetics, 2007：35.

③ Branch J D, Pate R R, Bourque S P. Moderate intensity exercise training improves cardiorespiratory fitness in women[J]. Journal of women's health & gender-based medicine, 2000, 9(1)：65-73.

④ Lee I M, Paffenbarger R S. Associations of light, moderate, and vigorous intensity physical activity with longevity：The Harvard Alumni Health Study[J]. American journal of epidemiology, 2000, 151(3)：293-299.

⑤ Manson J A E, Greenland P, et al. Walking compared with vigorous exercise for the prevention of cardiovascular events in women[J]. New England Journal of Medicine, 2002, 347(10)：716-725.

量。身体活动"累积效应"的提出又使政策在关注身体活动总量的基础上得到深化，"累积效应"是指每天进行身体活动的量可以由一定的活动量累积完成①，以达到促进健康的目的。2008年《美国身体活动指南》建议每周应该达到500～1000代谢当量/分钟（MET-minutes），如一个人用4MET的强度进行身体活动30min，则他的身体活动总量为120代谢当量，也可以用6MET的强度进行20min的身体活动。一般公众很难理解与换算身体活动的总量，所以《美国身体活动指南》提出了一个公众能够接受的理解方式，即用时间来表示。对于青少年而言，应该每天进行至少60min的中、高强度身体活动。

（二）身体活动类型

政策提出的身体活动建议中，早期对青少年的关注和重视不够，提出的建议未将青少年与其他人群明显区分开。直到2008年《美国身体活动指南》和2012年的中期报告中才提出青少年时期要进行的活动类型，并提出青少年要注重健骨活动。政策建议的活动形式主要是由连续活动转向累积活动，由专门化向生活化转变②。生活化的身体活动是指在生活过程中注重累积，将原来专门用来进行锻炼的身体活动时间，融合在平常工作、学习、生活中（表2-3）。

表2-3　　　　　　　　青少年身体活动的具体类型③

身体活动类型	年 龄 分 组	
	儿童	青少年
中等强度有氧活动	·积极性娱乐：徒步旅行、滑板运动、轮滑旱冰 ·自行车 ·快步走	·积极性娱乐：皮划艇、徒步旅行、滑板运动、轮滑旱冰 ·快步走 ·自行车（静止或骑行） ·家务活或庭院工作 ·追赶或投掷类游戏

---

① Kraus W E, Houmard J A, Duscha B D, et al. Effects of the amount and intensity of exercise on plasma lipoproteins[J]. New England Journal of Medicine, 2002, 347(19)：1483-1492.
② 郭海霞，潘凌云. 美国身体活动政策：嬗变、特征及启示——基于政策文本的分析[J]. 北京体育大学学报，2016，39(8)：8-13.
③ 引自《美国身体活动指南》（2008年版）。

续表

身体活动类型	年 龄 分 组	
	儿童	青少年
高强度有氧活动	·积极性游戏，包括跑或追赶 ·骑自行车 ·跳绳游戏 ·武术、空手道 ·跑 ·足球、冰上或陆上曲棍球、篮球、网球运动等 ·越野滑雪	·积极性游戏，包括跑或追赶 ·骑自行车 ·跳绳游戏 ·武术、空手道 ·跑 ·冰上、陆上骑自行车 ·跳绳游戏 ·武术、空手道 ·足球、冰上或陆上曲棍球、篮球、网球运动等 ·剧烈的舞蹈 ·越野滑雪
强肌运动	·拔河比赛等游戏 ·俯卧撑(一种膝关节着地的方式) ·使用身体自重或固定重量的抗阻力练习 ·攀绳或爬树 ·仰卧起坐 ·用操场上的设备摇摆	·拔河比赛等游戏 ·俯卧撑或引体向上 ·负重器械、手提重物的抗阻力练习 ·攀岩 ·仰卧起坐
健骨运动	·游戏：跳格子等 ·跳跃 ·跳绳 ·跑 ·体操、篮球、排球、网球等运动	·跳跃 ·跳绳 ·跑 ·体操、篮球、排球、网球等运动

四、政策的组合措施

组合措施(multiple strategies)是指为促进身体活动，将身体活动政策与其他相关措施相结合①。经对美国青少年体育活动政策的组合措施(表

---

① Schoppe S, Bauman A, Bull F. International review of national physical activity policy[J]. Report, 2004, 3(7): 51.

2-4)分析，我们发现涉及体育活动促进措施的参与部门由少变多，由改变个人行为向改变社会环境转变，学校、社区、家庭作为促进青少年身体活动的"主战场"是政策关注的重点。

表 2-4　　　　　　　　　　各身体活动政策的组合措施

时间	政策名称	组合措施	策略数量
1996	卫生署报告	学校、社区、健康护理环境、特殊人群	4
1997	学校、社区促进青少年终身身体活动指南	政策、环境、体育教育、健康教育、课外活动、家长参与、个人训练、健康服务、社区项目、评估活动	10~39①
2000	通过身体活动和体育促进青少年的健康	家庭、学校、课后项目、青少年运动和娱乐项目、社区环境、媒体	6~10
2008	美国身体活动指南	公园和娱乐、执法程度、城市规划、交通、教育、建筑、组织、卫生保健、公共健康部门	9
2011	促进身体活动与健康饮食的学校健康指南	政策、学校环境、体育教育、健康教育、社会服务、家庭和社区、学校教职工、	7~33
2011	疾控中心关于在社区增加身体活动的战略指南	媒体广告、爬楼梯、体育教育、社交网络、户外活动、街道和社区规划、交通	8
2012	青少年身体活动提升战略	学校环境、学前环境、社区环境、初级健康护理环境、家庭环境	5~16
2013	全面的身体活动项目：学校指南	高质量的体育教育、上学前和放学后的活动、校内活动、学校教职工、家庭、社区	6~9
2013	教育学生：将身体活动与体育教育带入学校	体育教育、休息活动、室内身体活动、校内外体育运动和校外活动、绿色出行方式、学校的建成环境、学校社区共享使用协议	7

————————————

①　10~39 是指在 10 个组合措施中共计 39 个具体实施策略，下同。

续表

时间	政策名称	组合措施	策略数量
2016	国民身体活动计划	工商业部门、社区休闲健身和公园部门、教育部门、宗教信仰组织、健康护理、大众媒体、公共健康部门、体育部门、交通土地与社区规划部门	9~50
1990	健康国民2000	学校、社区、初级护理	3~13
2000	健康国民2010	学校、社区、家庭、初级护理	4~15
2010	健康国民2020	学校、社区、家庭、护理、交通、规划	6~15

　　身体活动对青少年的健康效益已得到广泛认可，政策的另一个作用则是推动促进青少年身体活动的发展。参与促进青少年身体活动的部门早期主要是少数与青少年生活息息相关的部门，如学校、社区。青少年每天在学校至少待6~7个小时，放学后又会在社区待很长一段时间，所以学校和社区环境是最先被考虑为促进青少年身体活动的环境。虽然在理论上学校应该是促进青少年身体活动的重要环境，但是由于美国在政体上采用的是联邦制，各州都有独立处理本州事务的权力，各州在学校课程的安排上也不尽相同。在美国，只有4%的小学能够每天提供体育课，初中是8%的比例，高中仅为2%[①]。此外，学校提供的其他身体活动(运动会、体育竞赛等)不能满足所有青少年参与身体活动的要求，所以仅仅依靠一个部门来促进青少年的身体活动是行不通的。

　　身体活动促进策略的提出，需要弄清楚阻碍青少年进行身体活动的影响因素有哪些。青少年身体活动的影响因素首先是个体层面的因素，随着对身体活动研究的深入，各界认识到个体层面的改变也依赖于社会环境的改变，运用社会生态模型来促进青少年的身体活动也变得流行起来。McLeroy等人提出的社会生态模型认为可以通过5个方面来促进个体的健康，分别是个体水平、人际水平、机构水平、社区水平、政策水平[②]。在政策的战略方面也能够看到这种变化，早先关注于改变青少年个人行为的

① HHS. Physical activity guidelines for Americans midcourse report: Strategies to increase physical activity among youth[R]. Washington, DC: US Department of Health and Human Services, 2012.

② McLeroy K R, Bibeau D, Steckler A, et al. An ecological perspective on health promotion programs[J]. Health education quarterly, 1988, 15(4): 351-377.

学校、社区、家庭等环境，后来关注点转向大的环境方面，如社会支持、文化规范、社会环境、建成环境、自然环境、州和国家政策以及国际环境等。同时，相对于改变青少年个人的行为来说，从大的社会生态环境着手改变效果会更显著。影响青少年身体活动的各水平层面构成一个影响环（图2-1），处于最内环的是个体水平，处于最远端的是政策水平，政策层面对青少年身体活动的影响是最广泛的①。

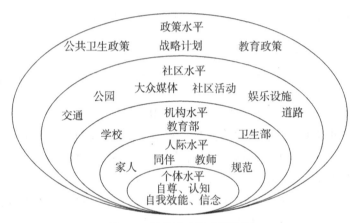

图 2-1　身体活动影响因素圈

从改变个人行为向社会环境的转变是美国青少年身体活动政策的一个特征，此外，政策在促进青少年身体活动时，不断在各个水平层面探索新的策略来促进青少年的身体活动。如在个体层面，从个体的自我效能、认知能力、信念、态度等因素着手实施身体活动促进策略②。在学校层面，出台实施加强版体育课、教职工一起参与身体活动干预、在休息时进行身体活动、提供便携设备和可利用资源、放学后开放学校场地供青少年进行活动等详尽的新策略③。在社区层面，提出改变建成环境，提高土地最大使用率，以此增加社区中步行和骑行等绿色出行方式的设施供给，增加居住密度，完善生活服务设施，使居民的出行除了开车外还有其他出行方式；在社区实施交通减速措施，以保证青少年在进行身体活动或游戏时的安全。

①　韩慧，郑家鲲. 西方国家青少年体力活动相关研究述评——基于社会生态学视角的分析［J］. 体育科学，2016，36（5）：62-70.
②　韩慧，郑家鲲. 西方国家青少年体力活动相关研究述评——基于社会生态学视角的分析［J］. 体育科学，2016，36（5）：63.
③　鲁长芬，曾紫荣，王健. 美国《青少年身体活动提高战略》研究［J］. 体育学刊，2017，24（3）：81-86.

第三节　美国青少年体育政策的过程分析

一、政策制定及其依据

(一)制定依据

政策的出台都是在国家政府体系背景下完成的，美国政府体系设计者考虑到联邦政府内一个过于强大的中央可能会造成专制，所以他们将中央政府的权力三分。联邦政府由国会、总统和联邦法院分掌立法、行政和司法三权，即"三权分立原则"，任何一种权力都可以制衡另外两种中的一种权力，这种分权对公共政策产生了实质性的影响，单单联邦政府内的"否决"次数就使任何政策创新变得非常困难，使阻止变革变得相对容易[1]。"三权分立原则"在联邦政府内跨越了机构之间的边界，并与联邦主义的"尖桩篱栅"直接联系起来。这一分权的结果有不同的阐述，例如"铁三角""惬意的小三角""旋涡"以及"次级政府"。这些说法描述的一种根本现象在于联邦政府很少作为一个统一的机构来作整体性政策选择。相反，它趋向于认可政府各部门所作的决定。每一功能性政策领域都倾向于在与其他部门隔绝的情况下得到治理，而政府的权力和合法性常常会用来增进社会中个体或团体的利益，而不是更为广泛的公共利益[2]。

美国政府的分权制有以下优点。首先，不同的决策制定者参与决策制定可以有效减少错误。因为一项政策提案要成为法律或作为项目，在被执行之前必须得到所有决策者的同意，需要充分论证。此外，不同决策制定者的参与无论是在联邦政府还是在州政府或地方政府层面都会产生更多的创意。正如政府体制的设计者设想的，政策制定权的分散削弱了中央政府颐指气使的能力。对公民而言，大量的不同观点纳入政策制定过程使得在某一政府层面或某一机构决策中的利益受损者在另一政策过程中成为获利者。不过，美国人也得为这一缺乏政策的一致性和政策的协调性付出代价，有时很难做成任何事情，一些有政策想法的民选官员发现他们的想法

---

①　Immergut E M. Health politics: Interests and institutions in Western Europe[M]. CUP Archive, 1992: 11.

②　Freeman J L. The Political Process: Executive Bureau-Legislative, Committee Relations[M]. Random House, 1965: 45.

在决策过程中得不到实现。

（二）政策的议程设置

议程是指政策共同体中的政府部门和其他主体，在任何给定的时间给予重要关注的一系列议题或问题。议程设置有时候被界定为多方面群体需求被转化为政府准备付诸行动的项目的过程。这一定义与一个观点有关，即认为公共政策的制定最初由政府行动者推动，然后由政府管理者给予回应。在对一项政策做出选择之前，必须把一个社会问题作为政策制定系统议程中的一部分加以接受，也就是说，作为大量问题中的一个，有必要采取公共行动来加以解决，值得引起政策制定者的关注。为何一个问题可以被提上政策议程？最根本的原因是一定有什么事情出了差错，而这个问题只能通过公共行动来加以解决。例如在 1953 年，汉斯和鲁斯（Hans Kraus，Ruth Hirschland）等学者发现美国有 56.6% 的学龄儿童达不到健康标准的最低要求，他们的呼吁最终引起政府的重视，通过政府和社会各界论证讨论，最终促成了致力于为青少年的体适能与健康服务的青少年体适能总统委员会和美国青少年体适能总统咨询委员会的设立。

美国青少年体育政策的议程设置主要由"外部发起"，产生于政府外部的个体、群体和组织的压力或建议。议题首先产生于非政府领域，接着扩展为公共或非正式议程，最后成为政府的议程。

（三）政策制定的主体

1. 由单一主体参与向多元主体共同参与转变

参与美国青少年体育政策制定的主体逐渐由政府一元主体向以政府和社会为主的多元主体转变。1979 年美国健康与公共服务部制定并颁布首个《健康国民》方案，仅由健康与公共服务部一个部门在 15 个领域实施相关措施以促进美国国民的健康水平。《健康国民 2020》则成立了以健康与公共服务部和联邦机构工作组（FIW）为主要领导的组织机构，政府机构在政策制定中的角色正在转变，政策的制定不再是"一家之言"，政府逐步与社会组织合作。2008 年美国颁布了首个《美国身体活动指南》，其由健康与公共服务部领导制定，同时建立委员会机制，委员会包括与体育相关的各社会组织和协会以及政府相关部门，2012 年对指南进行更新的《青少年身体活动提升战略》也是采用同样的组织机构。而《国民身体活动计划》则完全是由社会组织所制定，彻底改变了政府在政策制定中的领导地位，而这一计划也得到了政府的认可。20 世纪 80 年代前美国青少年政策体现的是政府意志，政策以服务于政治为首要目的。在第二次世界大战期间，1943 年美国参加体检准备服兵役的 900 万登记人员中，有近 300 万人因达不到参军体质要求不能服兵役①。作为美国军事后备梯队的美国青少年，其体质健康的不合格将会影响美国的军事力量和国际地位。在冷战时期，Hans Kraus 关于青少年儿童的健康检测报告表明美国青少年儿童的健康状况要劣于欧洲青少年儿童，同时与苏联的全面军备竞赛，使得美国更加重视青少年的体质健康，青少年体育政策的制定主要为政治服务。而 20 世纪 80 年代公民社会的发展，更多的社会组织从社会层面和公民个人层面审视青少年的体质健康问题，此时政策的制定不再仅仅为政治和政府服务，公民和社会组织开始积极关注政策并寻求机会参与制定政策，政府在政策制定中的角色也逐渐由"领导"向"主导"转变。

2. 多部门跨界协同参与政策制定

以政府为主导的多元主体参与政策制定是美国青少年体育政策的一个特征，此外，政府多部门的跨界协同参与又是另一个特点。早在 1943 年美国政府就通过学校为青少年提供军事操练性质的体育课，试图通过教育部门的"单打独斗"来促进青少年的体质健康，但结果并不尽如人意。随着首个《健康国民》政策的出台，青少年的体质健康促进问题开始呈现出多部门参与的趋势，《青少年身体活动提升战略》提出通过对学校环境和社区环境的干预能够增加青少年儿童的身体活动，与之对应的教育部门、城市规划部门、城建部门、交通部门等都应参与青少年身体活动提升战略。《国民身体活动计划》通过横向联合各部门制定各领域的身体活动促进计划，共有 9 个部门参与政策的制定，多部门多领域协同参与的趋势更加明显。《健康国民 2020》提出的 42 个领域目标中有多个领域将增加身体活动作为青少年的健康目标，在青少年健康、教育与社区计划、身体活动等领域都提出要增加青少年进行身体活动的比例。青少年是国家的未来，青少年的健康问题受到各国政府的重视，青少年的健康涉及体育、教育、医疗、营养膳食、心理、公共安全等多领域，而体育活动作为促进青少年体质健康的重要手段已得到广泛认同，体育政策的制定中也体现了多个部门共同参与的特点。美国青少年体育政策的制定不再是政府单个主体参与，更不是单个政府部门负责，而是呈现多元主体参与、多部门跨界协作的趋势。

二、政策的执行主体及责任

(一)政府在政策执行中的角色

美国政府在青少年体育政策的制定中起着关键的主导作用,但是在执行政策时政府的主导作用开始弱化,职能开始转变。落实青少年计划主要以学校为载体,通过体育界、教育界社会团体组织实施具体工作,政府部门负责协调相关工作,为政策的执行落实服务,并在执行过程中进行监督和事后评估。《青少年身体活动提升战略》提出了具体干预青少年身体活动的措施,主要强调家庭、学校和社区的共同联动干预,政府是以服务提供者的身份在实施过程中体现其作用,通过城市规划部门、交通部门等机构为青少年进行身体活动提供相应的设施与服务,辅助学校、家庭和社区组织共同促进青少年的身体活动水平提升。《国民身体活动计划》的制订与执行是相互独立的,都是依靠统筹委员会进行的。计划的执行由统筹委员会与全国体力活动促进联盟(NPAPA)签订协议,具体实施由全国体力活动促进联盟负责①。《健康国民 2020》的实施主要由各地的社会组织团体负责,各州都有政府部门负责协调、审核、监督社会团体组织的实施情况。总的来说,美国政府部门在青少年体育相关政策的执行过程中所承担的是协调、服务、监督等职能,政策的执行主体以非政府组织为主,政府与非政府组织相互合作、协同促进。

(二)社会力量在政策执行中的角色

越来越多的社会组织参与执行美国青少年体育相关政策。社会组织主要是指区别于国家体系中的政府部门、市场体系中的企业等营利性单位之外的公民社会部门,通常也被称为非政府组织(Non-Governmental Organization)、非营利性组织(Non-Profit Organization)。社会组织具有非营利性、非政治性和社会性特征,社会组织的生存资源来源于社会,为社会提供服务,并接受社会的监督问责。美国公民社会的蓬勃发展使得社会组织成为公共领域和私人领域之间的"第三部门",以合作、竞争、博弈等方式参与社会事务,使公共利益和私人利益同时得到最大满足。各类社会组织通过整合社会资源、利用专业优势使得青少年体育政策的落实更为高效,成为美国青少年体育政策执行的关键主体。执行美国青少年体育政策

---

① 岳建军. 美国《国民体力活动计划》研究及启示[J]. 中国体育科技,2015(2):126-134.

计划的社会组织可分为政府主导型、社会主导型、合作主导型三种类型的社会组织。

1. 政府主导型社会组织

政府主导型社会组织在形式上属于社会组织，但是在结构功能上属于政府主导型组织。全国运动、健身和营养基金会（National foundation on fitness, sport and nutrition）就是政府主导型社会组织的代表，该基金会是由国会依法特许成立的非营利性组织，符合美国《1986 年国内税收法典》第 501（c）（3）条款免税资格，基金会理事成员由美国健康与公共服务部任免，且需要得到众议院和参议院的授意。基金会成立的目的是会同运动、健身和营养总统委员会一起制定行动清单，推动第 13265 号行政命令的实施，支持运动、健身和营养总统委员会的相关政策。虽然基金会的性质是非营利性的社会组织，但是基金会的功能是辅助政府履行相关职能。总统青少年健身计划由运动、健身和营养总统委员会颁布政策计划，主要由全国运动、健身和营养基金会协同库珀研究所、美国健康与体育者协会和美国业余体育联合会等社会组织负责政策的具体执行。

2. 社会主导型社会组织

社会主导型社会组织通过自身筹集资金，整合资源执行相关政策。《国民身体活动计划》即为由这类社会主导型组织所颁布并执行的政策，全国体力活动促进联盟（NPAPA）是该计划的制定者和实施者。NPAPA 属于非营利性质的社会组织，NPAPA 执行计划的途径主要是通过筹集资金、管理执行团队、制定量化的执行目标并定期公布执行情况来达到目标。社会主导型社会组织资金的筹集是由组织自行负责，不受政府的控制，NPAPA 的合作组织会提供财政支持，同时在开展相关促进活动时，NPAPA 也会寻求赞助商帮助计划实施。社会主导型社会组织不对政府部门负责，但接受公众的监督与批评。

3. 合作主导型社会组织

合作主导型社会组织主要是指政府与社会组织相互合作，由政府提供资金，社会组织具体实施相关政策。根据合作内容的不同，政府与社会组织之间的合作有不同的形式，一种是"外包合作"形式，即政府将本应由政府提供的公共服务内容外包给社会组织来实施，政府在外包过程中进行监督，最后进行验收，《健康国民 2020》提出的 1200 条具体量化目标就是通过这类合作形式实施的。另一种形式则是"伙伴合作"形式，即双方基于共同的意愿或目标，在平等的基础上，利用各自的优势相互协作实现目标。总统青少年健身计划即采取这样的合作方式，库珀研究所作为一家成立于 1970 年的专注于健康的非营利机构，1982 年开发出了一套青少年体质健康测评系统 FITNESSGRAM，经过 30 多年的发展，研究所开发的这套系统已经被广泛运用。库珀研究所与美国健康与体育者协会（SHAPE America）利用自身专长与政府采用"伙伴合作"形式增加了总统青少年健身计划的效用值，这种合作形式极大地促进了青少年体育政策的实施。

（三）政策执行的组织结构

政策的执行绝大多数都是由组织承担的，从某种程度来讲，政府机构也是一种组织。没有哪一个政策是由一个"单一的组织"独自制定和执行的①，政策执行的效果很大程度上取决于组织的结构及其协调机制。

从美国青少年身体活动政策执行的组织及其结构来看，其经历了从科层式组织结构——市场化组织结构——网络化组织结构这样的变化。

1. 科层式组织结构

所谓科层式组织结构就是政府组织中的权力依其职能和职位进行分工和分层，并依据严格规则进行非人格化管理的一种组织结构体系。科层式组织结构是 20 世纪政府的主流组织形式，科层式组织结构有四个基本特征：第一，必须是大型组织；第二，组织中大多数成员都是全职而非兼职；第三，组织成员的提升、留用和评估方式依组织中职责而非个体特征而定；第四，组织产出的主要部分并非由市场通过权衡机制进行评估②。在科层式组织内部，其还有其他特征：富含等级的正式沟通网络，正式权威的等级结构，广泛的正式规则系统，履行职能的非人格化，非正式的和个体化的沟通网络等③。

早期的美国青少年身体活动政策的执行组织结构就是属于科层式组织结构，如早期的健康国民系列政策，其执行是由健康与公共服务部主导实施。健康与公共服务部由部长领导，其部长是美国总统的内阁成员，直接对总统负责。在早期的健康国民政策（如《健康国民 1990》《健康国民2000》）执行过程中，健康与公共服务部通过各州的健康与公共服务部门执行具体政策内容，各州的健康与公共服务部门与联邦健康与公共服务部是科层式的管理体制。科层制运用严格的非人性化规则对管理客体进行管理，以达成效率最大化的组织体系和管理方式，它不仅是一种组织结构，

① Hjern B, Porter D O. Implementation structures: A new unit of administrative analysis[J]. Organization studies, 1981, 2(03): 211-227.

② 曾凡军. 基于整体性治理的政府组织协调机制研究[D]. 武汉大学, 2010.

③ 唐斯, 郭小聪. 官僚制内幕[M]. 北京: 中国人民大学出版社, 2006: 45.

也是一种管理方式。但是由于美国的政治体制，科层式组织遭遇了很大的挑战和问题，如固化的规章制度使组织成员丧失了主动性和灵活性；压制了内部的沟通和交流；组织机构庞大臃肿，组织协调性差，合作和管理成本增加，实施政策的行动迟缓等①。

2. 市场化组织结构

随着科层式组织结构的弊病逐渐显现，美国青少年身体活动政策执行的组织结构也发生了变化，既有科层式结构，也有市场化组织结构。市场化组织是一种以市场和竞争为导向的具有开放性平行结构的组织，各主体之间具有平等性和相互独立性，并通过价格机制来协调活动，其目的是通过竞争实现效率和绩效最大化。在健康国民系列政策及疾控中心的政策执行中，有传统的科层式的组织结构，如联邦机构（健康与公共服务部、疾控中心）和各州实行的还是科层式的组织结构，但是各州在执行政策时会有所不同，会引入市场化组织执行政策。如《健康国民2020》中，其1200个小目标是由508个不同组织所执行的，其中既有政府的代理机构、非营利性质的组织，也有市场化的营利性机构。在选择这些组织执行政策时，也是采用市场化的手段，通过竞争形式，各组织选择适合其定位的目标去执行。但是市场化组织在执行青少年身体活动政策时会出现一个问题，即组织之间的不一致性，政府科层部门对政策的价值取向会与市场化组织之间出现不一致，市场化组织在执行政府的政策时会以利益或效率为第一要义，但是政府在强调效率时也会要求公平。这两类组织之间的价值不一致性会影响政策执行的效果。

3. 网络化组织结构

何为网络化组织还没有一致性的定义，不同学者有不同的看法。有人认为网络化组织是一个建立在新的经济、社会、技术平台上的介于科层与市场化组织之间的组织形态，但又是非常简单的中间状态。它既拥有传统组织明确的目标，又引入了市场化组织的灵活机制，同时还强调要素协作、创新驱动和多赢的目标②。网络化组织的特征如下：其一，网络化组织具有共同的目标，但又不是实体组织，而是边界模糊、边界渗透的虚拟组织；其二，网络化组织是由多个组织共同组成的联合体；其三，网络化组织不是以命令链的形式而是以市场机制来协调各实体间的利益关系；其

① 曾凡军. 基于整体性治理的政府组织协调机制研究[D]. 武汉大学，2010.
② 林润辉，李维安. 网络组织——更具环境适应能力的新型组织模式[J]. 南开管理评论，2000，3(3)：4-7.

四，各实体在网络化组织中存在较为明确的分工协作关系。

21世纪后的美国青少年身体活动政策执行组织大多采用网络化组织结构，其背景是科层式与市场化组织出现的弊端以及社会组织的繁荣发展。国民身体活动计划中，参与政策执行的组织有癌症协会、运动医学会、营养饮食协会、美国体育教育与健康教育家协会（SHAPE American）、运动委员会、关节炎基金会、贝尔健康与营养研究所、疾病预防与控制中心、农业部等众多组织，既有政府层面的部门，也有研究机构以及营利与非营利性组织。这些组织共同协调成立了统筹委员会和全国体力活动促进联盟，统筹委员会并非实体组织，但是负责协调政策的执行，各类组织分工协作，朝着共同的目标而努力。

三、政策评估内容与方法

政策评估泛指不同的国家及社会行动者为判定政策实施后的进展、预测政策将来的绩效而进行的相关活动，评估政策实施后所采用的方法和达到的目标①。从政策评估的内容来分，可以将美国青少年身体活动政策的评估分为以过程为导向的评估和以结果为导向的评估。

以过程为导向的评估主要是评估政策的整个过程，从政策的制定到政策的执行过程，重点关注政策执行的评估。以结果为导向的评估是根据政策在制定初期所表述的目标，来检验政策实施后是否达到原定的目标计划。美国健康国民系列政策中对身体活动的目标均作了详细的量化表述，如提升青少年参加有氧运动的比例，从2011年的28.7%提升至31.6%；增加公办或私立小学每天进行体育教育的比例，从2006年的4.4%升至4.8%。

美国青少年身体活动相关政策的评估根据参与评估的不同行动者可分为两类，一类是内部评估，另一类则是外部评估。内部评估是指负责执行政策的执行者自身对政策进行的评估。由于青少年身体活动相关政策制定和实施的主体有健康与公共服务部和教育部等政府部门，也有Cooper institute、SHAPE America和NPAPA等社会组织，所以在对各自政策进行评估时其方法和手段也不一样。政府部门在进行内部评估时他们有渠道获取有关政策的信息，相比其他参与评估的组织机构（如社会组织）来说，他们更容易获得数据，能够更好地了解政策或计划的目标和经验，但从政

---

① 吴逊，饶墨仕，等. 公共政策过程：制定、实施与管理[M]. 上海：上海人民出版社，2016：111.

治角度出发为了获得选民的支持评估可能会存在偏见。社会组织自身的评估在获取数据等方面相对困难，但因为不受政府影响，没有政治压力，他们独立判断的能力提高了，评估相对独立真实。政府和社会组织对政策进行内部评估的结果是发布中期报告或更新政策，如《青少年身体活动提升战略》是《美国身体活动指南》的中期报告；全国体力活动促进联盟于 2016 年颁布了最新版的国民身体活动计划；疾病控制与预防中心于 2016 年 11 月发布了《健康国民 2020》的中期报告，全面阐述了健康国民 1200 个目标实现的情况。

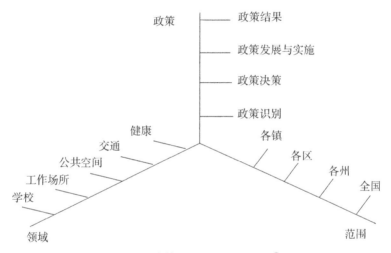

图 2-2　身体活动政策研究网络①

外部评估是指由其他独立机构对政策进行评估。政府部门的政策由中央机构负责进行全国的或主要的评估，如政府问责办公室（Government Accountability Office）、国会预算办公室（Congressional Budget Office）会对健康与公共服务部的相关政策进行评估，以确定该部门的相关预算和决算拨付。美国 CDC 于 2004 年成立了身体活动政策研究网络（Physical Activity Policy Research Network，PAPRN）。PAPRN 的使命是识别身体活动策略、确定政策的决定因素、描述政策实施过程、确定身体活动政策的结果②。PAPRN 团队开发出了一个三维的政策研究框架（图 2-2），垂直轴是指政

①　PAPRN Team. Physical activity policy research network［EB/OL］.［2017-03-01］. https：// paprn. wustl. edu/.

②　Schmid T L, Pratt M, Witmer L. A framework for physical activity policy research［J］. Journal of Physical Activity and Health, 2006, 3（s1）：S20-S29.

策的组成部分，横截面的两部分分别是政策在应用时所涉及的领域和范围。在政策评估时，评估所参与的领域与相对应的政府层级是否采取措施促进身体活动的增加；如公共空间的区域位置和配备的设施是否让使用者的身体活动参与数量和能量消耗数净增加，学校领域在政策实施后是否导致学生参加体育课的质量和数量增加，公司是否有提供在间歇时间进行身体活动的政策等，政策所考虑的领域包括但不限于图中所示的几个部门。不同层级的政府是如何协作实施相关政策也在评估范围内。在这个三维政策框架的基础上 PAPRN 建立了一个政策分析模型(图 2-3)，该模型主要从政策的投入、政策实施过程中采取的措施、政策的产出这三个方面对政

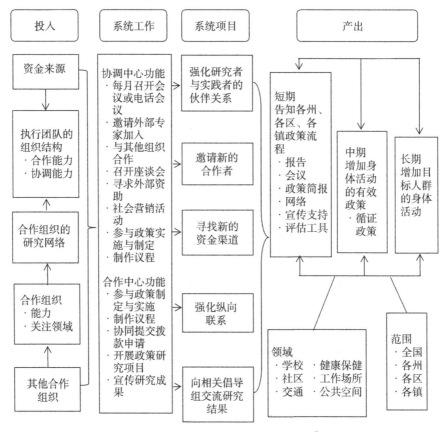

图 2-3   身体活动政策评估逻辑模型①

---

①   PAPRN Team. Physical activity policy research network〔EB/OL〕. 〔2017-03-01〕. https：// paprn. wustl. edu/.

策进行评估。政策的投入评估包括资金来源评估、执行团队的组织结构和能力评估、团队采用的研究技术评估等方面；实施过程评估主要对组织的分工协调、可持续发展、研究与实践等方面进行评估；政策实施的结果主要从短期、中期和长期三个方面进行评估。

第四节　美国青少年体育政策的社会动因分析

一、美国社会经济与青少年体育政策

二战初，美国经济经历了一个短暂的萧条时期，而后开始繁荣发展，1960 年美国国民生产总值达到 1945 年的两倍，到 1970 年，只占世界人口 6% 的美国人生产与消费全世界 2/3 的产品，但此时美国经济增速已经开始放缓，通货膨胀率也达到了 6% 左右。1981 年罗纳德·里根就任美国总统，开启了一系列诸如降低税收、改革福利政策等经济刺激政策，但并未改变美国经济低速增长的现状。自 1990 年起，美国经济逐渐展现出颓势，比尔·克林顿通过精简机构、削减行政开支和向富人增税等措施平衡财政预算，又采取了如福利制度改革、维护中产阶级和工人权利以及加强知识经济等一系列新政策，美国经济出现了战后一个较长的经济扩展期①。步入 21 世纪后美国又开始慢慢衰退，2008 年又爆发了金融危机，奥巴马上任后采取一系列措施有效缓解了金融危机，使美国经济逐渐得到恢复。

经济的发展在提升美国公民生活水平的同时，也对美国公民生活方式和身心健康产生了深远的影响。工业化社会解放了人们的双手，信息化社会拉近了人们的距离，人们的身体活动水平逐渐下降，极大了增加了人们患病的风险。与此同时，人们承受着生活节奏加快带来的心理紧张与精神压抑，心理健康问题逐渐凸显出来。为应对这一系列的问题，美国政府逐渐增加医疗卫生费用，医疗卫生事业花费占国民生产总值比重从 1960 年代的 4%~5% 逐渐上升到 80 年代的 11%，到 90 年代末，占比一度达到12.9%②。由于医疗费用的增长速度大于企业和单位利润的增长甚至国内

---

①　赫伯特·斯坦. 美国总统经济史[M]. 吉林：吉林人民出版社，1997：51.

②　世界卫生组织. 2001 年世界卫生报告[M]. 王汝宽，等，译. 北京：人民卫生出版社，2002：59.

生产总值（GDP）的增长，因此美国政府感到巨大的资金压力与社会压力①。美国想通过两种策略解决国民遭遇的健康问题，一是持续对疾病的治疗投入支持，二是通过预防疾病来降低发病率从而大大减少医疗费用的支出。

在此背景下，美国大众体育开始转型。1979 年，美国健康与公共服务部（HHS）发布《国民健康：健康促进与疾病预防报告》，把体育健康促进纳入"预防优先"政策，号召全体国民参加体力活动。在该报告影响下，美国大众体育的健康促进价值得以提升，重心从"治病"转移到"预防"，强调运动是良医（Exercise is Medicine），通过合理的体育活动推进国民健康。美国的大众体育逐渐从军事优先和工具化战略到娱乐休闲战略和国家健康战略的转变，从强调大众体育的政治、军事价值，服务国家崛起的政治诉求，开始向大众体育的休闲、娱乐、健康、经济等多元价值，满足社会人本需求转变②。

青少年身体活动政策正是在这样的背景下出台，其也被烙上了时代印记，美国青少年身体活动政策主要是为国家整体的健康战略服务，作为预防疾病、促进健康的关键一环。

二、美国价值观体系与青少年体育政策

美国的青少年体育政策，与其经济政治文化发展密切相关，这在一定程度上反映了美国政府及社会公认的价值观。因为价值观体系是美国政策的重要导向，政府以及全社会倡导某种价值观，就会在其政策中加以体现③。

（一）个人主义价值观

美国的历史文化习惯、政治制度和经济体系使得个人主义价值观融入美国人的血液之中。崇尚以个人为中心，尊重人性和个人的尊严，赋予个人追求健康、幸福的权利成为政府、国家和社会首先关注的对象。个人主义价值观在美国不同历史时期展现出不同的内容和特点，美国政府各项政策的制定与实施深受个人主义价值观影响。

个人主义价值观对美国健康政策和身体活动政策的制定产生着潜移默

① 李金慧 . 20 世纪 90 年代以来美国健康促进政策分析 [D]. 首都师范大学，2004.
② 彭国强，舒盛芳 . 美国大众体育战略演进的历程、特征与启示 [J]. 中国体育科技，2018，54（2）：30-39.
③ 李金慧 . 20 世纪 90 年代以来美国健康促进政策分析 [D]. 首都师范大学，2004.

化的影响。个人主义价值观重视人的自然权利，使个人追求健康与幸福成为一种社会共识。而"存在的唯一根据"是"最终要对个人的健康、幸福、愉快和尊严做出贡献"的政府，其应该为全体国民的健康负有责任。因此，为了促进国民的健康，提供教育的、社会的和经济的环境就被提上了政治议程，身体活动作为促进健康的重要手段，被各界所认同，身体活动相关政策的出台也就顺理成章。同时，政策关注的重点也从个人开始转向与个人息息相关的群体和环境，突出环境对人的行为改变。

(二)社会价值观

随着美国经济政治文化的发展，人们对"健康"的看法不再局限于"没有疾病"，逐渐将生理健康、心理健康与社会适应能力纳入"健康"范畴，并且认为，健康是基本人权，也是社会进步的一个重要标志和潜在动力，是世界范围内的一项重要的社会性指标。

美国政府及社会对"健康"的认知大致经历了"环境时代""医疗卫生时代""生活方式时代"三个阶段。具体而言，19世纪末到20世纪50年代，人类在与传染病的斗争过程中逐渐采取诸如水中加氯、污水处理、广泛的免疫接种、卫生食品的供应、营养状况的改善和提供良好的居住条件等公共卫生措施，使得人们生产生活卫生条件得到极大改善，美国人的生活质量得到了空前的提升，这是公共卫生运动的伟大胜利，被称之为"美国的第一次公共卫生革命"。但是这一时期，美国医务界却认为这些成绩是医学和技术进步的结果，一度出现了人体治疗的工程方法(Engineering Approach)概念，认为只要投入更多的资源进行生物医学研究，即对人体基本功能的研究，便能够达到控制疾病的目的。尽管此后的一段时间内美国政府不断增加全民医疗费用，但并没有给美国人民的健康带来多少改善。尽管生活方式一直被认为与健康状况有关，但直至1972年，美国加州大学公共卫生学院院长布瑞斯洛(Bresolw)与加州公共卫生局人口实验室的毕洛克(Belloc)通过对大约7000名成人历时五年半的随访观察发现，期望寿命与良好的健康和七项简单而基本的健康习惯有显著的相关性，这七项健康习惯是：①每晚睡眠7~8小时；②每日进食早餐；③一日三餐，不吃或少吃零食；④控制体重在正常范围内；⑤积极而有规律地锻炼身体；⑥适度饮酒或不饮酒；⑦不吸烟。

三、美国政府改革与青少年体育政策

20世纪70年代后，全球化、信息技术的发展以及工商企业改革的成功经验对传统公共行政带来了新的挑战，传统公共行政模式与后工业社会出现了不适应现象，且西方国家内部出现的财政危机、管理危机、合法性危机加剧了这种不适应性。为了适应全球化、信息化及国际间竞争加剧的趋势，迎合国内公共服务需求的增加以及提高政府效能的呼声，美国开启了一场以"新公共管理"为内容的政府改革运动，改革的核心是放宽政府管理权限，注重效率，改革的广泛性、全面性和激进性前所未有。西方社会和西方学者将这一改革称之为"治理"①。"治理"的本质就是善治，就是政府、社会团体和公民对公共生活开展合作管理，最终使公共利益得到最大化的一种新型社会管理方式②。关于治理的含义没有统一的定义，但是治理的内涵至少包括以下几个方面：(1)超越国家权力中心论，实现主体多元化。国家已不再享有唯一的统治权威，这种权威是和其他主体共同分享的，存在主体间责任界限的模糊性，政府的权力范围及方式需重新界定；(2)超越传统管理方式，民主协商和谈判更多地取代正式的强制性的管理，自主自治的网络体系逐步建立③；(3)强调"善治"，各个治理主体以互信、互利为基础，以相互依赖为特征，追求共同利益，实现社会发展和公共利益最大化④。最为典型的是美国的社区治理，其在美国青少年身体活动政策的制定执行中功不可没，美国的社区并不是作为政府的一个基层管理单元(行政区划)而存在。联邦各州乃至各个市、镇，都有其独特的社区治理方式，但在社区发展和管理上，基本都采取了"政府负责规划指导和资金扶持，社区组织负责具体实施"的运作方式。他们将具体事务交给社区组织和民间团体，政府只负责宏观调控。社区居民的广泛和积极参与为社区治理注入了民主的活力，公共服务企业的运作促进了社区治理的市场化，公共服务组织的加入引起了社区治理的组织化，社区权力的分散最终构成了社区治理的多元化特征⑤。

美国从新公共管理向"治理"的转变也引发了身体活动政策的制定由单一主体参与向多元主体共同参与转变，由少数部门向跨部门协同参与转变。公民社会的发展，社会组织的日益强大使得政府与社会组织之间的关系发生了转变，在政策的制定方面，主要由政府统筹，社会组织积极参

① 徐增辉. 新公共管理研究[D]. 吉林大学, 2005.
② 杨桦. 深化体育改革推进体育治理体系和治理能力现代化[J]. 北京体育大学学报, 2015, 38(1)：1-7.
③ 王雪伟. 地方政府雾霾跨域合作治理研究[D]. 南京大学, 2016.
④ 熊亚骅. 自媒体时代政府管理创新研究[D]. 湖南大学, 2015.
⑤ 王春, 曲燕. 治理理论及国内外实践综述[J]. 学理论, 2013(25)：126-129.

与。政策的执行主要由社会组织承担，并且根据政府与社会组织之间的协作方式，存在着三种不同的组织形式，分别扮演着不同的角色。在评估方面也是由政府、市场、社会三者进行协调，共同完成政策的评估过程。

第五节　美国青少年体育政策特征与启示

一、美国青少年体育政策特征

美国对青少年身体活动的治理与其社会文化背景密切相关。下面从治理理念、治理模式、治理组织和治理过程四个方面对美国青少年身体活动的治理历史进行总结分析。

(一)治理理念："自由"到"善治"

我国学者俞可平将"善治"界定为公共利益最大化的公共管理，是政府与公民对社会公共活动的共同管理，是国家与公民社会的良好合作，是两者关系的最佳状态①。19世纪末，由于美国奉行自由主义的理念，青少年体育事业主要交由社会管理，导致青少年身体活动"无序"自由发展。一战结束之后，美国爆发了严重的经济大危机。社会的动荡也影响体育的发展，因国家财政预算缩减，体育活动与体育赛事大量被取消，导致青少年的身体活动发展缓慢。在这种社会背景下，凯恩斯主义应运而生，将政府推向前台来挽救因自由主义而导致的"市场失灵"。政府与社会市场关系的调整既为美国政府干预经济生活提供了新的理论依据，也为青少年身体活动改革提供了新的方向，国家主要通过颁布法令来提高全民对体育健身的兴趣，各管理部门也对学校提出了增加学校体育课的要求。

美国学者史普博所认为，政府管制是一个随着历史发展而不断变换政府行为的重点和焦点的动态过程。政府过度地介入经济领域必然造成经济缺乏活力和政府公权力的无限扩大，利用政府救市将使政府陷入"无能"的境地。20世纪70年代末，美国开启了一场以"新公共管理"为内容的政府改革运动，改革的核心是放宽政府管理权限，注重效率，西方社会和西方学者将这一改革称之为"治理"。它作为配置社会资源的新方式，作为处理政府、市场与社会力量关系的良药，渗透到社会各项事业的改革中，

---

① 俞可平. 善治与幸福[J]. 马克思主义与现实，2011(2)：1-3.

也为青少年体育事业提供了良好的发展方向。当今美国青少年身体活动的发展，既体现了分权制国家的社会性和自由性，也突出了国家政府的引导与调控机制以及各级地方政府的服务与监管职能，逐步形成了政府和社会互通共治的网络格局，这是美国青少年体育繁荣发展、实现"善治"的制度基础。

(二)治理模式：由"管"到"治"

美国总体奉行自由主义的理念，对于如何处理政府与市场和社会的关系，经历了一个不断深化认识、调整政策、自我改革的曲折过程[①]。19世纪中后期，为保障青少年儿童的健康权益，美国一些州企图通过立法的途径来解决童工问题，但这些法律并没有发挥明显的作用[②]，政府在青少年健康发展上发挥的作用极其有限。经济危机爆发之后，"罗斯福新政"的颁布标志着美国政府开始全面干预经济社会生活，美国进入传统官僚制统治的"大政府时代"。在政府管制下，美国的公共事务主要由政府管理和控制为主。因此，青少年的健康权益主要交由政府机关进行保障。20世纪70年代，由于美国发生了严重的经济滞胀问题，社会公共开支沉重，政府的办事效率和声誉每况愈下。人们在对政府管制的反思和批判基础上建立了竞争性治理模式，这在一定程度上促进了社会体育组织的繁荣发展，从而为青少年的身体活动参与提供了良好的社会环境。20世纪末以来，在公共管理改革运动中，美国优化了社会福利支出的结构，并对社会福利项目进行了市场化的改革。与此同时，也加强了对教育领域的投入，为青少年身体活动的发展提供了重要的物质保障。青少年身体活动发展在多元主体共治为核心的善治理念引导下，由政府单方面管制模式向竞争性治理模式转变，再逐渐过渡为一种全新的网络化治理模式。这种模式主要表现为在政府的引导下，社会各阶层(如社区、学校)也积极投入到青少年公共服务之中并逐渐成为治理主体。

(三)治理组织："松散"转为"严密"

美国联邦政府并未设立专门的体育行政管理部门，各种社会组织和私人企业成为美国体育发展的重要推动力。在政府和群众的双重监督下，相

---

① 张晓明. 美国国家治理体系和治理能力现代化的过程、做法及启示[J]. 当代世界与社会主义，2015(2)：13-17.
② 杨明玉. 美国童工法发展述论[J]. 法制与社会，2015(9)：278-279，281.

关社会组织一般都会兢兢业业地完成自己的工作①。在发展早期，美国青少年身体活动发展主要是依托基督教青年会这一社会组织完成的。它为青少年群体提供了形式各异的体育活动项目，对提升青少年的身体活动水平、塑造青少年的个性和培养社会道德等起到了非常重要的作用。19世纪90年代以后，美国业余体育联合会（AAU）、城市体育联盟、基督教青年会会、公立学校体育联盟等体育组织共同担负起青少年身体活动的责任，并为他们提供了许多参与身体活动的机会。

20世纪中期，受国际形势的影响，美国政府在大众体育管理方面承担着重要的角色，它通过建立青少年体适能总统委员会、美国健康与公共服务部等青少年健康组织机构，确保从整体上改善和提高青少年的健康。20世纪末以来，政府开始与社会共同为青少年群体提供公共服务，青少年身体活动的开展以多元化的体育组织为根基，其中，学校体育主要是通过国家（州）高中协会联合会、校际管理机构和学校俱乐部等组织开展青少年身体活动；社区体育组织按照类别可分为公共的、由税收支持的社区娱乐组织，公共的非营利性社区组织，私有的非营利性体育组织和私有的营利性俱乐部，共同为青少年身体活动提供类型丰富的体育项目②。多元化的体育组织为美国青少年身体活动的持续发展提供了重要的保障。

（四）治理过程："泛化"过渡到"细化"

从某种程度上说，治理过程是由一系列治理行为所组成的动态过程，治理行为是否高效关乎整体治理效果，而采取何种治理行为是由国家的治理理念所决定的。20世纪初，美国对于青少年身体活动的治理整体上还处于一种萌芽状态，主要靠法律对青少年儿童的福利进行保障。20世纪中后期，青少年体质与肥胖问题日益突出，人们逐渐将身体活动作为一种有效的干预手段来控制青少年儿童的体重。一方面，政府通过设立健康组织机构和制定具体的体育政策及行动措施来提高青少年身体活动水平；另一方面，各种社会力量的参与使得青少年体育组织不断发展壮大，为改善青少年身体活动水平打开了新的局面。但与身体活动相比，社会大众更习惯从饮食上攻克肥胖问题的陈旧观念给治理工作带来了一定的挑战。21世纪以来，面对因运动缺乏和久坐行为而引发的国民健康危机这一社会问

---

① 柏学翥，唐灿明．美国公共管理中政府与非政府组织跨组织整合趋势[J]．中国行政管理，2011(9)：91-95.

② 谢晨．美国青少年体育参与的组织支撑研究[D]．北京体育大学，2013.

题，美国经过近半个世纪的努力，该问题非但没有得到有效解决，相反却呈现一种加重的趋势①。2002 年，根据美国学者调查，在 9～13 岁青少年中，有 61.5% 的孩子没有参加过任何一项有组织的校外体育活动，有 22.6% 的青少年没有参与任何休闲时间的身体活动②。另外，大量研究证实，久坐不动的生活方式会引起有关代谢和心血管等方面的慢性疾病③。因此，美国一方面关注政策、体制、环境对身体活动干预的影响，另一方面强调建立有效的联盟，采取科学的步骤制定社区、区域或州战略计划，在学校、公园、娱乐等各种环境中将政策切实付诸实践，并"因时制宜"地制定了一系列具体化的行动指标，以便有效地指导青少年进行身体活动，从而获得更为健康的生活方式。美国对青少年身体活动的治理从泛化向细化的转变，体现出与时俱进、服务社会的治理理念。

二、美国青少年体育政策启示

(一)明确"善治"的发展方向

善治实际上是国家的权力向社会的回归，善治的过程就是一个还政于民的过程。从美国青少年体育的治理实践来看，调整政府与社会、市场的关系始终是推动美国社会和青少年体育发展的核心动力。自中国共产党十八届三中全会确立全面深化改革总目标以来，依托科学的宏观调控，有效的政府治理，倡导政社合作、良性互动、多元共治，推进体育治理体系和治理能力实现现代化成为共识。中国体育治理是在中国共产党的领导下，一元主导，多元合作协同，共同管理体育事务，为实现国家体育目标和满足人民体育需求，共同推动体育发展的过程，其治理体系是在治理的基础上通过多种机制相互配合，有效促进体育全面、协调、可持续发展的一整套紧密相连、相互协调的制度体系。我国青少年体育内嵌于国家体育治理体系中，具有多元属性，它既是政府体育治理的基础，表现为体育行政治理体系的一部分，又是社会自身能动性的运用，表现为以社团、社区、家

---

① Ogden C L, Flegal K M, Carroll M D, et al. Prevalence and trends in overweight among US children and adolescents, 1999—2000[J]. Journal of the American Medical Association, 2002, 288(14): 1728-1732.

② Centers for Disease Control and Prevention(CDC). Physical activity levels among children aged 9-13years-United States[J]. Morbidity and Mortality Weekly Report, 2002, 52(33): 785-788.

③ Tremblay M S, Leblanc A G, Kho M E, et al. Systematic review of sedentary behaviour and healthindicators inschoolaged children and youth[J]. International Journal of Behavioral Nutrition and Physical Activity, 2011(8): 98.

庭等为主体的自我管理，同时还与市场密切相关。因此，无论是从社会改革方向和体育发展的总体趋势，还是从青少年体育的自身特性来看，以"善治"为目的，实现政府权力向社会回归，寻求政府、社会、市场合作共治路径，将是未来中国青少年体育治理的主题方向。

(二)建立"多轮驱动"的制度保障

从美国青少年体育治理实践来看，治理主体随着治理改革的深入，多层化、多元化趋势越发明显，目前美国青少年体育发展的治理主体已包括各级政府、学校、社区、家庭、基础医疗保健机构等多个主体，形成了政府与社会多元主体协同共治的网络格局，为美国青少年体育发展提供了良好的运作机制和制度保障。随着我国社会转型和市场经济体制的建立，社会力量和市场力量迅速崛起，原有的体育发展方式面临着严峻的挑战，现行的体育管理体制和运行机制，已无法适应中国体育发展出现的新态势。中国国家权力还政于民的现代化治理进程中，青少年体育也应形成政府、学校、社区、家庭、基础医疗保健机构等多轮驱动的网络化治理主体格局，这是青少年体育实现"善治"的制度保障。当然我们也应结合中国国情，不能一味强调放权、分权这一结果，而应注重解决放权、分权过程中的问题，可能在很长时间内还需特别重视政府在青少年体育发展中的引导、监督和服务作用，以避免因过度分权导致多头管理、治理无序、效率低下等问题。

(三)构建多主体共同参与的干预机制

美国青少年体育干预战略中涉及多个主体，有联邦政府、州政府层面的各相关职能部门，有公益性质的志愿团体和社区组织等社会组织，有公民的积极参与，还有在青少年体育干预中对资源配置发挥决定性作用的各市场主体。由于单一主体有其局限性，所以在提高青少年体育战略的实施过程中，只有多主体共同参与才能使战略发挥最大效用。长期以来，我国青少年体育发展主要依托教育部门和体育部门，尽管经历了一系列社会转型和管理体制转轨，但是"强政府—弱社会"的格局依然会对青少年体育的发展产生影响，多主体参与空间狭小，灵活性也较差。由此，新时期在"强国家—强社会"理念下构建多主体共同参与的干预机制，需要以"整体性"为逻辑起点，打破原有的体育部门和教育部门、政府和社会力量、学校—社区—家庭分散指导体育治理格局，通过促进体教融合调动社会一切积极因素，形成以政府治理为导向、社会治理为协作、家庭治理为链条、学校治理为引擎、社区治理为锚点的整体性治理系统，发挥各治理主体在青少年体育治理进程中的优势，促使其在体育治理领域形成一种协调、整合、分工、合作的整体性治理格局。具体而言包括：(1)转变政府部门体育职能，形成部门合力；(2)剥离不该由自己管或是管不了的体育事务，通过向体育协会、市场组织购买服务的方式完善治理能力；(3)完善学校体育，协助建立基层的青少年体育新社会组织，实现家庭、学校、社区联动①。

(四)建立青少年体育长效跟踪的研究机制

美国针对青少年体育的研究缺乏长期和纵向的跟踪研究，而我国也有此类问题。青少年体育活动研究是一个长期的、复杂的、动态的研究，应在短期研究和理论研究的基础上建立长效的实证研究机制。针对不同人群制定最适合、最有效的干预措施，在研究方法的选择上可以利用多学科的视角选用不同的研究方案。

本 章 小 结

本章使用麦考尔-韦伯政策分析理论对美国青少年体育政策内容与政策过程进行分析，发现美国青少年体育政策具有以下特点：

(1)美国青少年体育政策的目标主要是为了增加青少年身体活动水平，促进健康，提高生活质量。青少年体育政策是美国健康战略的重要组成部分，其间经历了从重视强度向重视活动总量的转变。青少年身体活动的类型分为有氧活动、强肌活动、健骨活动三种。

(2)促进青少年体育发展策略已经从改变个人行为向改变社会环境转变，而最为有效地促进青少年身体活动水平的战略领域主要为学校、社区、家庭。美国青少年体育政策的议程设置主要由"外部发起"，是由来自政府外部的个体、群体和组织的压力或建议而"产生"的。议题产生于非政府领域，接着扩展为公共或非正式议程，最后成为政府的议程。

(3)美国青少年体育政策制定主体逐渐由政府一元主体向以政府和社会为主的多元主体参与、多部门跨界协作的趋势转变。政策执行的组织结

---

① 罗小兵，张晓强，鲁长芬. 青少年身体活动的家庭、学校、社区整体性治理研究[J]. 武汉体育学院学报，2021，55(08)：33-40.

构经历了科层式—市场化—网络化的变化。政府的角色由主导角色变为了协调、服务、监督角色。社会组织成为政策执行的"主力军"，而政府与社会组织之间形成了政府主导型社会组织、社会主导型社会组织、合作主导型社会组织三种关系。美国青少年体育政策的评估可分为结果导向的评估和过程导向的评估，评估方法有内部评估与外部评估。

（4）美国青少年体育政策特征。治理理念：由"自由"到"善治"；治理模式：由"管"到"治"；治理组织：由"松散"转为"严密"；治理过程：由"泛化"过渡到"细化"。

（5）美国青少年体育政策启示：明确"善治"的发展方向，建立"多轮驱动"的制度保障，构建多主体共同参与的干预机制，建立青少年体育长效跟踪的研究机制。

第三章　我国青少年体育政策文本分析

新中国成立以来，中国共产党"摸着石头过河"，走出了一条有中国特色的社会主义发展道路。党和国家一直高度重视青少年体育发展，关注青少年身心健康，从国家层面颁布了一系列政策文件。这些政策文件在推进青少年体育渐进式发展的过程中发挥了重要的作用。但在新的历史时期，面临新的国际挑战、国家需求和人们对健康的迫切需要，青少年体育积淀的问题日益凸显，需要国家在把握青少年体育政策演进历程和基本规律的基础上，寻求新时代青少年体育发展的新定位、新方向。本章收集新中国成立以来青少年体育政策文本 290 份，全面系统地研究了青少年体育政策的发展过程。

第一节　我国青少年体育政策文本的统计分析

一、政策文本的选取

对青少年体育政策文本进行收集，具体方法如下：首先以"学生""青少年体育""体育运动"等关键词在中国知网、万方数据库进行文献检索，检索时间为 1949 年至 2021 年，通过阅读相关文献对青少年体育政策研究有了初步的认识。

其次通过北大法律信息网以"青少年"为关键检索词进行模糊搜索。北大法律信息网资料内容丰富、检索功能强大，它收录了自 1949 年以来约 20 万篇(条)法律文本，并且数据库资料不断更新，保证研究者可以快速、准确、全面地检索到需要的政策文本。

最后，主要通过国家政府网、国家体育总局官网、教育部官网、华中师范大学图书馆纸质版的体育年鉴对在以上网站中没有提及的或者有标题而缺少全文的青少年体育政策文本进行查漏补缺。

（一）政策文本选取的原则

1. 权威性原则

一是仅采用中央层面发布的政策，即全国人大、国务院、教育部、国家体育总局（前身国家体委）等单独发布或者联合发布的政策，而各省、市的青少年体育政策数量繁多，其地域性差异较大，难以反映政策的总体特征，因此地方部门的政策法规不予采用；二是政策类型主要选取法律法规、规划、意见、办法、通知等能直接体现政府对青少年体育发展所持态度的政策；三是青少年体育政策文本是对外公布过的，没有公开或者无法查阅的政策文本不在本书的选择范围之内。

2. 有效性原则

所选取的政策文本是目前仍然有效的政策，大部分失效的政策文本由新的政策文本所覆盖，因此失效的政策不在本书所选的青少年体育政策文本之内。

3. 唯一性原则

目前有一些青少年体育政策是由某一主体发布，随后其他部门转发，其政策内容完全相同，这类重叠的政策文本从本质上讲是同一政策文本，因此以最原始政策文本为准。

4. 相关性原则

由于青少年体育与大众体育、竞技体育等密切相关，为了确保研究的全面性，虽然某些政策文件名称中不含"青少年""学生"，其实质内容与青少年体育活动有一定的关联，这些文件也被纳入本研究范围之内。如2016年《"健康中国2030"规划纲要》文件名称中不包含"青少年"，但此文件中青少年体育锻炼时间、体质健康标准、体育器材配置等内容都与青少年体育密切相关，因此类似文件也被纳入本研究中。

（二）样本的选定

通过对中国法律知识资料总库、政府官方网站、"北大法宝"等权威网页的搜索和1949—2021年的《中华人民共和国体育法规汇编》、《现行体育法规汇编（1949—1988）》、《中华人民共和国体育运动文件汇编》（1~3辑）、《体育运动文件选编（1949—1981）》、《学校体育卫生和国防教育工作文件汇编》（1988—2005）以及1949—2020年的体育年鉴等文献资料的收集整理，从中筛选出政策题目中包含"学校体育""青少年""体育"等字样，我们将收集到的文件内容一一浏览，保留包括政策标题、印发部门、印发时间、文件全文等信息基本完整的政策文本。

　　据统计，1949—2021 年，我国有关青少年体育的政策文本共计 290 份①（详情见附录 2）。本研究将基于这 290 份政策文件，从政策文本的数量、文种、年度分布、发文部门分布等方面进行全面、系统的定量分析，以对我国青少年体育政策进行全面梳理，并对其基本特征进行归纳总结。

二、数量分析

（一）总体数量分析

　　通过对 1949 年以来我国青少年体育政策文本的统计，得出其整体数量变化情况（图 3-1）。

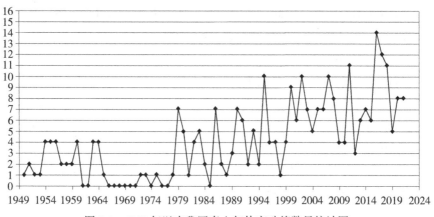

图 3-1　1949 年以来我国青少年体育政策数量统计图

　　由图 3-1 可知，1949 年以来我国青少年体育政策数量以及数量变化总体呈现出螺旋式上升的趋势。其中，在"文化大革命"期间出现了明显的低潮，甚至一度降至零点。而在改革开放以后，随着社会政治经济的调整与恢复，我国青少年体育政策出现了多次飞跃与突破。整体而言，自1949 年以来，我国青少年体育政策平均每年颁布 4.03 篇。其中，2016 年发布的政策文本数量最多，为 14 份，其次是 2017 年，为 12 份。而颁布数量最少的年份主要集中在"文革"时期，当时正处于我国社会主义的探索阶段，政治上出现"左"倾错误，导致我国体育事业的发展受到极大限

---

①　本研究以 1949—2021 年我国青少年体育相关的政策文本为研究对象，基于对政策历史发展轨迹的整体考量，不考虑所选择政策的现行有效性。

制，因此在这一阶段出现连续几年未颁布青少年体育相关政策的情况。

1978年，不但是我国社会政治经济发展的重大转折点，同时也是体育事业进入历史发展新阶段的开端。在政治领域，随着党的拨乱反正工作的不断深入，我国加快了社会改革的步伐，促成了社会主义现代化建设迈向新的时期。而在经济领域，国家领导人深入分析我国经济态势，制定出了符合我国国情的经济发展方针，为我国经济的恢复与发展厘清了道路。体育事业在社会发展的浪潮中，也呈现出"水涨船高"的发展态势，因此1979年成为我国青少年体育政策数量的第一个高产年。

1995年、2002年、2007年和2011年这四年是青少年发文数量的峰值点，其主要原因是，首先，1993年，我国发布了《国家体委关于深化体育改革的意见》(以下简称《意见》)和《中国教育改革和发展纲要》，为体育事业改革的发展指明了方向。尤其在《意见》中，采取"先立后破、边立边破、以立促破"的方针，分别从体育行政管理体制、体育竞赛制度、激励机制和约束机制等方面给出了明确的指导，确保我国体育事业改革的良性运转，从而促进了青少年体育政策在1995年的大发展。其次，青少年体育政策数量在2002年达到峰值源于我国颁布的《2001—2010年体育改革与发展纲要》，《纲要》通过对体育改革与发展面临的机遇与挑战的深入剖析，为今后体育改革与发展制定了主要目标与基本方针。之所以突出青少年群体在体育事业发展的重要位置，源于青少年体育不仅是发展未来群众体育的基础，也是学校体育的重点培养对象，从而促进了青少年体育政策的进一步完善。再次，《教育部、国家体育总局关于进一步加强学校体育工作 切实提高学生健康素质的意见》的发布，再次将"健康第一"作为学校体育的发展理念，并将学校体育规定为促进青少年全面发展的重要内容。因此，促成了2007年青少年体育政策数量的又一次登顶。最后，2007年，我国颁布了"中央七号文件"，该政策可以看做我国青少年体育进入高速发展阶段的标志性事件，它对我国此后的青少年体育政策的制定起到了重要的引领作用，体现了国家战略部署的改变。2009年的《全民健身条例》将青少年作为开展群众性体育活动的重点人群，并对青少年学生参加校内外体育活动提出了明确的要求，明确了其核心地位。因此，2011年我国有关青少年体育政策的出台数量更上一层楼。

2016年我国青少年体育政策发文数量达到了自新中国成立以来的顶峰。这是由于前几年我国针对青少年体育的发展，提出了一系列的政策目标，为实现这些目标就需要不断颁布配套政策引领其发展。2011年颁布的《青少年体育"十二五"规划》对青少年体育组织、青少年体育公共服务体系、竞技体育后备人才培养体系、体育场地设施条件等方面做出了相关的规定，为青少年体育在新时期的发展勾画出了整体发展战略。2015 年的《奥运项目竞技体育后备人才培养中长期规划(2014—2024)》，潜移默化地表明了在奥运时代我国体育的发展重点将会落在青少年人群身上，再一次强调了青少年体育的重要性，由此导致青少年体育政策的大爆发。

因此，从以上政策颁布数量较多的年份来看，我国青少年体育政策的制定都与国家的政治经济的发展以及国家层面的战略目标有着极强的关联性。

(二)分类数量分析

为进一步探寻青少年在每个领域的发展状况，本研究对所收集的政策文本进行分类统计分析。鉴于目前青少年体育政策的分类还未有统一的划分方式，因此，本书按照体育政策的大致分类方法，从所选取的 290 份青少年体育政策文件中划分出学校体育政策、群众体育政策和竞技体育政策三种。其中，学校体育政策是指在学校领域内开展的一系列体育政策，主要包含增强青少年学生体质、增进健康，提高学生参与体育活动的积极性，提高师资力量，改进学校体育设备等；群众体育政策是指针对全体青少年人群下发的体育政策，主要是指方针类或带有战略性色彩的体育政策，如《全民健身计划》《"健康中国 2030"规划纲要》和《青少年体育"十四五"规划》等；竞技体育政策主要涵盖促进青少年竞技水平、后备人才培养、业余体育学校的建设等方面的内容、方法、管理制度等。

通过对 1949 年以来我国青少年体育政策文本的整体统计，除去一些体育综合规定和规划性的政策文件，得出我国青少年体育政策在各领域的体育政策文本，详见表 3-1：

表 3-1   各领域青少年体育政策文本汇总表

编号	政策名称	政策类型
1	中央人民政府政务院关于改善各级学校学生健康状况的决定	学校体育
2	关于推广广播体操活动的联合通知	群众体育
3	关于正确发展学校体育运动、防止伤害事故的联合指示	学校体育
4	关于在中等以上学校中开展群众性体育运动的联合指示	学校体育
5	关于开展学校保健工作的联合指示	学校体育
...	...	...

续表

编号	政　策　名　称	政策类型
197	国务院关于印发全民健身计划（2021—2025 年）的通知	群众体育
198	教育部等五部门关于全面加强和改进新时代学校卫生与健康教育工作的意见	学校体育
199	体育总局关于印发《"十四五"体育发展规划》的通知	群众体育

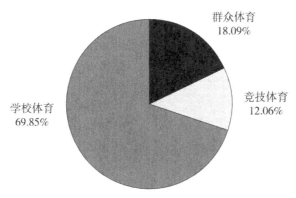

图 3-2　1949 年以来各领域青少年体育政策

通过统计分析，我国青少年体育政策中学校体育政策 139 项，群众体育政策 36 项，竞技体育政策 24 项，总计 199 项。由图 3-2 可知，学校体育政策的数量最多，占政策总量比例 69.85%；群众体育政策次之，占比 18.09%；竞技体育政策最少，占比 12.06%。显而易见，我国青少年体育的发展主要是围绕学校体育政策而展开的，这是因为绝大部分青少年人群都集中在学校，因此国家将青少年体育发展的重心投注于学校，以期通过学校体育卫生事业的发展增强青少年体质健康，提高青少年体育活动水平。但是，青少年体育是一项巨大宏伟的工程，仅依托学校的力量无法满足青少年体育的发展，这就出现了发展动力不足的现象。相较于群众体育和竞技体育领域，青少年体育目前还存在巨大的发展潜力，青少年体育政策未来发展空间巨大。

三、政策文本的文种分析

目前，我国规范性文件的文本文种繁多，主要有法、通知、意见、暂行条例、规划、条例、命令、决定、请示、通告、规定、会议纪要、办法、报告、函等。其中，"法"的权威性最高，只能由全国人大及全国人大常务委员会制定颁布；"规定""规划""暂行条例""办法""实施细则"
"条例"是国务院及各部委制定的行政法规，规范性和约束性都比较高；
其他文种可由各级各类国家行政机关在法定权限内予以制定，适用范围和
性质与前两项文种存在差异①。

本研究对 1949 年以来颁布的 290 份有关青少年体育政策文本的文种
进行了统计，具体如图 3-3 和图 3-4 所示。

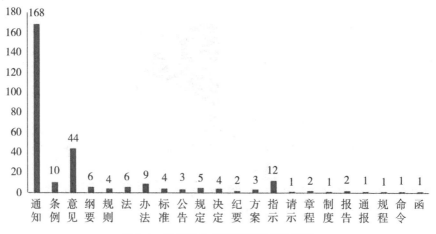

图 3-3　我国青少年体育政策文种数量

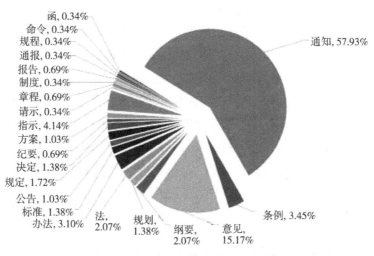

图 3-4　我国青少年体育政策文种比例

①　赵文凤 . 基于文本分析的中小企业扶持政策研究 [D] . 中北大学，2016.

由图 3-3 和图 3-4 可知，我国青少年体育政策的文本文种涵盖了通知、意见、条例(含暂行条例)、纲要、办法(含暂行办法)、法、请示等22 种，文本文种以通知、意见、条例、指示、办法等为主，其他类型的文本文种较少。其中通知 168 份，占总政策文本的 57.93%；意见 44 份，占总政策文本的 15.17%；指示 12 份，占总政策文本的 4.14%；条例 10份，占总政策文本的 3.45%；办法 9 份，占总政策文本的 3.10%，合计占所有文本文种总数的 83.79%，总体上文本文种的使用较为单一。

值得注意的是，具有最高层级的"法"所占比重仅为 2.07%，且由《中华人民共和国体育法》和《中华人民共和国义务教育法》两部法律构成。截至目前，我国还未颁布专门针对青少年的体育法律，这说明我国虽对青少年体育非常重视，但是在对青少年体育政策的立法方面显然还重视不够。

在 290 项政策文本中，"通知"凭借其较强的规范性及约束力，在所有政策文种中所占比例最高，这说明我国青少年体育政策具有较强的规范性和约束力。"意见"的出现频率也较高，其操作性较强的特点对下级的执行工作有较好的指引作用。另外，"指示""办法"也具有一定的操作性。除此之外，某些指导性和规划性的文件虽具有较强的约束力，但是具体操作起来比较困难，需要相关实施细则或办法的支持。通过对不同文本文种的数据分析，不难发现，我国青少年体育政策的文本文种较为单一，约束力较强，但在可操作性方面仍有待提高。

四、政策文本颁布部门分析

(一)单独颁布政策的部门及其数量分析

目前参与制定我国青少年体育政策的部门有教育部、国家体育总局(原国家体育委员会)、中国共产党中央委员会(简称中共中央)、国务院、卫生部(已撤销)、青少年体育司、共青团中央、体育总会筹委会、国务院科教组、总参谋部、国家民委、广播电影电视部、全国人大常委会、财政部、全国青少年校外教育工作联席会、国家发展改革委员会、全国总工会、中国足球协会、人力资源和社会保障部、中央编办、新闻出版广电总局、国家民族事务委员会、科学技术部(原国家科学技术委员会)、全国妇联、总政治部、全国青联、全国学联、中华全国体育总会等 28 个部门，其中有 8 个部门单独制定过青少年体育相关政策，分别为国家体育总局、教育部、国务院、中共中央、卫生部、全国人大常委会、共青团中央、青少年体育司。

表 3-2   独立发文机构统计

部　　门	独立发文数量
教育部	87
国家体育总局	70
国务院	21
全国人大常委会	6
中共中央	4
共青团中央	4
青少年体育司	4
卫生部	1
总计	197

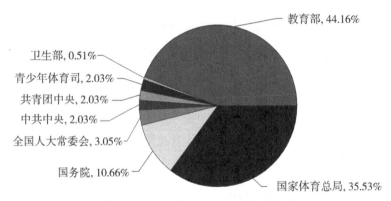

图 3-5   各独立发文机构发文量饼状图

在以上独立制定政策的 8 家部门中，除卫生部以外，其余都是青少年体育政策的主要发文机构，对其发文数量进行统计，能帮助我们分析我国青少年体育政策的构成以及各部门对青少年人群的关怀与重视程度。值得一提的是，新中国成立以来我国经历了多次的体制改革，使得以上 8 家主要发文机构在职能范围和权限上发生了不同程度的变化。考虑到有些部门改组或更名的情况，在统计独立发文数量时，我们将原发文单位所颁发的政策法规数量都纳入到现有的部门之中，如"中华人民共和国体育运动委员会"的发文都归入"国家体育总局"。通过数理统计，各单位独立发文数量见表 3-2，教育部和国家体育总局发文最多。

从图 3-5 中可以看出，教育部和国家体育总局是青少年体育政策发文最多的单位，这两个单位的发文数量占到了总发文数量的 79.69%，表明教育部和国家体局总局在青少年体育事业方面发挥了举足轻重的作用。其中，教育部的发文数量略超国家体育总局的发文数量，这是由于青少年人群大多数为在校学生，因此青少年体育政策多表现为由教育部颁发的学校体育政策为主。国务院发文量排第三，反映出国家对青少年体育事业的重视。同时，全国人大常委会、中共中央、共青团中央等部门分别针对青少年人群颁布了体育政策。由此可见，青少年体育事业的发展深受党和国家的关注与重视。

(二)联合颁布政策的部门及其数量分析

在我国青少年体育政策中，共有93项政策是通过多个主体联合发布的，在这93项政策中，联合制定政策的主体有2至13家不等。具体分布如图3-6和图3-7所示，在我国联合发布青少年体育政策的部门中，以2个至3个部门联合的情况居多，颁布数量共68项，占联合发文政策总数的73.12%，占政策文本总数的23.45%；在以4个至5个部门联合发布的政策中，颁布政策数量为15个，占联合发文总数的16.13%，占总政策文本数的5.17%；在以6个至7个部门联合发布的政策中，颁布政策数量为7个，占联合发文总数的7.53%，占总政策文本数的2.41%；以8个至9个部门联合发布的政策中，颁布政策数量为2个，占联合发文总数的2.15%，占总政策文本数的0.69%；以10个至11个部门联合发布的政策中，颁布政策数量为0；在以12个至13个部门联合发布的政策中，颁布政策数量为1个，占联合发文总数的1.08%，占总政策文本数的0.34%。由此可见，2到3个部门联合制定青少年体育政策是多部门联合颁布政策的主流。

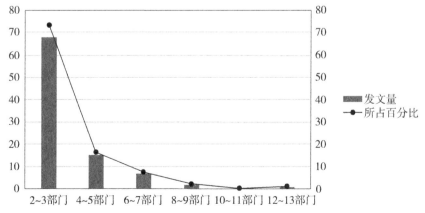

图3-6　多部门颁布政策的数量及在多部门政策总数量中的占比

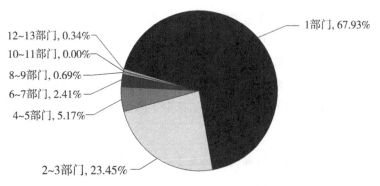

图 3-7   不同数量的部门颁布的政策数占总政策数量的百分比

对联合颁布政策部门的分析还有几点值得注意。第一，1949 年以来，我国在联合制定青少年体育政策方面的动力不足。尤其是在 1992 年以后，我国在联合制定青少年体育政策的合作频率较低，同时，少有其他新的部门加入，这就使青少年体育政策内容制定的宽度受到限制。第二，联合颁布政策部门在合作形式上具有固定性。基于对所收集的青少年体育政策文本颁布部门的分析，我们发现联合发文部门以国家体育总局与教育部之间的合作居多，如 2017 年的《关于推进学校体育场馆向社会开放的实施意见》、2013 年的《关于加强全国青少年校园足球工作的意见》和 2007 年的《关于实施国家学生体质健康标准的通知》等文件，均是教育部和国家体育总局联合下发的政策。第三，政策颁布部门的合作方式逐渐呈现出"强强联合"之势。2000 年以后，我国颁布的《关于加强青少年学生活动场所建设和管理工作的通知》《关于加强青少年体育增强青少年体质的意见》《"健康中国 2030"规划纲要》《关于全面加强和改进新时代学校体育工作的意见》等政策文件都是由中共中央办公厅和国务院办公厅联合下发的。

第二节   我国青少年体育政策的演变历程

由于我国青少年体育政策的发展是在社会历史整体发展的基础上进行的，因此本研究主要依据我国社会历史发展并结合我国颁发的有关青少年体育政策的标志性文件，将我国青少年体育政策的发展历程划分为五个阶段：选择与创立阶段、曲折发展阶段、恢复与创新阶段、民主与法制化发展阶段和强化与繁荣阶段。第一阶段（1949—1956）是我国青少年体育政策选择与创立阶段。新中国成立后，由于国家政治、经济环境还未完全稳定，国内青少年体育事业也未能形成适合新中国的发展模式，因此向苏联学习体育经验成为我国青少年体育发展的重要选择。尤其是《"准备劳动与卫国"体育制度暂行条例》的颁布，为我国青少年体育的发展做出了突出贡献。第二阶段（1957—1977）是我国青少年体育政策的曲折发展阶段。受"大跃进"思想的影响，《关于体育运动十年规划的报告》提出了一些不符合客观事实的运动目标，为青少年体育的发展带来了不良影响。紧接着"文化大革命"的爆发，使得青少年体育政策的制定和执行变得困难重重。第三阶段（1978—1992）是我国青少年体育政策的恢复与创新阶段。随着改革开放迈进步伐的加快，《国家体育锻炼标准》与《学校体育工作条例》等文件的颁布，使得青少年体育的发展逐步从阴霾中走出并开启了新的征程。第四阶段（1993—2007）是我国青少年体育政策的民主与法制化发展阶段。《国家体委关于深化体育改革的意见》《中华人民共和国体育法》以及《中共中央、国务院关于加强青少年体育增强青少年体质的意见》等文件的颁布，为我国青少年更好地参与体育运动、充分发挥他们的主体作用等提供了重要的政策支持。第五阶段（2008—2021）是我国青少年体育政策的强化与繁荣阶段。在这一时期，我国制定了《青少年体育"十二五"规划》《青少年体育"十三五"规划》《"健康中国 2030"规划纲要》《青少年体育活动促进计划》《体育强国建设纲要》《深化体教融合　促进青少年健康发展意见》《关于全面加强和改进新时代学校体育工作的意见》《全民健身计划（2021—2025 年）》等政策法规，进一步丰富和发展了我国青少年体育政策体系。

一、选择与创立阶段（1949—1956）

（一）政策环境分析

"政策环境"是指影响公共政策生成、运行、发生作用的过程中一切条件的总和①。政策环境可分为一般环境和具体环境，其中一般环境是指由政治、经济、文化等各种因素构成的宏观背景。而政策的具体环境是对一般环境的具体化，它也指直接与政策过程发生相互作用的相关具体因素。

---

① 陈晓峰. 我国现今体育产业政策分析：存在问题与发展趋势［J］. 北京体育大学学报，2017，40（5）：7-15.

1. 政治、经济的大环境

1949 年，在全国人民的艰苦努力下，中国终于在世界民族之林中获得一席之地。然而，刚刚诞生的新中国不仅面临着内忧外患，政治、经济形势也异常严峻，人民体质健康状况普遍较差。增强人民体质，尽早摆脱"东亚病夫"的称号，进一步促进经济发展和国防建设成为新中国首要解决的问题，这就为党和国家重视发展体育事业以及各项体育政策的出台提供了重要的社会背景。

只有教育、政治和经济等各个领域经历"换血"似的革新，才能有效保证新中国社会的适应性，对于新中国来说，完成社会主义的构建这一根本任务是我国面临的一大挑战。为尽早稳固新生的国家政权，学习其他社会主义国家的经验成为中国的必然选择，苏联作为社会主义老大哥成为中国的主要学习对象，体育领域也不例外。我国的体育发展战略和方式在很大程度上受其影响，使得此时我国的青少年体育事业处处蕴含着苏联模式的影子。

2. 体育环境

新中国成立初期，社会主义改造和建设逐渐步入正轨。由于当时青少年学生的体质健康状况远不能适应生产建设和国防建设的需要，因此，提升学生体质成为学校体育工作的重点任务①。国家主席毛泽东认识到学校体育是整个教育事业和体育事业的重要组成部分，是培养教育共产主义一代新人的重要环节，为此，他提出了"健康第一，学习第二"的指示。为积极贯彻毛泽东的指示，党和政府采取了一系列措施，包括积极向苏联社会主义国家学习，将其在体育教育上已取得成效的模式进行吸收借鉴，用以改造旧的体育教育；制定学校体育工作方针政策；建立学校体育卫生机构；培养和补充体育师资队伍；设置体育、卫生课程；制定学校体育教育大纲等，学校体育工作很快进入了发展轨道②。

鉴于全国人民体质不佳的现实状况，党和国家将增强人民体质、提高全民族健康水平作为体育的首要任务。体育活动在广大职工、农民和军队各领域蓬勃开展。在职工体育方面，中华全国总工会作为政府行政部门，其主要职责是领导和指挥职工进行体育活动，发挥体育为生产建设服务的效能。1951 年，中华全国总工会联合其他 9 个单位下发了《关于推行广播

---

① 李百成，郭敏. 我国学校体育政策演进特征与发展策略[J]. 体育文化导刊，2019(10)：81-85.

② 党权. 我国青少年体质健康促进政策历史变迁研究[D]. 南京师范大学，2014.

体操运动的联合通知》，作为新中国的第一套广播体操，它的出台进一步推动了我国群众体育的广泛展开。除了体操活动以外，工间操、早操和球类运动等体育活动也是群众体育活动中常见的活动形式。通过党中央和各体育部门的共同努力，我国第一届全国工人体育运动大会于 1955 年顺利召开，这是对职工体育运动成果的检阅。新中国成立初期的广大农村体育工作主要由青年团组织负责。中国在 20 世纪 50 年代开展农村体育的基本思路是："服从生产，坚持业余、自愿原则，开展简单易行的体育活动。"国家体委和青年团中央于 1956 年在北京首次召开了全国农村体育工作会议，会上提出了要结合民兵训练，利用农闲季节开展体育活动的要求。本次会议的召开为农村体育的发展铺平了发展道路。1951 年，我国创办了国防体育学校，其主要任务是对广大群众和青少年进行军事知识教育和军事技术训练，以培养后备兵员，为国防建设和生产建设服务。1955 年，人民解放军成立了管理全军体育工作的体育局，以进一步规范和确保军队体育活动的顺利开展①。

我国运动竞赛制度在 1950 年初见端倪，但直到 1956 年我国的竞赛制度才逐步稳定下来。1956 年，由国家体委公布的《中华人民共和国运动竞赛制度的暂行规定》是新中国比赛制度的最早雏形。同年国家体委还相继颁布并实施了运动员、裁判员等级制度条例的草案，基层体育协会示范章程等新的运动竞赛制度。1957 年，国家体委通过颁布《关于各级运动会给奖方法的暂行规定》，正式确立了我国最初的运动会奖励制度。至此，我国从运动人才奖励制度到运动竞赛的竞技运动体制初步形成。1956 年，国家体委公布了 1955 年的 102 项全国纪录，这是国内首次正式公布全国纪录，标志着我国运动竞赛工作进入了一个新的发展阶段。

(二)政策的主要目标及价值取向分析

目标是人们在实践活动中想要达到的境地和标准，具有具体性、明晰性、系统性的特点，在一定程度上反映了人们的价值观。

1951 年，毛泽东提出"学生的健康比学习重要"，这种认识也贯穿于国家下发的体育政策之中。1951 年《关于改善各级学校学生健康状况的决定》指出："立即纠正忽视学生健康的思想和对学生健康不负责任的态度，切实改善各级学校的学生健康状况。"在《中、小学暂行规程》中，明确指出："培养学生体育卫生的智能和习惯，以养成其强健的体格，使儿童具

---

① 李秋霞. 20 世纪 50 年代中国群众体育研究［D］. 南京体育学院，2009.

有强健的身体，活泼、愉快的心情。"1954 年，我国颁布的《"准备劳动与
卫国"体育制度暂行条例》(简称《劳卫制》)强调其目的是"向劳动人民进
行全面的教育，培养人们成为健康的、勇敢的、乐观的祖国保卫者和社会
主义建设者"。同年颁布的《关于在全国小学中推行少年广播体操的联合
指示》提出："使全国少年儿童更广泛地参加体育锻炼，以进一步提高健
康水平。"另外，党和国家除了关注青少年体质的提高外，在青少年运动
员的培养方面也开启了探索之路。1956 年的《少年业余体育学校章程》是
我国最早的一批有关青少年运动员的政策文件，旨在促使青少年运动员身
体全面发展，掌握专项运动技术，培养优秀运动员。

通过以上政策，可以看出我国青少年体育政策追求的目标是呼吁人们
对青少年体质健康重要性的认识；通过学校体育，增强青少年体质、提高
运动水平；青少年人群的健康水平直接关系到国家的劳动生产和国防安
全。因此，可以将本阶段我国青少年体育政策的价值取向归结为以国家本
位为中心，社会价值取向占据主导地位。

(三)政策的主要措施分析①

1. 建立和完善体育管理机构、发展体育组织

新中国体育事业发展的首要举措是建立和健全各级体育组织，拟订发
展体育活动的各项方针。1952 年 11 月，中央人民政府委员会第 19 次会
议决定成立中央人民政府体育运动委员会(1954 年改称为中华人民共和国
体育运动委员会，简称国家体委)，贺龙同志任国家体委主任②，他在体
委所做的第一个工作报告中就明确提出"为了保证体育运动的开展，必须
迅速建立和健全各级体委"，并建议工会、青年团、教育部门等建立和健
全体育机构。经过党中央和体育界的不懈努力，逐渐形成了国家行政部门
系统、军队系统和社会组织系统这三大体育管理组织体系。另外，在体制
建设方面形成了国防体育协会的俱乐部制、中央体委所实行的委员制和中
华全国体育总会的会员制③。这些体育机构和组织的设立与完善，对于推
动实施青少年体育政策起到至关重要的作用。

----

① 本研究中的政策措施部分，是指基于政策文本的意图但又脱离文本的文字限制的具体实
施的措施。

② 郭贤成，孙葆丽. 新体育对外交往的起点——纪念新中国首次参加奥运会 50 周年[J].
体育文化导刊，2002(3)：24-25.

③ 刘峥. 新中国体育发展战略的演变[D]. 北京体育大学，2011.

2. 培养与发展体育师资力量

在新时期，体育的发展势必对体育教师的思想和业务水平提出新的要求与标准。行动的改变是推进工作的关键，教师作为政策的基层执行者，转变其思想是政策顺利执行的关键所在。因此在 1952 年至 1956 年，我国从苏联聘请了体育领域的专家以专门培养高层次的学校体育人才和骨干。此外，随着我国各大体育院校的不断扩建，到 1956 年，体育系(科)在校学生从 1950 年的几十人增加到 2000 多人，为各级学校输送师资 1000 多人①。青少年体育政策的执行者——体育教师，正是从这些学生中成长出来，为以后青少年体育教育的发展奠定了坚实的根基。

3. 建设与规范体育教材与课程

1950 年，教育部下发的《关于颁发中学暂行教学计划(草案)》以及《中等学校暂行校历(草案)》不仅规定了体育课的内容，还提出体育课每周 2 课时的要求；1952 年的《中学暂行规程(草案)》《小学暂行规程(草案)》扩充了对小学体育课时的要求，提出"小学 1~3 学年体育每周 2 节，4~5 学年体育每周 1 节"，并明确了中、小学的教学目标；1956 年，在《关于改进中小学体育工作的指示》中，指出体育课和课外体育活动需要围绕《劳卫制》开展，并且要进一步学习苏联中学体育教学法大纲的《组织和教法学的指示》及其教材《苏联中学体育教学大纲》《苏联小学、初中、高中体育教学参考书》，将其作为我国开展体育教学的主要参考对象。以上体育教学计划、规程为新中国青少年体育政策的执行提供了制度保障。

这一时期有关青少年体育政策的措施不仅关涉体育机构的建立、师资力量的建设以及教材、体育大纲的完善方面，还通过较为丰富的群众性体育活动的开展、《劳卫制》的试行以及青少年的业余训练有力地促进了我国青少年体育政策的落实。

二、曲折发展阶段(1957—1977)

(一)政策环境分析

1. 政治、经济的大环境

1957 年至 1977 年，这 20 年是我国开始进入大规模的社会主义建设阶段。我国体育事业随着社会主义事业的不断探索和建设而上下沉浮，呈

---

① 李晋裕，等. 学校体育史[M]. 海口：海南出版社，2000：76.

现"波浪式"的发展①。自党的"八大"以后，由于党和国家对建设社会主义经验不足，导致全国出现反右派斗争扩大化和错误的反右倾斗争，以及不切实际的赶英超美"大跃进"运动，这都给体育工作带来消极影响②。1962年后，随着国民经济状况的好转，体育运动发展的规模扩大，技术水平迅速提高。特别是围绕1959年的第一届和1965年的第二届全国运动会，我国体育事业先后出现了两个高潮。经过这段时期的不断探索，我国体育事业逐渐形成新的发展局面，并初步形成了与计划经济体制相适应的体育发展模式和相应的运行机制。总体来看，这一时期的体育事业发展还是可圈可点的。但是20世纪60年代中期以后，国内受到严重的极"左"思想的错误领导，国际上面临与苏联关系的恶化、西方敌对势力的反华和严峻的"冷战"环境，这一切都为"文革"的到来埋下伏笔，体育事业不得不面对这场历史劫难。

2. 体育环境

在三年困难时期，由于营养不良造成学生体质下降严重，部分学校体育课由之前的每周两节减为每周一节，而有的学校则直接取消体育课，课外体育活动则根据当地具体情况，遵循自愿原则而开展，学校体育在此期间发展缓慢。1963年后，随着我国经济逐渐好转，学校体育也逐步恢复秩序。有些学校从1964年开始试点性地推行"青少年体育锻炼标准"，它为我国对青少年体质和体能测定提供了指标依据，还使各学校的体育教学得到加强，在指导学生进行体育锻炼和促进课外体育活动的发展方面起到了喜人的效果。在十年动乱期间，学校体育出现过短暂的恢复日常教学情况，但是其教学设置是"以备战为内容的军事体操课"，体育课仍旧不能正常开设，教学秩序松弛，这种情况一直到"文革"结束以后才真正得以转变③。青少年业余体校在发展青少年体育方面起到一定作用，是培养优秀运动员的重要基地。通过国民经济和教育事业的恢复调整，青少年业余体校在数量和规模上也出现了好的转变，尤其是1964年国家体委颁发了《青少年业余体育学校试行工作条例》（草案）④，确定了业余体校的培养目标和任务，进一步突出了其专业性教育的特色，并形成了一整套管理、

---

① 李百成，郭敏. 我国学校体育政策演进特征与发展策略[J]. 体育文化导刊，2019(10)：81-85.

② 李梅. 中国近代以来，战略机遇期视角下的体育发展[J]. 文体用品与科技，2017，379(18)：10-11.

③ 张文鹏，王志斌，潘凌云，等. 中国学校体育政策的形塑路径[J]. 体育文化导刊，2017(8)：18-22.

④ 刘峥. 新中国体育发展战略的演变[D]. 北京体育大学，2011.

教学、训练体系，这标志我国青少年业余体育学校教育的科学化、规范化和体系化的初步形成。

职工体育方面，胡耀邦在共青团第九次全国代表大会上提出了基层团组织"开展体育和文化娱乐活动"的要求。在共青团的带领下，体育活动在职工群众中得到广泛的开展。农村体育在自然灾害期间，几乎停滞。但是1964年以后，伴随农村经济的复苏，农村对体育的需求不断提高。另外，大批知识青年的返乡活动，极大地带动了农村广大青年的体育活动，整个农村体育活动由恢复而重新蓬勃发展起来。20世纪60年代，由于国际形势的变化，我国整个军队积极备战，各军、兵种为了迅速提高战士的身体素质，广泛组织了各类丰富多彩的体育活动，还组织了一些训练和体育竞赛活动，从而推动了群众性体育活动的蓬勃发展。

竞技体育在"大跃进"时期的战线过长、摊子过大，本着"缩短战线，确保重点，猛攻尖端"的原则，国家对运动队进行了精简、调整，并建立和完善了一批竞技体育的规章制度，同时加强对优秀运动队的管理。经过全体人员的艰苦努力，于1965年召开的第二届全国运动会为标志，竞技体育的发展进入了第二个高潮。"文革"期间，竞技体育的发展遭受打击。直至1972年"乒乓外交"之后，我国才开启了竞技体育的其他项目。

(二)政策的主要目标及价值取向分析

1958年9月，中共中央批转国家体委党组《关于体育运动十年规划的报告》，报告指出：要大力开展群众性的体育运动，在体育运动广泛开展的基础上，加速提高运动技术水平，争取十年或者更短的时间内，在主要运动项目上，(完成)赶上和超过世界水平的奋斗目标。① 同年10月，国家体委颁发了《劳动卫国体育制度条例》，其目标是：鼓励人民积极参加体育锻炼，促进体育运动的广泛开展，提高运动技术水平，使人民身强力壮，意志坚强，更好地为社会主义建设和保卫祖国服务②。1959年颁发的《关于更广泛地组织青少年参加体育运动的指示》，其目的在于增强青少年体质，使他们经常保持充沛的精力和饱满的劳动热情，完成各项生产任务和实现社会主义建设目标。

1960年的《关于在各级学校中大搞爱国卫生运动和加强体育运动的通

---

① 中华人民共和国国史网. 中共中央批转国家体委党组《关于体育运动十年规划的报告》[EB/OL]. http://www.hprc.org.cn/gsyj/whs/tyfzs/200909/t20090914_31053.html.

② 党权. 我国青少年体质健康促进政策历史变迁研究[D]. 南京师范大学，2014.

知》明确提出："要在两三年内做出显著的成绩，根本改变学校的卫生面貌，增强广大师生的体质。"1963 年的《关于试行运动队伍工作条例（草案）的通知》和 1964 年的《青少年业余体校试行工作条例（草案）》《关于大力开展足球运动，迅速提高技术水平的决定》皆是旨在进一步提高训练质量和运动水平，培养热爱祖国、身体全面发展、掌握专项运动技术的优秀运动员后备人才。1964 年，"两部一委"①颁发了《关于改进中、小学学生健康状况和改进学校体育、卫生工作的报告》，报告指出："必须面向广大学生，广泛地开展适当的体育活动，以促进学生身体正常发育和身体机能的发展，增强体质。"1965 年 3 月 11 日，国家体育运动委员会下发专门针对青少年人群的体育政策文本《青少年体育锻炼标准条例（草案）》，其第一条明确提出政策目标："为了鼓励青少年积极参加体育锻炼，使身体得到健康发育，增强体质，促进提高运动技术水平，更好地为社会主义建设和保卫祖国服务。"②1975 年 3 月 26 日，我国推行了《国家体育锻炼标准条例》，它是为儿童和青少年制定的体育锻炼标准制度。《标准》旨在"鼓励青少年和儿童为革命锻炼身体，促使身体得到正常发育，增强体质，提高运动技术水平，为无产阶级政治服务，为工农兵服务，与生产劳动相结合"。

以上政策表明这一时期的政策目标与上一阶段相似，但是值得一提的是，前期以《体育运动十年规划》为代表的政策目标含有一些不合实际和浮夸的现象，中后期《劳卫制》《青少年体育锻炼标准条例》和《国家体育锻炼标准条例》等核心政策皆在强调激发人民参与体育锻炼的热情，使体育运动的发展深入人心，为了达标而锻炼，为更好地提高学习、工作和生产而锻炼，为建设社会主义而锻炼。整体来看，本阶段我国青少年体育政策的价值取向归结为侧重政治，讲究政治挂帅。

(三)政策的主要措施分析

1. 进一步规范组织机构建设，改善干部结构

为了更好地引导青少年体育事业的发展，各级教育行政部门在这一时期都专设体育处，积极配备体育卫生干部，加强对学校卫生工作的领导③。为积极落实体育政策，各级体委积极调整体育领导班子，以切实发

---

① "两部一委"是指教育部、卫生部、体育运动委员会。
② 李百成，郭敏.我国学校体育政策演进特征与发展策略[J].体育文化导刊，2019(10)：81-85.
③ 党权.我国青少年体质健康促进政策历史变迁研究[D]..南京师范大学，2014.

挥体委对体育事业的领导、协调和监督作用，保证中国特色的社会主义体育事业的顺利开展。1964 年，各级学校将体育、卫生工作纳入学校教育的工作计划，学校会定期针对青少年学生的健康状况以及体育卫生工作开展讨论、研究、总结活动。1971 年，全国体工会召开以后，国家体委重归国务院管辖，因而 1973 年以后各省、市、自治区体委改归革委会领导。

2. 加速培养体育师资，提高体育科研业务水平

1960 年代，我国各级体育院校进行精简合并，以保证师资队伍在发展的同时又能兼顾质量问题；各地区根据实际情况，对体育教师进行短期进修培训，各地体委配合教育部门开展体育教研活动，利用寒暑假轮训体育教师；举办专项体育理论讲座，积极开展有关体育训练的多学科研究，加强我国与世界发达国家学校体育的交流，借鉴国外先进经验，切实提高体育教师的科研业务水平①。

3. 改进体育课程、教材与教学

自 1956 年体育教学大纲颁布实施以后，各地纷纷开办大纲讲习班，组织体育教师学习大纲，使体育教学实现制度化；1960 年，随着各地落实"八字"方针，教学制度随之被更新；教育部于 1963 年下发并实施了全日制的新教学计划与体育大纲。

4. 建设和加强管理体育场地、器材

各级教育部门努力创造条件，教育行政部门每年都安排一定的体育经费，购置体育器材设备，维修、扩建体育场地；保证必要的教学设施：教室、实验室、电化教育设备、图书资料、课桌椅等按时到位；建立场地、器材的管理和维修制度；加强学校体育场馆、人民广场等社会公共体育场所的建设，为中小学开展体育活动提供方便；免费向中小学生开放文化设施。

三、恢复与创新阶段（1978—1992）

（一）政策环境分析

1. 政治、经济的大环境

"四人帮"解体之后，以邓小平为代表的国家领导班子，克服"左"倾错误和"两个凡是"的指导方针，引导全国人民开展"实事求是、解放思想"等真理标准大讨论，重新确立了马克思主义的思想路线、政治路线和

---

① 宋会君. 改革开放三十年体育教师教育变迁的专业化审视[J]. 中国学校体育，2009
（6）：17-20.

组织路线，确定了"解放思想、开动脑筋、实事求是、团结一致向前看"的方针，并将工作中心转移到社会主义现代化建设上来，使我国在十一届三中全会以后实现了党在思想路线、政治路线、组织路线上的拨乱反正，国民经济和社会主义各项事业都进入了良性的发展轨道①。在经济方面，"八字方针"的出台，促进了国民经济的恢复和调整，并顺利完成了国家"六五"计划。1990 年我国又顺利完成"七五"计划，国民经济开始向新的战略目标迈进。

经过不断的改革，我国体育事业在改革开放后取得了全面发展。体育战线开始从政治、思想和路线三方面正本清源。在"发展才是硬道理"的理念指引下，我国体育事业的发展试图与政治经济体制改革统一起来，为青少年体育的发展带来新条件。以党的十一届三中全会的召开为标志，我国社会各项事业开始进入一个全新的发展阶段，体育战线的核心内容开始转变为开展社会主义体育工作，内部调整与整体发展同时进行，为体育事业的前进创造了更多的机遇。在社会主义发展新时期，我国学校体育、职工体育、农村体育等群众体育得以广泛展开，竞技体育的发展更为迅速，我国运动员在国内、国际重大竞技比赛中创造的一系列振奋人心的好成绩，充分证明了我国体育事业的飞速进步。

2. 体育环境

通过拨乱反正，各级学校纠正了十年内乱中"停课闹革命"的错误做法，逐步恢复了教学秩序。1978 年 4 月，教育部、国家体委、卫生部联合发出《关于加强学校体育、卫生工作的通知》，其目的是加强党对学校体育卫生工作的领导，落实党的教育方针，建立健全各项规章制度，加强体育教师和卫生队伍的建设，促进体育与卫生保健工作进一步结合。1979年 10 月 5 日，经国务院批准、教育部下达了大、中、小学的体育工作办法(草案)，为学校体育工作指明了发展方向。另外，《国家体育锻炼标准》在全国范围内的推广与普及，也有力促进了我国学校体育工作的开展，为学校体育工作注入了新的活力②。

"四人帮"彻底瓦解以后，在国家各项政策方针的统领下，我国群众体育的发展势头出现好转，职工休育、农村体育、老年人体育、残疾人体育等体育事业的发展蒸蒸日上。其中，1978 年，在中华全国总工会召开

① 李百成，郭敏. 我国学校体育政策演进特征与发展策略[J]. 体育文化导刊，2019(10)：81-85.
② 徐寅生. 国家体委副主任徐寅生在全国施行《国家体育锻炼标准》工作经验交流会上的讲话(摘要)[J]. 学校体育，1990(1)：9-10.

的第九次全国代表大会上，将"办好文化体育事业，组织好业余文艺体育活动"规定为各级工会的重要工作内容之一。在工会组织以及共青团、妇联等组织和机构的协同配合下，各厂矿、机关、企业迅速开展起了全国性的职工体育活动。在农村体育方面，国家体委制定并下发了《关于做好县的体育工作的意见》《关于加强群体工作的意见》《关于加强县级体育工作的意见》等文件，规定各地方"积极有步骤地开展农民体育""从实际出发"，为农村地区开展体育活动指明了方向。随着农村体育阵地建设的不断完善、农民生活水平的提高，农村体育活动也呈现勃勃生机。此外，伴随老年人体育协会和残疾人协会的成立，标志着老年人群体和残疾人群体的体育事业皆进入了有组织、有领导的新的历史时期，同时也说明了我国群众体育在不断发展壮大。

党的十一届三中全会以来，我国体育的发展随社会的伟大变革正式步入了辉煌时代。20 世纪 80 年代，我国运动员在国内外重大比赛中不断创造和刷新喜人的体育成绩，中国竞技体育开始全面走向世界的新历程。1984 年中国在洛杉矶奥运会上打破了金牌"零"的纪录，中国乒乓球获得多次世界冠军，中国女排连续五次获得世界冠军，1986 年中国在亚运会上金牌总数排名第一等傲人成绩无不彰显我国在发展竞技体育采取"举国体制""奥运战略"等体育思想实乃明智之举，初步探索出了一条富有中国特色的高水平竞技体育发展道路。

(二)政策的主要目标及价值取向分析

1978 年，我国召开了全国体育工作会议，其目的是"为了澄清路线是非，全面地正确地贯彻执行毛主席的革命路线"，在青少年体育方面，目标是将青少年培养成为德智体全面发展的人。1978 年的《关于加强学校体育、卫生工作的通知》指出："提高学校体育、卫生工作水平，建立健全各种规章制度。"同年颁发的《中、小学体育工作暂行规定(试行草案)》提出："为青少年一代身心的健康成长，为增强中华民族的体质，为实现四个现代化做出积极贡献。"1979 年，国家体委联合教育部下发了《关于在学校中进一步广泛施行国家体育锻炼标准意见的通知》，主要是为了"使青少年儿童增强体质，在德育、智育、体育几方面都得到发展，适应新时期总任务的要求"。1980 年 2 月，国家体委颁发《关于加强少年儿童业余体育学校工作的意见》，强调提高业余体校的办校质量，努力适应新形势的需要。1982 年下发的《关于保证中小学生每天有 1 小时体育活动的通知》明确提出："必须保证中、小学生每天有一小时的体育活动。不断提高学

校体育工作的质量和学生的健康水平。"1983 年 10 月，国务院批转《国家
体委关于进一步开创体育新局面请示的通知》，提出本世纪的奋斗目标
为："普遍增强人民体质，努力提高运动技术水平，积极建设精神文明，
为社会主义服务"，并提出"本世纪末要普及城乡体育运动，运动技术达
到世界第一流水平，拥有现代化的体育设施，建设一支又红又专的体育队
伍，成为世界体育强国之一"①。1986 年 11 月，国家教委、国家体委联合
下发《关于开展课余体育训练，提高学校体育运动技术的规划(1986—
2000)》，其目的是"为了使学生在德智体各方面得到全面发展，学校必须
重视体育教育，学校也应为国家培养出大批优秀体育人才"。1990 年 1
月，国家体委发布《国家体育锻炼标准施行办法》，它对原《国家体育锻炼
标准》中的部分项目和评分评级标准进行了适当的修改和调整，并提出：
"为了鼓励和推动人民群众，特别是青少年、儿童积极参加体育锻炼，以
增强体质，提高运动技术水平，培养共产主义道德品质，更好地为社会主
义现代化建设和保卫祖国服务。"同年，国家教委、国家体委联合下发《学
校体育工作条例》，在总则中提出："为保证学校体育工作的正常开展，
促进学生身心的健康成长，制定本条例。"1991 年 3 月颁布的《试点中学培
养体育运动后备人才暂行管理办法》是为了"加强对培养体育运动后备人
才试点中学的管理，使试点中学工作有章可循"以及"促进大中小学'一贯
制'课余体育训练体系的建立，探索符合我国国情的发展体育事业的新路
子"。国家体委分别于 1991 年 5 月下发了《中学生体育合格标准实施办
法》，1992 年 3 月下发《小学生体育合格标准实施办法》，旨在促进学生
德、智、体、美、劳全面发展，使学生上好体育课，积极参加国家体育锻
炼标准的测验和课外体育活动，不断增强体质，增进身心健康。

　　这一时期有关青少年体育的政策目标更加注重和强调学生的身心健康
和全面发展；政策中对怎样去实现目标给出了具体操作、评估标准，目标
制定更易于操作；各政策文本制定的目标呈现出统一、稳定的特征。由
此，可将本阶段的政策价值取向归结为全面发展、侧重健身。

(三)政策的主要措施分析

1. 强调思想政治教育

　　这一时期，学校体育和运动训练工作非常重视思想政治教育，基本内

---

① 张永保，沈克印. 体育强国目标下发展群众体育的路径探讨[J]. 武汉体育学院学报，
　2010，44(12)：79-86.

容有：马列主义、毛泽东思想的教育，理想、道德教育，革命传统教育，集体主义和爱国主义教育，党的路线、方针、政策和形势教育。对青少年学生和运动员进行思想政治教育时，强调坚持实事求是、疏通引导的原则，注意结合青少年儿童的身心特点，并通过政治课、形势教育、班主任工作、党团活动等多种形式进行①，以确保培养出一批又红又专的社会主义建设者和接班人。

2. 进一步规范、加强学校体育卫生工作和业余体校工作

为深入推动学校体育、卫生工作的开展，各级教育行政部门建立了专门负责体育、卫生工作的机构并配备专业人才；各地方政府因地制宜地贯彻执行《学校体育卫生工作条例》实施办法；相关主管部门制定检查验收标准、评分等级标准，敦促各校建立严格的考勤考核制度；通过建立学生体质健康卡片，以便追踪监测；制定中、小学学生体育合格标准以及学校体育场馆与卫生器材设备配备目录。在加强推进业余体校工作时，国家实行专门机构统管与单项运动协会分管相结合的模式；建立一批为参加奥运会培养优秀运动员后备人才的业余训练基地；巩固和发展体育传统项目学校，为重点业余体校输送后备人才。

3. 加强改革体育教学与训练大纲、教材与教学

1978 年，新的体育大纲的建立打破了以往以运动竞赛为中心的教材编排体系，从而建立了以增强学生体质为准则的教学大纲；1980 年，国家体委提出要注重教学训练大纲和教材的编写，建立新学制以解决学训矛盾问题；1985 年，我国开始实行九年义务教育，我国中小学体育大纲也随之予以改进；20 世纪 90 年代初，一些地方相继制定具有地方特色的体育课程标准和指导纲要；国家开始着重关注农村中小学的体育课教学与课外体育课，并支持学校进行体育教学改革试验。

4. 整顿与改革体育专业教育与师资力量

1978 年，随着国家整顿工作的陆续完成，我国体育教育专业也随之恢复正常秩序，并对教育管理体制、体育本科专业设置、教学方法的改进进行改革；开办各类师资班、假期短训班、体育教师夏令营等活动，举办评选全国优秀体育教师、班主任、校长活动，使之制度化；建立业余体校教练员每 5 年轮训一次的制度，未经轮训者不能继续任教；实行专业技术聘任制。

---

① 国家体育运动委员会，国家教育委员会．体育运动学校办校暂行规定［EB/OL］．1991https：//code. fabao365. com/law_260662. html.

5. 实施青少年体质健康调查，加强科学监测力度

国家体委、教育部和卫生部于 1978 年初至 1980 年 10 月进行了中国青少年及儿童身体形态、机能与素质的调查研究工作，并使之形成制度；建立国家学生体质与健康数据库；1983 年学校开始协同教育部制定"体育标准"进行试验并推广，规定不及格者不能毕业、升学；建立体育情报所和体育测试训练中心；大力培养和引进科研人才，健全科研机构，促进学校体育科学与运动训练科学的发展。

四、民主与法制化发展阶段（1993—2007）

（一）政策环境分析

1. 政治、经济的大环境

1992 年，邓小平南方谈话标志着我国改革开放和社会主义现代化建设事业进入了一个新的发展阶段，毫无疑问，这为体育事业带来了前所未有的发展机遇。首先，在政治领域，面对瞬息万变的国内外形势，中国共产党应对巨变做出理论回应，并用新的理论成果指导社会主义现代化事业。其中，邓小平理论、"三个代表"重要思想、科学发展观不仅成为当代中国的立国之本，也为体育思想进一步丰富和发展奠定了思想根基。其次，在经济领域，中国的计划经济体制正在向市场经济体制转变，经济增长的模式也由粗放型转变为集约型，促使我国经济迅速发展壮大起来，人民生活水平不断提高，成为体育产业产生和发展的催化剂，同时，人们不断增长的体育需求也为体育市场的不断壮大提供源源不断的动力。另外，随着社会主义市场经济体制法律体系的建立健全，依法治国方针政策的实施等社会事业的变革不断促使体育事业走向法治化的道路。

2. 体育环境

学校体育在社会变革的浪潮中，经历了多次的改革。在教学内容上，1992 年颁布的《全国普通高等学校体育教学指导纲要》，使得体育教学内容有一些变化，如将健美、舞蹈、武术、气功等民族体育和娱乐体育的内容融入体育教材中，逐渐改变了以竞技体育项目为主干的教材体系。1995年，《全国健身计划纲要》和《中华人民共和国体育法》相继颁布，以法规的形式肯定了学生的体育权益和学校体育的基本任务，进一步推动学校体育朝着制度化、科学化的方向发展。此外，在日渐丰富的体育思想的指导下，学校体育思想和理论研究，学校体育设施、场地，体育师资队伍建设以及全国性的青少年体质监测制度等都在此阶段取得重大的成绩。

在教育和体育领域取得不断发展和进步的同时，也不断涌现出许多新问题和挑战。如学生体质在许多方面持续表现出下降趋势；体育师生结构比例不尽合理，体育课被占用情况多发；学校体育运动场地、器材与学生的需求出现严重不足，尤其是农村学校的情况更为突出。这些问题引起了党和国家广泛的关注。2007 年，中共中央将青少年体育工作提升到一个新的战略高度，下发的《关于加强青少年体育增强青少年体质的意见》将加强青少年体育工作作为全面建设小康社会和构建社会主义和谐社会这一历史性进程的有机组成部分，从而将青少年体育工作推入一个新的发展阶段。

为了改变我国体育发展中的"重竞技、轻群体"的局面，我国于 1995 年开始施行《全民健身计划纲要》，此举标志着我国全面进入了以公民自主参与为特征的社会体育特征。随着体育事业的不断发展，人们对体育和健康的认识也在不断更新，体育的价值功能逐渐被人们认识。1990 年代，我国出现了企业参与体育的新局面，企业运动队及其运动会迅速发展，体育社会化的程度逐步提高，为群众体育的发展增添了新的活力。21 世纪以后，"全面小康社会"成为我国社会主义建设的奋斗目标，对社会体育的发展提出了更高的要求。2002 年，《中共中央国务院关于进一步加强和改进新时期体育工作的意见》指出："全民健身活动是利国利民，功在当代利在千秋的事业。"在这样的背景下，具有中国特色的社会体育发展之路开始形成。

在社会经济不断壮大的国情之下，我国竞技体育在新的历史时期呈现出蒸蒸日上的发展态势。中国运动员在第一届东亚运动会上获得的金牌数占金牌总数的 61.8%；在第二届东亚运动会上，中国获得的金牌数占金牌总数的 33.2%；2000 年，我国在悉尼奥运会上，首次进入了奥运会金牌榜前三名，取得了历史性的突破，并在 2004 年的雅典奥运会上，竞技体育再创辉煌，历史性地名列金牌榜第二位。中国竞技体育在世界舞台上所取得的突出成绩，充分说明了我国竞技体育的日益强大，国家实力的不断崛起！

(二)政策目标及价值取向分析

1993 年 2 月，中共中央国务院颁布的《中国教育改革和发展纲要》指出，中小学教育要由"应试教育"转向全面提高国民素质的轨道，面向全体学生，全面提高学生的思想道德、文化科学、劳动技能和身体心理素质。1995 年 7 月 21 日，国家教委颁布《贯彻全民健身计划纲要的意见》，指出贯彻全民健身计划的目标是增强人民体质,推动我国社会主义事业发展,并指出青少年学生的体育锻炼是全民健身活动的基础,加强学校体育卫生工作是使学生科学、持久地参加体育锻炼的重要保证。同年,国家体委《奥运争光计划纲要(1994—2000年)》提出,现阶段目标是使我国竞技体育高效、快速、健康发展,赢得更大荣誉,并指出加强培养体育后备人才是实现战略目标的关键。《2000年全国学生体质健康状况调查研究实施方案》的颁布是为了掌握我国学生体质健康状况和发展趋势,完成我国国民体质监测体系中的儿童青少年监测工作,为制定21世纪我国初级卫生保健战略提供科学依据。2000年7月,体育总局、教育部下发《体育传统项目学校管理办法》,其目的是"为加强体育传统项目学校的建设和管理,更好地为国家培养德、智、体、美全面发展的高素质人才和体育后备人才"。2006年12月,教育部、国家体育总局、共青团中央颁布的《关于开展全国亿万学生阳光体育运动的通知》明确指出:"全面贯彻党的教育方针,认真落实'健康第一'的指导思想,在全国亿万学生中掀起群众性体育锻炼的热潮,切实提高学生体质健康水平。"①2007年4月,教育部、国家体育总局、共青团中央颁布了《关于全面启动全国亿万学生阳光体育运动的通知》,旨在切实推动全国亿万学生阳光体育运动的广泛开展,吸引广大青少年学生走向操场、走进大自然、走到阳光下,积极参加体育锻炼,掀起群众性体育锻炼热潮②。同年5月,中共中央国务院颁发的《关于加强青少年体育增强青少年体质的意见》提出:"进一步加强青少年体育、增强青少年体质,对于全面落实科学发展观,深入贯彻党的教育方针,大力推进素质教育,培养中国特色社会主义事业的合格建设者和接班人,具有重要意义。"③

　　本时期的青少年体育政策目标是对上一时期政策目标的延伸和发展,即这一时期制定的政策目标是为更好地执行上一时期的政策,具有连续性;政策目标更加强调政策产生什么样的预期效果,而非侧重于怎样实现政策目的;政策目标也反映出体育的改革力度不断加深,党和国家对青少年体育的发展更加重视。因此,本阶段的青少年体育政策的价值取向可以归纳为以人为本,侧重身心健康。

――――――――

①　中华人民共和国教育部.教育部 国家体育总局 共青团中央关于开展全国亿万学生阳光体育运动的通知[EB/OL].http：//www.gov.cn/gzdt/2006-12/25/content_477488.htm.
②　祝菁.普通高校开展"阳光体育运动"的可持续发展研究[D].山东大学,2009.
③　中华人民共和国中央人民政府.中共中央 国务院关于加强青少年体育增强青少年体质的意见[EB/OL].http：//www.gov.cn/gongbao/content/2007/content_663655.htm.

(三)政策的主要措施分析

1. 加强学校体育卫生和体育学校的管理工作

1993 年,体育卫生司更名为体育卫生艺术教育司,自 1997 年开始,我国各级教育行政部门陆续都建立了体育卫生艺术管理机构;1998 年,经过精简编制,体卫艺司开始转变职能,扩大了学校的自主权;进入 21世纪,学校体育管理理念发生了质的改变:从关注国家需求向关注学生本身过渡,注重促进学生健康成长和终身体育意识的养成,关注个体差异和不同需求,确保每一位孩子受益;制定国家级体育传统项目学校评定标准;实施"全国体育后备人才培养工程";制定国家学校体育卫生条件基本标准,加大执法监督力度①。

2. 大力加强体育教师与教练员的队伍建设

自 1995 年本、专科体育教育专业改革之后,全国体育院校有 67 个本科点;各级教育行政部门根据基础教育课程改革中体育课时大幅度增加的实际,重新核定中小学体育教师的编制数额,以保证体育教师的合理配备②;贯彻《课程标准》的教师培养、培训机制,通过职前培养、岗前培训,提高体育教师队伍的质量;完善以校为本的教研制度,立足学校开展经常性培训和研究;将体育教师轮训纳入教师培训工作规划,对中小学兼职体育教师实行岗前培训和持证上岗制度③;重视教练员的继续教育和在职教练员的岗位培训,增强教练员的创新、科技和管理意识,采取派遣教练员出国进修、聘请外国专家讲学、举办研讨班等多种形式和办法,提高教练员的综合素质。

3. 进一步推进体育课程与教学改革

1996 年 1 月,我国开始推行"体育两类课程整体教学改革方案",促使体育课程设置由单一学科类课程体系转变为学科类课程与活动类课程相结合的新的课程体系;2000 年试行全日制普通高级中学体育与健康教学大纲(修订版),2002 年试行新的《体育与健康课程标准》;贯彻《课程标准》要求,保证体育课课时;坚持因地制宜、分类指导的原则开展体育

① 胡惠芳.四川省中小学实施阳光体育运动面临的问题及对策研究[J].四川体育科学,2010,132(4):111-115.

② 中华人民共和国教育部.教育部 国家体育总局关于进一步加强学校体育工作切实提高学生健康素质的意见[EB/OL].http://www.moe.gov.cn/jyb_xxgk/gk_gbgg/moe_0/moe_1443/moe_1463/tnull_21505.html.

③ 教育部 国家体育总局关于进一步加强学校体育工作,切实提高学生健康素质的意见[J].中国学校体育,2007,159(1):14-15.

课、课外体育活动和课余体育训练①；体育学校采取分散与自学相结合、随队教学与个别辅导补课相结合等灵活多样的组织形式，实行分段教学、单科累进和长学制、学分制等弹性学习制度。

4. 加快建设体育设施，强化体育器材管理

各级人民政府将面向青少年活动场所和公共文化、体育设施建设纳入国民经济和社会发展规划；体育行政主管部门根据学校的实际需要，负责集中采购适合学校开展传统项目的体育器材，并负责检查落实体育器材的安装和使用情况；加强城乡基层公共体育设施和学校体育设施建设，提高现有体育设施的开放程度；鼓励支持社会力量兴办青少年学生校外活动场所和捐助各种活动设施及经费。

5. 加大体育科技投入力度，加强体育科学研究

学生体质健康调研工作不断深入，1995 年的学生体质健康调研较过去的规模更大，涉及区域更广；《学生体质健康标准》于 2004 年在全国各级学校试行，2007 年修订之后更名为《国家学生体质健康标准》，标志着体质健康测试制度的成熟与完善；2000 年，中国学校体育研究会成立，为学校体育理论与实践问题的研究与探讨提供学术平台。在体育运动训练方面，加强对外交往和国际交流，加大"请进来"和"送出去"的力度；组织和选派教练员到国外学习先进的训练和管理的理论、方法；聘请外国专家或学者到我国长期执教或短期讲学，广泛进行学术和信息交流；有针对性地加强各种国际体育管理人才的培养②。

五、强化与繁荣阶段（2008—2021）

（一）政策环境分析

1. 政治、经济的大环境

继"精彩绝伦"的北京奥运会之后，中国政治体制改革的形势更加复杂多变。国际上世界多极化、经济全球化不断深入发展，科学技术日新月异，各国之间综合国力的竞争更趋激烈；国内为尽快适应和应对国际形势的瞬息万变也在不断调整发展步伐。党的十八届三中全会确立了全面深化改革的总目标，在经济方面，伴随党中央出台实施一系列稳定经济社会发

①　教育部　国家体育总局关于进一步加强学校体育工作，切实提高学生健康素质的意见[J]. 中国学校体育，2007，159（1）：14-15.

②　赣州市人民政府. 2001—2010 年奥运争光计划纲要[EB/OL]. https：//www. ganzhou. gov. cn/zfxxgk/c116127/201509/e6043e7299c84edc887ce95464ea3fa6. shtml.

展的改革举措，我国经济取得了举世瞩目的成就，主要表现为经济社会总量指标占世界的比重不断攀升，主要经济社会人均指标位次不断前移①，国际影响力不断扩大。就体育领域来说，国家密集出台若干有关体育法规和重要文件，这些政策更多地考虑制约我国青少年体育发展的内在因素，强调人的全面发展，人的主体性受到重视，昭示着我国青少年体育正向以人为本的全面发展阶段转变。从微观的角度来看，国内掀起了一股"运动潮"，人们对于体育的认识更加深入，参与体育锻炼的意识也在不断增强。对于青少年来说，这一群体不仅是学校体育的主体，更是竞技体育的坚实后盾，还是未来大众体育的重要基石。

2. 体育环境

继"中央七号文件"颁布以来，各级各类学校在党中央、国务院的领导下，学校体育不断取得新的进步，呈现出新的发展面貌。如每天锻炼一小时正在逐步成为青少年学生的自觉行动，健康素质也成为评价学生全面发展的重要指标，青少年体育健身活动在这一时期蓬勃发展起来。另外，"亿万青少年阳光体育运动"等丰富多彩的活动，为青少年参加科学、文明与健康的体育健身活动提供了更多的契机。青少年体育组织在这一时期获得进一步巩固与壮大，截止到 2010 年，共创建各级青少年体育俱乐部 5166 个，其中国家级 3429 个，各级传统体育项目学校 15477 所，其中国家级 300 所，各级青少年户外体育活动营地 95 个，其中国家命名资助 59 个②。在国家政策文件的保驾护航下，学校体育在当代焕发出新的活力。

2009 年 8 月，国务院颁布了《全民健身条例》，进一步明确政府及全民健身体系中各有关主体的责任，建立学校体育设施开放、全民健身活动状况调查、高危险性体育项目经营许可等制度，使得校外青少年拥有更多的机会参与体育锻炼，并为他们科学、健康、安全地参与体育运动提供保障。为进一步激发职工体育的发展活力，国家体育总局、中华全国总工会于 2010 年颁布了《关于进一步加强职工体育工作的意见》，明确了职工体育的发展方向。此外，2011 年的《全民健身计划（2011—2015 年）》、2016 年的《全民健身计划（2016—2020 年）》《"健康中国 2030"规划纲要》《青少年体育"十三五"规划》、2019 年的《体育强国建设纲要》、2021 年的《全民健身计划（2021—2025 年）》及《"十四五"体育发展规划》将全民健身上升

① 王健，史云，吴冬梅．"金融学"课程中的思政元素挖掘与教学改革探索[J]．黑龙江教育（高教研究与评估），2021(11)：30-33.
② 党权．我国青少年体质健康促进政策历史变迁研究[D]．南京师范大学，2014.

为国家战略，不断为群众体育的改革发展注入强大力量。

随着社会主义市场经济体制下竞技体育发展模式的基本形成，我国竞技体育的国际竞争力也大大提高，各类赛事蓬勃发展，连续四届奥运会成绩节节攀新高，这一切都促使了我国竞技体育新的跨越式发展。2008年，我国作为奥运会举办方，不但给世界展现出中华文化的博大精深，还进一步向世界证明了中国体育的强大实力。从奥运会的筹办到举行，北京兑现了绿色奥运、人文奥运和科技奥运的承诺，也向世界展示了中国开放、自信、和平的新形象。总的来说，中国在"体育强国"宏伟目标的指引下，竞技体育在新时期的发展呈现出稳中上升的趋势，我国的竞技运动水平有了较快的提升，取得了举世瞩目的成就。

(二)政策的主要目标及价值取向分析

为贯彻落实《中共中央国务院关于加强青少年体育增强青少年体质的意见》，营造迎接北京奥运会的良好社会氛围，2008年5月，国家体育总局和共青团中央颁发了《关于开展"'全民健身与奥运同行'青少年动起来"系列活动的通知》，旨在积极推动广大青少年深入持久地开展体育健身活动，帮助青少年养成运动习惯，努力增强青少年身体素质，切实形成重视青少年体育工作的浓厚氛围，服务广大青少年健康成长和全面发展。2009年9月颁发的《关于开展全国青少年校园足球活动的通知》目的在于"全面提高广大学生的体质和体能，培养拼搏意识和团队精神。普及足球知识和技能，形成以学校为依托、体教结合的青少年足球人才培养体系"①。2009年8月，国务院颁发的《全民健身条例》在总则中提出："为促进全民健身活动的开展，保障公民在全民健身活动中的合法权益，提高公民身体素质，制定本条例。"②2011年4月，青少年体育司下发《青少年体育"十二五"规划》，它是中国针对青少年体育制定的第一份规划，目的"是为促进青少年体育工作更好地为全面建设小康社会和建设体育强国服务"。2013年2月，国家体育总局、教育部发布《关于加强全国青少年校园足球工作的意见》，目的是切实提高全国青少年校园足球活动的质量和水平，

①　黑金军.浅析新时代背景下校园足球竞赛体系的现状与发展路径[J].运动精品，2022，41(2)：15-16，19.
②　中华人民共和国中央人民政府.全民健身条例[EB/OL].http：//www.gov.cn/zhengce/2020-12/27/content_5575063.htm.

促进青少年学生健康成长①。同年 12 月，国家体育总局、教育部、全国总工会印发《国家体育锻炼标准施行办法》，目的是"为激发公民参加体育锻炼的积极性和主动性，提高身体素质"。2014 年 4 月，教育部印发《学生体质健康监测评价办法》等三个文件，其目的是深化学生综合素质评价、学业水平测试和考试制度改革，系统设计和整体完善学校体育工作评价机制，督促各地政府有关部门落实发展学校体育的职责，以学校体育基本制度建设为基础全方位促进青少年身心健康、体魄强健。2015 年 7 月颁布的《教育部等 6 部门关于加快发展青少年校园足球的实施意见》提出："到 2020 年，基本建成符合人才成长规律、青少年广泛参与、运动水平持续提升、体制机制充满活力、基础条件保障有力、文化氛围蓬勃向上的中国特色青少年校园足球发展体系。"2016 年 9 月，《青少年体育"十三五"规划》明确提出该规划是今后五年发展青少年体育的基本原则，并确立发展目标，设定主要任务，提出保证措施，为今后五年青少年体育发展提供行动依据。同年 10 月，中共中央、国务院发布的《"健康中国 2030"规划纲要》提出："为推进健康中国建设，提高人民健康水平，根据党的十八届五中全会战略部署，制定本规划"②，并将青少年人群作为促进体育运动的重点人群。2017 年 2 月，教育部、国家体育总局颁布《关于推进学校体育场馆向社会开放的实施意见》，要求："进一步深化学校体育改革，强化学生课外锻炼，积极推进学校体育场馆向学生和社会开放，有效缓解广大青少年和人民群众日益增长的体育健身需求与体育场馆资源供给不足之间的矛盾，促进全民健身事业的繁荣发展。"③同年 3 月国务院教育督导委员会办公室印发《中小学校体育工作督导评估办法》，目的是"为建立中小学校体育评价机制，提升中小学校体育工作水平和教育教学质量，促进学生身心健康、体魄强健"。2018 年，体育总局、教育部等七部委联合印发《青少年体育活动促进计划》，以提高青少年体质健康水平和综合素质为根本目标，以"强化体育课和课外锻炼，促进青少年身心健康、体魄强健"为根本宗旨，坚持政府主导、部门协作、社会参与，建立和完善有利于青少年体育活动开展的体制机制，营造全社会关心支

---

① 国家体育总局．体育总局、教育部《关于加强全国青少年校园足球工作的意见》[EB/OL]．https：//www.sport.gov.cn/n315/n331/n403/n14812/c785073/content.html.

② 中华人民共和国中央人民政府．中共中央 国务院印发《"健康中国 2030"规划纲要》[EB/OL]．http：//www.gov.cn/xinwen/2016-10/25/content_5124174.htm.

③ 中华人民共和国中央人民政府．教育部 国家体育总局关于推进学校体育场馆向社会开放的实施意见[EB/OL]．http：//www.gov.cn/xinwen/2017-03/08/content_5175010.htm.

持青少年体育的氛围①，引领促进青少年体质健康的新实践。2020 年，《深化体教融合　促进青少年健康发展意见的通知》《关于全面加强和改进新时代学校体育工作的意见》相继出台，以立德树人为根本，以社会主义核心价值观为引领，以服务学生全面发展、增强综合素质为目标，坚持健康第一的教育理念，推动青少年文化学习和体育锻炼协调发展，帮助学生在体育锻炼中享受乐趣、增强体质、健全人格、锤炼意志，培养德智体美劳全面发展的社会主义建设者和接班人②。

　　本阶段的青少年体育政策目标在与上一阶段保持步调一致的同时，还根据社会经济的发展做出了一系列的调整，兼顾继承性和创新性，是对上一阶段政策目标的深化与升华；政策目标更加注重督导和评估以及评价结果的应用；政策目标不但体现出国家整体发展战略，还体现出很强的针对性，并制定具有科学性、适用性和实用性的具体操作和评估标准，更加易于理解和执行。因此，可将本阶段的政策价值取向归结为以人为本，重视质量效益。

（三）政策的主要措施分析

1. 建立健全青少年体育组织网络

　　为积极鼓励和引导广大青少年参加体育健身活动，国家允许市（地）、县（区）建立体育总会、单项体育协会、行业体育协会等体育协会；成立全国青少年体育联合会，鼓励和支持地方成立各级青少年体育俱乐部联合会；建立青少年体育俱乐部服务质量星级标准制度；完善青少年体育俱乐部联赛制度和管理人员培训制度；鼓励社会力量参与青少年户外体育活动营地建设；制定实施《青少年体育俱乐部管理办法》《青少年户外体育活动营地管理办法》《青少年体育俱乐部资助办法》《青少年体育俱乐部服务标准》等办法，以规范青少年体育俱乐部的发展。

2. 完善学校体育和体育运动学校的管理工作

　　各级政府将学校体育发展纳入年度工作报告，建立健全由教育部门牵头、有关部门分工负责和社会参与的学校体育工作机制；健全目标考核机

---

① 国家体育总局青少年体育司. 体育总局 教育部 中央文明办 发展改革委 民政部 财政部 共青团中央关于印发《青少年体育活动促进计划》的通知[EB/OL]. https：//www. sport. gov. cn/qss/n5015/c844024/content. html.

② 教育部机关服务中心. 中共中央办公厅国务院办公厅印发关于全面加强和改进新时代学校体育工作的意见[EB/OL]. http：//www. moe. gov. cn/s78/A01/s4561/jgfwzx _ zcwj/ 202010/t20201019_495583. html.

制，建立学校体育工作专项督导制度①；各地以县为单位编制，因地制宜地实施学校体育三年行动计划；建立保证中小学生每天一小时校园体育活动的有效工作机制；建立健全各级各类体校办学标准，制定《中等体育运动学校管理办法》，修订《中等体育运动学校设置标准》和《少年儿童体育学校管理办法》，促进规范化、标准化建设，开展标准化检查评估工作②。

3. 加强中小学体育师资力量和青少年体育骨干队伍建设

建立健全体育教师培养体系，办好高校体育教育专业；加大国培计划培训体育教师的力度，拓宽体育教师培训渠道；加快调整教师结构，制订并落实配齐专职体育教师计划，提高体育教师配备数量和质量；由教育行政部门选派公办少体校文化课教师，实行少体校教练员聘任制；推行"双百"精英教练计划，建立和完善教练员任职资格、注册、交流、选拔、任用、述职、考核、奖罚制度；加强行业准入和任职资质认证工作，建立健全各类青少年体育从业人员能力素质标准和准入标准，建立以岗位绩效考核为基础的考核评价制度③。

4. 深入落实体育物质保障，构建青少年体育公共服务体系

地方各级人民政府将加大对学校体育场地设施建设、体育活动经费投入力度，并将经费纳入本级财政预算和基本建设投资计划；建立健全以政府投入为主、多渠道筹集青少年体育经费的投入保障制度；按照相关学校建设标准和技术规范要求，加大学校体育设施建设力度；建立学校体育场馆开放监督检查和表彰奖励制度，以推动场地设施共建共享，并形成教育与体育、学校与社会、学区与社区共建共享场地设施的有效机制④；建立公共体育设施管理单位责任制和工作目标管理责任制，加强对体育设施的维护更新，完善综合服务功能；建立健全政府向社会力量购买公共文化服务机制。

5. 加强体育科学研究，强调"科技兴体"

为严格执行《国家学生体质健康标准》，各级学校建立学生体质健康档案，完善学生体质健康测试和评价标准；建立和完善青少年健身科学普

① 中华人民共和国中央人民政府. 国务院办公厅转发教育部等部门关于进一步加强学校体育工作若干意见的通知[EB/OL]. http://www.gov.cn/zhengce/content/2012-10/29/content_5309.htm.
② 国家体育总局. 青少年体育"十二五"规划[EB/OL]. https://wenku.baidu.com/view/a71a872ecfc789eb172dc81b.html?_wkts_=1673282029810.
③ 国家体育总局. 青少年体育"十二五"规划[EB/OL]. https://wenku.baidu.com/view/a71a872ecfc789eb172dc81b.html?_wkts_=1673282029810.
④ 蔡广，龚正伟，龚波，等. 我国校园足球践行四个自信的理路解析[J]. 体育文化导刊，2018(6)：125-129，152.

及推广制度，开展青少年体育科普活动及相关的科学研究，并布局建设智库型青少年体育研究基地；建立科研机构、高校与青少年体育实践单位的常态交流机制，推动产学研结合和科技成果转化；建设高水平青少年体育科技队伍，引导培育一批具有专业优势和创新能力的青少年体育研究团队，为青少年体育的发展提供科技与智力支持。

6. 加强体育法规制度建设，坚持依法治体

各级体育部门要提高青少年体育工作依法行政能力和水平，运用法治思维和法治方式推进青少年体育工作；推进各级体育部门青少年体育事权规范化、制度化；鼓励社会力量参与青少年体育事务，建立健全相应政策和渠道，依法引导青少年体育社会组织发挥专业服务功能；坚持依法行政，进一步转变职能，形成以政府为主导，充分发挥社会各方面积极性的体育管理体制①。

第三节　我国青少年体育政策演变规律总结

1949年至今，我国青少年体育的发展已经有70多年的历史，通过对我国青少年体育政策变迁历程和发展脉络的梳理和回顾，有助于把握青少年体育政策变迁的特点，深刻理解我国青少年体育发展的内在机理。

公共政策学认为政策是以解决问题为目标，结合当时的政治、经济和文化而制定和实施的。纵观我国青少年体育政策的演变历程，呈现出曲折中前进的发展趋势，这是历史发展的必然规律。整体来看，青少年体育政策的这种渐进调试的进程既延续了以往政策的优点，也避免了因改革过度导致的不稳定，较好地处理了政策的继承与发展的关系。具体来说，它既呈现发展、变迁的一面，也存在一些不变的本质特征。

一、政策环境：由国家政治影响为主转为关注人的发展

青少年体育政策作为国家体育政策的重要内容，必然与国家政治的发展紧密相关。在刚刚建立无产阶级政权的新中国，党和国家极其重视社会发展过程中的政治动因。因此，政治因素对于青少年体育政策发展具有极大的影响力。在不同时期政治氛围的影响下，我国青少年体育政策也呈现

---

① 国家体育总局 . 青少年体育"十三五"规划 [EB/OL]. https：//www. sport. gov. cn/n20001280/n20067626/n20067732/c20201413/content. html.

出与之相契合的发展特征。在第一个"五年计划"中，面临政治经济都处于百废待兴的情况，党和国家非常注重实行民主集中制，强调实事求是地建设社会主义道路和维护国家的新生政权。在这一阶段，青少年体育政策主要表现为从国家需要和人民的切身利益出发，建立各种体育组织机构，加强体育思想宣传，以为人民服务的原则开展青少年体育，取得了不错的成绩。在第二阶段，由于社会主义总路线的"大跃进"，党和国家在主观上的美好愿景致使社会主义道路的发展偏离客观规律。与国家政治路线相对应，这一时期我国青少年体育政策也出现了"偏向"，为追求国家的高指标，盲目地、不切实际地开展青少年体育训练和运动锻炼，违背了身心发展规律，造成了不良的影响。1961年，党的八届九中全会提出"八字方针"后，青少年体育政策逐渐得到恢复。但是，之后"文革"的爆发，直接导致了青少年体育政策遭受连续几年的"空窗期"。青少年体育的发展在"文革"期间主要是走"红色道路"，政治色彩浓厚。1978年以后，我国青少年体育政策的出台不单受教育系统以外的政治系统的影响，也是适应市场经济发展需求主动求变的结果，主要朝着体育产业化的道路发展，为人们提供更多的体育活动的机会，促进社会经济的发展。到了21世纪，在全球化治理的背景下，党和国家对青少年体育的认识不断深化，在对青少年体育事业的行政管理手段上逐渐简政放权，为市场和社会力量的参与提供了良好契机，青少年体育政策更加关注人的发展需要，呈现出更浓的人文色彩。

二、政策价值取向：由国家本位转为人本位

1949年至改革开放前夕，政治上，由于我国社会主义道路长期处于探索时期，加之受苏联社会主义国家的影响，逐步建立了权力高度集中的政治体制。政府成为社会各系统的"总指挥官"，因而政府与民众的关系在强调为人民服务的前提下，更加强调政府管理的权威性，忽视民主参与渠道，缺乏有效的权力监督，最终造成了"政府本位"的价值取向。经济上，我国实行计划经济体制，国家对社会资源实行全面垄断，个人利益让步于国家利益。与青少年有关的体育政策方面，主要表现为以国家建设服务为原则，重视思政教育，强调集体主义精神和共产主义思想的培养，突出体育运动在增强体质、改善社会生产和加强国防建设中的作用，具有浓厚的政治色彩①。这种国家本位的政策价值取向在一定程度上促进了政府

---

① 李百成，郭敏. 我国学校体育政策演进特征与发展策略[J]. 体育文化导刊，2019(10)：81-85.

对社会的动员工作，对于统一开发利用国家资源发挥了独特的优势作用，但是这种权力的集中、垄断也很容易促成个人主义的出现。改革开放以后，市场逐渐取代政府成为资源配置的主要力量。民众在参与市场竞争的过程中，平等意识和主人翁意识不断被强化，要求政府尊重人民的政治、经济权利。这就在客观上要求政府的价值取向由"政府本位"向"人本位"转变，以凸显人的地位与需求。20世纪80年代以后，我国政府开始逐渐引导群众开展健身活动，对于青少年人群来说，锻炼身体的目的不仅是为建设祖国服务，更是为培养顽强的意志品质、改善人际关系、养成健康合理的终身体育意识、促进人的全面发展服务。这一目标的变化，表明政府开始将个人利益放置在重要位置，青少年体育政策价值取向也从国家本位转向人本位。此外，随着依法治体工作的不断推进和青少年体育政策法规的不断完善，青少年体育政策的发展在突出人的地位的同时，更加注重质量效益，为政策的执行提供了制度保障。

三、政策措施：从重视决策的导向性向决策的科学性转变

我国民主革命取得全国性胜利后，国内各项社会事业开始步入发展阶段。此时，一方面，由于我国体育事业刚刚从旧的体育事业中挣脱出来，正在试图探索出新的发展道路。另一方面，由于大部分青少年学生的体质健康状况无法完成学业和生产劳动的要求，因此，党和国家高度关注体育事业的发展，尤其重视学校体育的发展和建设，比如培养师资力量、编写体育教材和构建体育组织等。这就造成学校体育政策几乎等同于青少年体育政策的局面。在曲折发展阶段，由于"左倾"的错误，党和国家对我国青少年体育政策的措施更加重视思想政治教育。改革开放前，我国青少年体育政策措施主要是关注青少年的卫生与健康问题，无论是针对学校体育还是青少年业余体校的政策皆是围绕强身健体、保家卫国这一主题而展开的。因此，这一时期青少年体育政策内容的主题是"解决问题"，即"出现问题——解决问题"的线性思维，且大多是宏观性的指导，虽然导向性很强，但缺乏针对性。

改革开放以后，青少年体育事业逐渐朝着产业化、法制化、信息化、社会化的趋势发展，青少年体育政策的制定不再只是为了解决问题，而是要与时俱进，以长远的眼光制定政策，以满足青少年各种体育需求，更好地引领青少年体育事业的发展；在政策措施方面，从实施标准、监督评估、法律保障、完善公共服务组织等方面提出具体要求。随着国际交流机会的增多，加之科技信息的有力支撑，政策的相关措施手段将更加多样

化、科学化和信息化。

四、始终突出"健康第一"思想的重要地位

在不同时期，虽然我国青少年体育政策的内容和形式都有一定的变化，但"健康第一"这一核心目标从未改变。在对政策文本进行研究时，我们发现在不同的阶段，"健康第一"具体内涵不尽相同。在新中国成立初期，为解决学生体质不佳的问题，毛泽东提出了"健康第一"的体育口号，成为我国青少年体育政策制定的思想基础，构筑起我国青少年体育政策体系的雏形。《关于改善各级学校学生健康状况的决定》指出要增进学生身体健康，培养出有强健体魄的现代青年。随后颁布的《劳卫制》，它是我国第一部涉及增强青少年体质健康的体育锻炼标准，不仅在全国推广普及了体育运动，还初步创立了较为完善的体育锻炼标准与评价制度，为增进青少年体质健康做出了重要历史贡献。在"大跃进"时期，青少年体育政策的出发点仍然是为更好地发展体育，更快地增强人民体质健康，但是此时期的目标超过实际范围，导致政策的失败。即使在"文革"期间，学校体育虽然遭受挫伤，但是政策仍然表现出"为无产阶级政治服务"而增进健康状况。1965年《青少年体育锻炼标准条例》和1975年《国家体育锻炼标准条例》的颁布，都是为促使身体得到正常发育，增强体质健康而制定的政策文件。改革开放以后，党和国家领导人关于体育工作的一系列重要讲话以及政策法规大多围绕"健康第一"的思想而制定的。20世纪80年代，我国开始对青少年学生体质健康状况进行调查研究，并逐渐形成制度，为促进青少年体质健康提供了科学参考。至此，"健康第一"思想的内涵多是指"增强体质"，富含"强国强种"之意。

随着时代的发展、社会科技的进步，一方面，国家之间的竞争更多体现为高素质人才的竞争。另一方面，由于国内开始将"人文精神"应用到体育界，并逐渐形成"人文体育观"，提倡体育应该为人们服务，强调注重人的地位和价值。在这种背景下，我国的教育行业开始进行大刀阔斧的改革。1999年《关于深化教育改革全面推进素质教育的决定》明确指出："学校教育要树立健康第一的指导思想，切实加强体育工作"①，旨在促使学校、教育部门更加关注学生的健康，培养出全面发展的国家栋梁，进而

---

① 中华人民共和国教育部. 中共中央国务院关于深化教育改革，全面推进素质教育的决定 [EB/OL]. http://old.moe.gov.cn/publicfiles/business/htmlfiles/moe/moe_177/200407/2478.html.

"以点促面"地推进素质教育的发展。因此，"健康第一"思想在此阶段也发生了质的转变，它已超越了传统意义的"增强体质"，其内容涵盖了身体、心理、思想品德等方面。此时，"健康第一"俨然成为当代体育发展的战略思想，对引导青少年体育工作起到了举足轻重的作用。

进入 21 世纪，随着北京奥运会的举办，体育强国和"健康中国"战略的实施，"健康第一"的体育口号由强调增强个人体魄、促进人全面发展的"小健康观"转变为一种"大健康观"①。这种"大"主要体现在政策思想内涵的丰富上，其深度和广度不断得以延伸。2002 年，江泽民在党的十六大报告中指出全面建设小康社会的发展目标是提高全民族的思想道德素质、科学文化素质和健康素质。2007 年，"中央七号文件"的颁布和阳光体育运动工程的开展都是为增强青少年体质，增进健康而颁布实施的，并指出青少年的健康与否关系到国家和民族的整体利益。2016 年，《"健康中国 2030"规划纲要》也提出将健康教育纳入国民教育体系，并作为所有教育阶段素质教育的重要内容②。显而易见，从国家层面来看，"健康第一"既是国家安全的重要保障，又是推进国家现代化的坚实基础。从个人层面来看，"健康第一"是人们的利益追求，又是人类最基本的生存条件。随着社会的发展，人民越加重视身体健康，并将其作为幸福根本，"健康是福""身体是革命的本钱"，追求自身的健康权利已然成为人们的现实需求。因此，可以说"健康第一"始终是指导青少年体育政策的核心思想，也是我国青少年体育政策的主旋律。

五、始终保持均衡与非均衡并存的状态

我国青少年体育政策呈现出理论上的均衡性和实践发展中的非均衡性并存的特征。从我国青少年体育政策发展的历程来看，在不同时期体育的发展战略重点各异，但与群众体育政策和竞技体育政策比较而言，学校体育政策占据突出地位。为促进我国体育事业走可持续发展道路，我国一直努力保证学校体育、群众体育、竞技体育三者的协调发展。为此，我国制定了一系列政策试图推动有关青少年的群众体育和竞技体育政策的发展。1965 年的《青少年体育锻炼标准条例》、1982 年的《国家体育锻炼标准》、1986 年的《国际体委关于加速培养高水平运动后备人才的指示》、1995 年

---

① 李百成，郭敏. 我国学校体育政策演进特征与发展策略[J]. 体育文化导刊，2019(10)：81-85.

② 中华人民共和国中央人民政府. 中共中央 国务院印发《"健康中国 2030"规划纲要》[EB/OL]. http：//www.gov.cn/xinwen/2016-10/25/content_5124174.htm.

的《奥运争光计划纲要(1994—2000 年)》分别对群众体育和竞技体育的发展做出了部署;进入 21 世纪,旨在保证我国青少年体育政策的协调、均衡发展的《2001—2010 年奥运争光计划纲要》《全民健身条例》以及《奥运项目竞技体育后备人才培养中长期规划(2014—2024)》陆续予以颁布。

在实践中,青少年体育的发展却表现出非均衡性的特征,首先,新中国成立以来我国颁布的学校体育政策在数量上远远超过群众体育政策和竞技体育政策;其次,教育部门和国家体育总局始终都是颁布青少年体育政策的主要力量,而其他部门与组织在政策制定过程中显得有些"力不从心",导致因政策民主参与度不够而引起政策颁布主体的失衡;最后,"通知"和"意见"类的政策占比较大,而其他政策文种却凤毛麟角。因此,我国青少年体育政策存在均衡与非均衡的发展状态。

第四节 我国青少年体育政策的问题与不足

青少年体育政策体系的构建是一项复杂而宏伟的工程,不仅需要政府强大的领导,还需要社会各个层面的积极参与。在政策从实然走向应然的过程中,我们也发现了青少年体育政策在发展中存在的一些问题,具体表现在以下几个方面:

一、政策法律效力偏低

在法律语境下,政策的效力包括规范效力与实施效力两个方面。从规范效力层面来看,我国青少年体育政策的规范效力从高到低依次为:全国人大制定的体育法,中共中央国务院颁布的政策,国家体育总局、教育部及相关部门颁布的政策。政策主要以软法的形式呈现,就 1995 年《中华人民共和国体育法》而言,它只属于一种软硬并举的法律法规。有研究统计表明《中华人民共和国体育法》共计 56 条,其中有 19 条为软法规范,占总条数的 33.9%①。软法与硬法的主要区别在于前者并没有明确规定违法责任。我国现有的青少年体育政策基本属于软法,因而出现政策法规约束力和国家强制力偏低以及相应的责任规范不明确、不到位的现象。正是由于规范效力低,影响了我国青少年体育政策的实际执行效果,导致政策执

---

① 吴超,阎涛,柴王军,等. 论实现体育强国目标的软法建设研究[J]. 山东体育学院学报,2012,28(2):13-17.

行出现偏差或受阻。政策执行效果的好坏主要在于政策的目标价值与社会现实相结合的程度，从我国青少年体育政策的当前状况来看，迫切需要激活青少年体育市场和社会组织的作用，但现有的政策措施并没有提出比较完善的要求，这就大大制约了我国青少年体育政策的进一步发展①。此外，由于我国自 1949 年以来，大部分法规是针对整体体育事业制定的，截至目前尚没有针对青少年人群的专项性体育法律法规，因此青少年体育仍然处于"有政策，有监测，无法律"的状况。

二、政策针对性不强，执行尺度模糊

多年来以学校体育政策替代青少年体育政策的情况随处可见，真正透析到我国青少年体育问题所在的政策还比较少见。我国与青少年体育有关的政策内容基本是以一种"政策措施"的形式包含在群众体育政策之中，涉及青少年体育的专门政策为数不多。从内容方面来看，我国青少年体育政策基本以宏观指导为主，缺乏针对性。2009 年的《关于加强青少年体育增强青少年体质的实施意见的通知》和 2011 年的《青少年体育"十二五"规划》都在具体的措施中提到了"改革青少年体育竞赛制度"和"促进青少年体育组织建设"的有关内容，但具体如何操作并没有附带的文件。同时，这在一定程度上也说明了我国青少年体育政策存在重复性和滞后性的现象。

尽管构建青少年体育竞赛制度和促进青少年体教结合相关政策是我国体育学界一直关注的热点问题，研究者也一致认为应该添加此类文件，但迄今为止，还未出现较为系统的、专门的青少年体育竞赛或组织政策。《青少年体育"十二五"规划》提出要通过"制定奥运项目竞技体育后备人才培养中长期发展规划"和"全面落实有关各级体校的文化教育工作"的要求，构建出适应社会发展的竞技体育后备人才培养体系，之后我国又颁布了《奥运项目竞技体育后备人才培养中长期规划(2014—2024)》与《关于进一步加强运动员文化教育和运动员保障工作的指导意见》两项政策来执行"十二五"规划中的政策任务。这些政策较以往来说其指导性更强，但在部分问题的指引上并未触及现实痛点，依然属于宏观指导。如《意见》中，提出了"充分调动社会力量办青少年训练的积极性……提高青少年训练社会化、市场化的程度"②。然而有关青少年体育赛事运营主体方面的政策

---

① 王涛. 基于文本分析的我国竞赛表演业政策研究[D]. 苏州大学，2016.
② 国家体育总局. 关于进一步加强运动员文化教育和运动员保障工作指导意见[EB/OL].
　　https://www.sport.gov.cn/n315/n331/n405/c566760/content.html.

较少。目前，我国青少年体育产业领域不仅需要完善青少年体育俱乐部法人治理，建设现代企业制度，同时也需要财税支持。但相关内容在《意见》中仅仅以宏观指导措施为主，未对政策执行主体的行为标准做出具有可操作性的规范要求。

总之，目前我国青少年体育政策内容宏观层面居多，中观和微观层面较少，这些因素成为影响我国地方政府制定青少年体育政策以及执行困难的主要原因。

三、权责主体指向不清

青少年体育事业的发展始终受到党和国家的重视，其主要管理部门为教育部和国家体育总局。其中，国家体育总局主要分管竞技体育后备人才的培养，而教育部主要对学校体育课、学生体质健康监测以及组织学生参与体育活动负责。但在实际开展工作时，这两部门却存在目的和性质上的差异性，由此造成了在实际工作中出现相互掣肘的现象。

首先，国家体育总局的工作重点在于有针对性地对青少年进行训练，以培养竞技体育后备人才和延续竞技体育项目，为青少年竞技体育的开展制定出相应的规划和措施；而教育部门则是对在校青少年学生的体质健康负责，并开展丰富多彩的体育活动，以促进青少年学生的体育活动水平。其次，无论是国家体育总局还是教育部自 1949 年以来都针对各自的目标颁布实施了数量可观的青少年体育政策，国家体育总局一直致力于为获取更多金牌和辉煌的成绩，以尽早实现体育强国这一宏伟目标而培养优秀的青少年体育竞技后备人才；而教育部则孜孜不倦地进行体育课程改革，寻求更适合社会发展、青少年学生年龄特征和心理发展规律的体育教学方式。青少年体质健康尽管在两者的管辖范围之内，可都不属于其解决的主要矛盾。在这种权责不清的情况下，虽然"体教结合"战略实施多年，但实际效果并不理想，这无不显露出双重管理的弊端。

四、缺乏规范化的评估制度

回顾青少年体育政策的历史，其政策数量虽然琳琅满目，但却缺乏科学、完善的评估机制。改革开放前的青少年体育政策未对评估做出相关规定，政策往往是依据对现实问题的判断而出台相应的解决措施。在进入社会主义市场经济不久，我国青少年体育政策开始关注政策的监测，并建立一些监测制度，以规范政策的发展，而评估工作仍然未能顺利开展。在新时期，随着依法治体的不断推进，政策明确规定要加强对青少年体育工作的评估工作，以规范其发展。但从现实来看，我国的教育改革体制是由教育部掌控，而仅仅依靠教育部门进行体育课程改革，提高青少年体质健康水平和体育教学质量是远远不够的。一方面，青少年在校参与体育活动的时间、空间有限，其大部分课余时间的体育活动由谁管理和监督？即使一些学校设置了课外活动课程，但也仅作为一门体育课，并未形成系统的课外活动体系。另一方面，非学生身份的青少年，如具有双重身份的青少年运动员和辍学务工的青少年群体，他们的体育运动锻炼又由谁负责和管理？这些问题都未能得到妥善的解决。因而在青少年体育督导体系不完善的情况下，政策执行主体可以有很大的操作空间，这就会对青少年体质健康工作的推进产生不利的影响。而对于青少年体质健康水平是否提高以及提高程度的把握是一个较难权衡的指标，在现有的体育体制下，出台科学的青少年体育评估体系仍然有很长的路要走。

第五节　我国青少年体育政策的建议与启示

一、增强政策法律效力，规范青少年体育的发展

随着我国市场经济的不断推进，青少年体育市场也在不断扩大。一方面，由于市场各方利益主体的融入，他们通常只会站在自身的立场考虑问题，为达成自身的目标而互相博弈，以获取最大的利益，这就很容易引起青少年体育市场的指向不清与失衡。另一方面，我国青少年体育事业的发展长期由党和政府引导，市场参与程度不高，权力相对集中，容易导致在政策执行的过程中滋生腐败。因此，为规范青少年体育的发展，进一步加强政策的法律效力是政策发展的必然选择。在《青少年体育"十三五"规划》中，其已明确提出了"完善政策法治"的要求，要用法治思维和法治方式开展我国青少年体育工作。未来青少年体育政策首先可以通过健全行政部门的监督制度，加强政策在政府行为和社会组织参与方面的规范效力，进而规范青少年体育的发展①。政策监督制度主要分为"内部监督"和"外部监督"两种，由于青少年体育政策主要由国家行政部门制定，为了让权力在"阳光"下运行，目前当以规范内部监督为主，而内部监督必须走上

---

① 王涛，王健. 论我国体育竞赛表演业政策的阶段划分、变化特征及其走向[J]. 体育文化导刊，2018(5)：6-10.

法治化的道路，坚持在依法治国的理论思想下进行司法监督①。如此才能为我国青少年体育市场化、社会化提供一个良好的发展环境。此外，在规范国家层面的法律法规的同时，各地方政府需要根据区域特色因地制宜地制定配套性的法规，以保证全国各地区青少年体育的发展。

二、注重政策内容的针对性和可操作性

政策内容是否科学、具体会直接影响政策目标的达成和政策效果的成败。由于目前我国青少年体育的相关政策内容存在重复且笼统的现象，未来青少年体育政策有必要进行细化和改进，以增强政策的针对性和可操作性。

首先，为增强政策的针对性，未来青少年体育政策的制定应立足新常态下存在的问题，并针对重点和突出问题及时制定相对应的策略，以真正触及青少年体育政策的现实痛点。具体来说，针对青少年人群的不同可分门别类地制定政策。由于目前学校体育政策发展较为成熟，未来的政策可以继续从青少年学生体质健康的角度关注其体育活动水平的提高，进一步加强政策的督导和效果追踪评价水平②；对于青少年运动员着重强调"学训"问题的解决，在保证学习的同时努力提高运动水平，利用多种高科技信息手段激发运动员参训的兴趣，提高训练效率。此外，还需注重提高教练员业务水平，定期进行专业技能知识与常识考核，为青少年运动员做出良好学习榜样；对于其他社会青少年可从社区体育和家庭体育出发，注重加强他们参与体育锻炼的意识，提高参与体育运动的频率，以减少久坐不动行为。可以结合地方特色定期开展体育竞赛、体育兴趣小组等体育文化活动，并给成绩突出者一定的奖励和荣誉称号。另外，还需要大力培养和提高社区指导员的专业水平，为青少年人群制定合理的运动处方和科学的锻炼指导。

其次，为提高政策的执行效力，制定具体可操作的政策也是未来青少年体育政策的发展方向。虽然近年来我国陆续出台了系列青少年体育政策，但目前我国青少年体育发展的水平与政策目标尚存在较大差距。因此，未来应根据不同地区经济和教育的发展水平制定多元化的、针对性较强的、更为科学的青少年体育政策，并强调更加细致的附带细则或实施标

---

① 蒋喆彦．我国体育产业发展政策研究［D］．华东政法大学，2013.
② 李百成，郭敏．我国学校体育政策演进特征与发展策略［J］．体育文化导刊，2019（10）：81-85.

准、量化运动指标等，这样才能高效地指导青少年进行体育锻炼。

三、协调发挥政府与非政府力量，提高政策主体间的合作程度和效益

在当今社会治理格局下，青少年体育政策的颁布主体将不再仅局限于政府，呈现出多中心化的发展态势。党的十九大报告就明确指出要"加强社会治理制度建设，完善党委领导、政府负责、社会协同、公众参与、法制保障的社会治理体系"①。报告强调"打造共建共治共享的社会治理格局"，将社会治理的重心下移至社区层面，发挥社会组织作用，实现政府治理、社会调节和居民自治的良性互动，这标志着中国政治即将全面实现从"统治"向"治理"的根本性转变。青少年体育作为体育事业的重要组成部分，是一种既具有准公共产品属性又包含私人物品属性的"混合产品"，这使得市场和社会在青少年体育事业的供给上成为可能，而政府也不再是青少年体育事业的唯一提供者。无论是从社会变革方向还是从青少年体育的自身特性来看，实现政府权力向社会回归，寻求政府和社区合作共治的路径，将是未来中国青少年体育政策的主要方向。在这种"共建、共治、共享"的治理环境下，这就要求青少年体育政策一方面要加强政府的领导，充分发挥整体作用；另一方面要为人民民主参与提供渠道，充分调动人民的积极性和主动性，以充分发挥社会公民的地位和权利②。

从我国青少年体育政策的演变历史来看，随着社会管理体制改革的深入，政策颁布主体多元化趋势越发明显。虽然目前青少年体育政策的制定与实施依然以政府行政部门为主，且政策主体比较单一，政策主体之间的合作程度较低。但青少年体育政策的社会化和民主化在不断强化，各运动项目协会等社会组织的实体化也在不断推进，这些非政府组织将成为未来青少年体育政策制定与实施的重要主体。因此，未来的青少年政策需要强调各主体之间的合作，以充分发挥联动效应和合力效果，并围绕各部门之间的合作内容、合作机制和各自的责任等制定出协调办法或规定，最终形成政府与社会多元主体协同共治的网络治理格局，各施所长，各尽其能。

四、建立有效的青少年体育政策考核评价制度

政策评估是政策过程的重要一环，只有建立完善的政策评估体系，政

---

① 中华人民共和国中央人民政府．习近平提出，提高保障和改善民生水平，加强和创新社会治理[EB/OL]．http://www.gov.cn/zhuanti/2017-10/18/content_5232656.htm.

② 李百成，郭敏．我国学校体育政策演进特征与发展策略[J]．体育文化导刊，2019(10)：81-85.

策执行主体才能正确判断政策是否达成目标，是否产生预期效果，从而为下一步工作做好准备。针对青少年体育发展水平难以评估的局面，建立有效的考核评价制度是实现青少年体育事业健康发展的重要保障。在评估模式上可采取内部评估和外部评估相结合的方式，其中内部评估主要是与政策密切相关的政策制定主体和政策客体对政策的效果进行判断，外部评估主要是借助第三方构建的评估标准进行评判，为青少年体育政策提供客观的评价结果。

具体来说，首先，需要建立与青少年体育负责人相关的体育考核评价制度。青少年体育工作和体质健康状况是青少年体育考核指标体系的重要内容，因此，对政策执行主体实施奖惩是确保青少年体育工作正常运行的关键。在对政策执行主体实施全面考核及评估的同时，还需要对青少年体育工作的具体内容进行有效的督导检查，并提供反馈意见，为政策的调整和改进提供参考。其次，需要建立与青少年自身相关的考核评价机制。将青少年体育成绩的高低、参与体育锻炼的频率及其进步的程度作为评选优秀学生、优秀班集体、优秀社区青少年、优秀青少年运动员等的标准之一，以提高他们参与体育锻炼的自觉性和主动性，养成终身体育的意识。最后，还需要建立政策评估追踪机制，由于政策的效果具有动态性，并不是固定的结果，因此要加大对实施效果的追踪力度和频度，及时更正和修改不合时宜的政策条款，确保政策方向的正确性。

本 章 小 结

本章从历史的视角，结合政策环境，以有关青少年体育的重要政策法规文件为线索，呈现出青少年体育政策的缘起、演变与发展的历史脉络，并将其划分为五个阶段，并对每一阶段的青少年体育政策文本的数量、文本文种、发文部门及其相互间关系进行分析；之后从政策环境、政策目标、政策价值取向、政策措施四个方面归纳出我国青少年体育政策的演变规律，得出以下结论：

（1）青少年体育政策历史演变历程分为五个阶段：青少年体育政策的选择与创立（1949—1956）；青少年体育政策的曲折发展（1957—1977）；青少年体育政策的恢复与创新（1978—1992）；青少年体育政策的民主与法制化发展（1993—2007）；青少年体育政策的强化与繁荣（2008—2021）。

（2）我国青少年体育政策数量呈现出螺旋式上升的趋势；政策的发文

部门比较单一，且主要是国家体育总局和教育部等国家行政部门；文本文种较为单一，约束力较强，但在可操作性和立法方面仍有待提高；政策发文部门之间的合作较为固定，合作化的程度仍然有很大的进步空间。

（3）我国青少年体育政策发展的特征主要是：政策环境由政治体制影响为主转为关注人的发展；政策价值取向由国家本位转向人本位；政策措施从重视决策可应用性向决策的科学性和导向性转变；始终突出"健康第一"的重要地位，始终保持均衡与非均衡并存的状态①。

（4）我国青少年体育政策的主要问题有：政策法律效力偏低；政策针对性不强，执行尺度模糊；权责主体指向不清；缺乏规范化的评价制度和激励机制。

（5）我国青少年体育政策的建议与启示主要包括：增强政策法律效力，规范青少年体育的发展；注重政策内容的针对性和实效性；协调发挥政府与非政府力量，提高政策主体间的合作程度和效益；建立有效的青少年考核评价制度。

---

① 豆祥祥.洛阳市贫困县农村中小学学校体育处境的个案研究［D］.吉林体育学院，2020.

第四章　改革开放以来我国青少年体育政策研究——基于政策工具视角

　　一个完整的政策不仅包括预期目标、政策执行、政策资源等问题，还包括具体的政策工具。针对青少年出现的问题，制定相应的体育政策，并根据实际情况确定合理的体育政策目标十分重要。要想实现预期的青少年体育政策目标，首先依赖于相关部门的协力执行。而选择和运用合理的政策工具是提升青少年体育政策执行力的核心，是完成政策目标的手段和途径。青少年体育政策目标的实现必须要有合理的政策工具作为媒介与手段，它是政策成败的关键因素①。我国政府颁布的体育政策在摸索中前进，取得了一些成效，但是同时也存在一些问题，包括政策工具的选择与使用上的问题。因此对青少年体育政策工具进行研究，分析目前青少年体育政策工具存在的问题，从另一角度揭示青少年体育政策过程的本质，可进一步保障政策的有效执行，实现政策目标。

　　前文从纵向角度对我国青少年体育政策的演进历程和发展特征进行了分析，本章将以政策工具为视角，收集整理我国改革开放以来有关青少年体育的76份重要文件，从横向上分析我国青少年体育政策的内容结构及表现特征。通过构建相对完善的政策分析框架，为青少年体育政策工具量化研究与实证研究积累一定的理论基础。

第一节　改革开放以来我国青少年体育政策文本量化分析

一、政策文本的选择

　　本章政策文本选择在第三章的基础上进行，初步统计改革开放以来与

---

① 徐艳梅. 政策工具视角下我国青少年体育政策文本分析[J]. 运动精品，2021，40(12)：67-70，73.

青少年有关的体育政策文本共有 251 个，但是通过对政策文本的解读发现，并不是所有的政策文本都充分体现了青少年体育政策工具的应用，因此剔除此类政策文本 73 个。随之根据权威性原则剔除 18 个，有效性原则剔除 9 个，唯一性原则剔除 15 个，还剩 136 个青少年体育政策文本。为了使选取的政策文本更具科学性和严谨性，在小组讨论及专家咨询的基础上，我们从 136 份青少年体育政策文本中再剔除 60 份，最后剩下 76 份青少年体育政策文本(文本目录见附录 3)。由于从 1978 年至 2021 年 10 月的青少年体育政策内容非常多，在进行文件收集和筛选工作时，可能难以避免其相关政策文本遗漏的情况，但是基于对政策文本内容的解读，上述政策文本基本可以满足本书研究的需要，不会影响研究的结论。

二、构建政策分析框架

本书在其他学者关于政策工具的理论研究成果之上，构建新型的政策分析框架，深入分析改革开放以来我国青少年体育政策文本的政策工具选择和应用的情况。

(一)X 维度：基本政策工具维度

为了构建合理的青少年体育政策分析框架，在众多的政策工具分类中，本书更加倾向于借鉴 Roy Rothwell 和 Walter Zegveld 的政策工具理论，原因有三点：(1)Roy Rothwell 和 Walter Zegveld 的政策工具理论非常简单，便于实际操作；(2)相较于其他类型的政策工具，其主要观点强制性特征不显著，政府不是处于操纵者与支配者的地位[1]；(3)目前其政策工具理论已广泛应用于体育政策相关文本，具有较高的可靠性。因此，本书以 Roy Rothwell 和 Walter Zegveld 的政策工具理论为理论依据，并借鉴其他学者的研究成果[2][3]，将政策工具分为三种类型：供给型、环境型和需求型。它们对青少年体育发展具有不同的作用，具体如图 4-1 所示：

---

[1] 王辉. 政策工具视角下我国养老服务业政策研究[J]. 中国特色社会主义研究, 2015(2)：83-89.

[2] 刘春华, 李祥飞, 张再生. 基于政策工具视角下的中国体育政策分析[J]. 体育科学, 2012, 32(12)：3-9.

[3] 湛冰, 王凯珍. 政策工具视角下美国老年体育政策文本特征分析[J]. 体育科学, 2017, 37(2)：28-36.

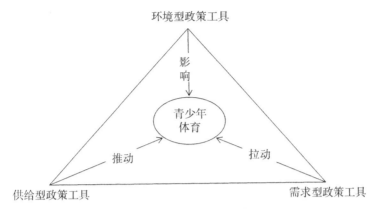

图 4-1　政策工具的三种类型

供给型政策工具对青少年体育的发展起一定的推动作用,推动青少年体育向纵深化、精细化方向发展,为青少年体育发展提供一定的保障,主要包括体育资金投入、体育人才培养、体育场地(馆)设施投入、体育科技支持、体育信息支持五个方面(表 4-1)。

表 4-1　　　　　　　　　　　　供给型政策工具

政策工具名称	注　　释
体育资金投入	对青少年体育的发展提供资金帮助
体育人才培养	培养青少年体育人才以及体育老师、社会指导人员、教练员等
体育场地(馆)设施投入	提供青少年体育运动、健身所需的场地、器材和设施等
体育科技支持	通过技术创新促进青少年发展,包括科研资助、利用科技制定运动健身方案等
体育信息支持	对青少年体育活动提供直接的信息服务,如提供信息宣传,提供体育活动指南和手册等

环境型政策工具主要指外部因素影响,政府通过改善青少年体育发展环境,为青少年体育提供发展的空间,提升青少年体育在国民经济和社会发展中的地位,主要包括体育目标规划、体育外部主体激励、体育法规管理、策略性措施等(表 4-2)。

表4-2　　　　　　　　　　　环境型政策工具

政策工具名称	注　释
体育目标规划	基于青少年体育发展制定的目标和远景规划
体育外部主体激励	体育场地(馆)、设施对青少年实行优惠政策
体育法规管理	政府制定的一系列法规、制度，如青少年体育活动场地建设标准、赛事制度等
策略性措施	为了执行和推广青少年体育计划，对相关行为主体采取的措施和手段等

需求型政策工具指关注青少年体育的发展，对青少年体育事业进行扶持，减少青少年体育发展的障碍，促进青少年体育市场化，降低外部因素对青少年体育的干扰和影响，形成一条具有中国特色的青少年体育发展道路，主要包括税收优惠、政府采购、个人需求层面满足、体育服务外包、体育交流与合作五个方面(表4-3)。

表4-3　　　　　　　　　　　需求型政策工具

政策工具名称	注　释
税收优惠	政府对企业或组织机构的税收给予减免等
政府采购	政府购买青少年体育相关的公共服务
个人需求层面满足	关注学生本身的体育发展需求，如青少年达到一定的标准给予实质性的鼓励与支持
体育服务外包	政府将青少年体育相关事务委托给第三方或者与民间、社会组织进行合作
体育交流与合作	学校之间、国家之间的体育交流，如通过体育赛事达到相互交流的目的

(二)Y维度：青少年体育治理主体维度

仅从政策工具角度对青少年体育政策文本进行归类，不能完全反映青少年体育政策的所有特点，因此本研究从另外一个维度深入剖析青少年体育政策。青少年身心全面发展有利于提高整个民族的凝聚力，青少年体育政策有效执行是青少年健康成长的有力保障，青少年体育治理主体是青少年体育政策的有力执行者，它的存在对青少年体育政策执行效果产生重要影响，因此青少年体育治理主体也是青少年体育政策制定者需要考虑的问题。本研究以 Roy Rothwell 和 Walter Zegveld 的政策工具理论为基础①，结合目前青少年体育发展格局，即青少年治理主体呈现多元化，政府不是唯一的治理主体，公共机构、民间组织、市场等社会力量都可以参与青少年体育管理的现实，有鉴于此，考虑构建 Y 维度——青少年体育治理主体维度作进一步说明。

本研究通过对政策工具理论和青少年体育治理主体的梳理，基于对青少年体育政策进行较为客观的分析与评价，最终把政策工具和青少年体育治理主体结合起来构建了青少年体育政策二维分析框架，如图 4-2 所示：

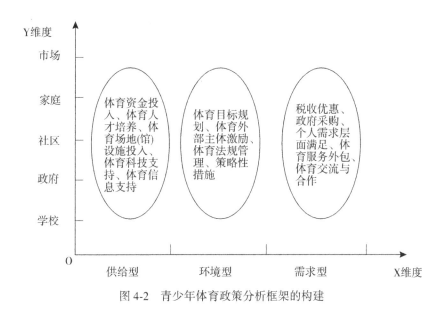

图 4-2　青少年体育政策分析框架的构建

三、定义分析单元与类目

分析单元是内容分析法中实际需要统计的最小单位，一般为独立的文字、词汇、句子、段落、篇章等。本研究对已选出的 76 份政策文本根据政策内容抽取出政策工具，因为有的政策文本有多个子条款，因此具体编码形式为：政策文本编号——一级条款编号——二级条款编号，只有一级条款，编码形式则为政策文本编号——一级条款编号即可。有些政策文本

---

① Roy Rothwell，Walter Zegveld. Reindustrialization and Technology［M］. Longman Group Limited，1985：31-32.

可能存在多个政策工具，则按照抽取的政策内容先后分别赋予"1、2、3……"标号加以区分。如《青少年体育"十三五"规划》第七条的内容既有策略性措施政策工具，也有体育交流与合作政策工具，因此把相关内容分别编码为57-7-1、57-7-2。

　　同时，根据构建的青少年体育政策分析框架，本书的分析类目设置如下：基本政策工具维度——"供给型""环境型""需求型""体育资金投入""体育人才培养""体育场地（馆）设施投入""体育科技支持""体育信息支持""体育目标规划""体育外部主体激励""体育法规管理""策略性措施""税收优惠""政策采购""个人需求层面满足""体育服务外包""体育交流与合作"；青少年体育治理主体维度——"学校""家庭""社区""市场""政府"。

　　本研究对已选取的76份青少年体育政策文本内容按照"政策文本编号——具体条款编号"进行编码，形成基于政策工具的青少年体育政策文本内容分析单元编码表，如表4-4所示。

表4-4　　　　青少年体育政策文本内容分析单元编码表

序号	政策名称	青少年体育政策的文本分析单元	编码
1	关于加强学校体育、卫生工作的通知	二、对学校体育、卫生工作要有明确的要求，提高学校体育、卫生工作水平，建立健全各种规章制度	1-2
		三、加强体育教师和卫生人员队伍的建设	1-3
2	关于提高我国足球技术水平若干措施的指示	一、在群众中，特别是在青少年中大力普及足球运动	2-1
		四、派出去，请进来	2-4
		六、继续举办国际足球邀请赛	2-6
3	国家体委、教育部关于在学校中进一步实施国家体育锻炼标准的意见	二、采取有效措施，保证《国家体育锻炼标准》活动的顺利实施	3-2
		三、搞好《国家体育锻炼标准》的测验	3-3
……			

续表

序号	政策名称	青少年体育政策的文本分析单元	编码
75	教育部等五部门关于全面加强和改进新时代学校卫生与健康教育工作的意见	二、深化教育教学改革 9. 增加体育锻炼时间。按照教会、勤练、常赛要求，开齐开足体育与健康课，强化学校体育教学、训练、健全体育竞赛和人才培养体系。推广中华传统体育项目，开展全员运动会、亲子运动会。严格落实眼保健操、课间操制度，提倡中小学生到校后先进行 20 分钟左右的身体活动。保障学生每天校内、校外各 1 个小时体育活动时间①	75-2-9
76	体育总局关于印发《"十四五"体育发展规划》的通知	二、"十四五"时期体育发展的总体要求 6. 主要目标 青少年体育发展进入新阶段。健康第一的理念深入人心，体教融合取得实质性进展，青少年普遍掌握 1~2 项运动技能，体育活动更加广泛深入，体育促进青少年身心健康取得新进展②	76-2-6-1
		体育科教工作达到新水平。体育科研体系更加完备，科技创新机制更加灵活……立德树人根本任务有效落实，协同育人机制更加健全，体育教育质量进一步提升，体育人才不断涌现③	76-2-6-2
		五、加强体教融合，促进青少年体育健康发展 20. 加强青少年体育优秀人才培养	76-5-20
		21. 深化体校改革	76-5-21
		22. 培育青少年体育社会组织	76-5-22
		23. 完善青少年体育竞赛活动体系	76-5-23
		24. 加强青少年体育骨干队伍建设	76-5-24
		……	

① 中华人民共和国中央人民政府. 教育部关于印发《教育部等五部门关于全面加强和改进新时代学校卫生与健康教育工作的意见》[EB/OL]. http://www.gov.cn/zhengce/zhengceku/2021-09/03/content_5635117.htm.

② 藏宇. 体育强国背景下的高校足球教学与发展探讨[J]. 体育视野，2022(18)：40-42.

③ 时浩杰. 许昌市足球特色小学足球课教学实施现状及影响因素研究[D]. 西安体育学院，2022.

四、信效度评估

(一)信度评估

所谓信度是指采用同一种测量方法对多个不同对象进行相同内容的检测，其检测结果的一致性越高，所测的信度就越高[1]。内容分析法的信度主要表现为类目信度和判断者间的信度。本研究者一直从事青少年体育政策的相关研究，对青少年政策体系有较客观的认识，可以较好地完成此政策文本的编码任务。本研究的内容分析类目借鉴了学界广泛认可的应用于政策文本计量分析的分析类目[2]，分析框架 Y 维度——青少年体育治理主体的划分是在相关研究构建的分析维度基础上[3]，结合青少年体育活动的特点进行完善的。本研究邀请了 5 位本领域研究的专家对此类目界定的信度进行了打分，打分情况见表 4-5。

表 4-5 专家样本信度打分表

专家	样本 1	样本 2	样本 3	……	样本 40
1	1	1	1		1
2	1	1	1		1
3	1	1	0		1
4	1	1	1		1
5	1	1	1		1

判断者间的信度，指将内容分析单元归入相应的分析类目时，不同判断者选择一致的百分比，一致性越高，内容分析的可信度就越高，反之则越低。根据德维利斯(DeVellis)的观点，信度系数在[0.70-0.80]可以接受，[0.80-0.90]为比较好，0.9 以上则非常好。首先计算两个判断者的平均相互同意度：

$$平均相互同意度 K = 2×L/(N1+N2) \qquad (式5.1)$$

---

[1] Kassarjian H H. Content Analysis in Consumer Research[J]. The Journal of Consumer Research, 1997, 4(1): 8-18.

[2] 郝大伟, 崔建军, 刘春华, 等. 基于政策工具视角下的中国体育产业政策分析[J]. 武汉体育学院学报, 2014, 9(48): 55-60.

[3] 赵立霞. 我国青少年体育政策文本量化分析——一个分析框架及其应用[J]. 南京体育学院学报(自然科学版), 2014, 13(1): 131-135.

（L 为 2 个判断者观点一致的政策工具数量；

N1 和 N2 表示 2 个判断者各自分析的政策工具总数量）

判断者之间的信度计算公式如下：

$$R = n \times K / [1 + (n-1) \times K] \qquad \text{（式 5.2）}$$

为了评估判断者间的信度，本书从 320 个分析单元中随机抽取 40 个样本，分别请 5 位专家进行一致性检验，观点相同标记为"1"，观点不同标记为"0"，专家信度打分统计表见表 4-6：

表 4-6 专家信度打分统计表

专家	类目界定信度	判断者间的信度
1	100%	96.1%
2	92.6%	93.3%
3	85.7%	93.3%
4	100%	93.3%
5	92.6%	90.7%
均值	94.18%	93.3%

由表 4-6 可知，5 位专家对此类目的界定与本研究的观点一致性分别为 100%、92.6%、85.7%、100% 和 92.6%，均值为 94.18%。由此可见，他们基本同意本书对类目的界定。在抽取的 40 个样本中，5 位专家对其政策文本内容分析单元所属类目的判断一致的数量分别为 37 个、35 个、35 个、35 个和 34 个，根据上文计算公式，平均相互同意度分别为 0.925、0.875、0.875、0.875 和 0.85，最终本书与 5 位专家的判断者之间的信度分别为 96.1%、93.3%、93.3%、93.3% 和 90.7%，均值为 93.3%，因此本研究对青少年体育政策内容分析单元的所属类目的判断信度较好。

(二)效度评估

效度即有效性，它是指测量方法能够反映测量内容的准确性和有效程度[1]。关于此内容的效度评估方法具有一定的局限性，目前还没有一套具有科学性和全面性的评估准则。鉴于本研究中的内容分析单元为政策文本

---

[1] 范柏乃，蓝志勇.公共管理研究与定量分析方法[M].北京：科学出版社，2009：65.

的相关条款，而条款最终表现为若干政策工具的组合。因此，为了能够最大限度地反映政策的真实含义，本研究把5位专家对确定的分析框架的打分情况作为检验效度的标准。

本研究的效度评估分值从0到5不等：0表示本研究确定的分析框架完全不能有效评测已有的青少年政策体系，5则表示完全能够有效评测已有的青少年政策体系。5位专家对青少年体育政策分析框架的效度打分见表4-7。

表4-7　　　　　　　　　专家效度打分统计表

专　　家	分析框架效度
1	4
2	4.5
3	3.5
4	4
5	4.5
平均值	4.1

由表4-7可知，5位专家对青少年体育政策的分析框架的效度打分有一定的差异，但是总体平均值为4.1分，表明他们对构建的青少年体育政策的分析框架认可度较高，认为此分析框架能够基本反映青少年体育政策体系的现状和存在的问题。

五、频数统计与量化分析

(一)青少年体育政策的总体情况

1. 青少年体育政策文本类型

青少年体育政策文本类型可以反映青少年体育政策的强制力程度。统计结果显示，76份青少年体育政策文本主要以"通知"类型为主，共计33份，意见26份，法律1份，纲要6份，决定2份，规划3份，条例2份，规定1份，指示1份，函1份，我国青少年体育政策文本类型分布图见图4-3。

由图4-3可知，我国青少体育政策文本类型主要以"通知"和"意见"为主，这种类型的青少年体育政策文本强制性、约束力较差，执行力度较低。目前只有《中华人民共和国体育法》这一部综合性的法律文件，它具有较高的法律权威，可以指引青少年体育发展的方向，但是缺乏专门性的青少年体育政策的法律文件，难以形成社会强制力，青少年体育政策效力比较低，因此完善青少年体育政策体系需要出台专门性的青少年体育政策的相关法律文件。

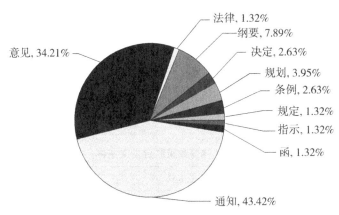

图 4-3 青少年体育政策文本类型分布图

2. 青少年体育政策文本发布主体分析

本书所选取的 76 份青少年体育政策文本中，有单独主体发布的政策和多部门联合发布的政策。单独发布政策的有 47 份，占总政策文本的61.8%，其发布的主体有国家体育总局、教育部、中共中央、国务院、共青团等，国家体育总局单独发布的政策数量最多，其次是国务院和教育部。由图 4-4 可知，国家体育总局、国务院、教育部是青少年体育政策颁布的主体。政策联合发布的主体涉及财政部、发展改革委、教育部、新闻出版广电总局、文化部、人力资源部、社会保障部、卫生部、中国足协等。有两个部门联合发布的政策有 16 个，主要包括中共中央和国务院、国家体育总局和教育部、国家教育委员会和文化部；有三个部门联合发布的政策有 4 个，有三个以上部门联合发布的政策有 9 个。总体来看，青少年体育政策受到国家的高度重视，涉及发文主体比较多，而且政策各发布主体之间相互合作，其中政策发布主体两两相互合作最为频繁，如中共中央和国务院、国家体育总局和教育部。三个部门以上（包括三个部门）联合发布的政策数量为 13 个，占总政策文本的 17.1%，所占份额较少。青少年体育的参与主体涉及面广、具体事务繁多，需要多个部门相互合作以促进青少年体育协调发展。青少年体育政策联合发文主体的具体情况，如

表 4-8 所示。

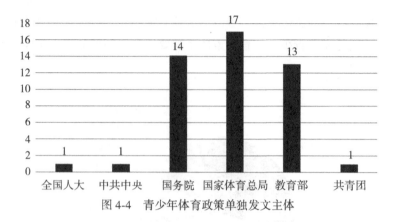

图 4-4　青少年体育政策单独发文主体

表 4-8　　　　　　　　**青少年体育政策联合发文主体**

联合发文主体	政策数量
中共中央、国务院	9
国家体育总局、教育部	5
国家教委、文化部	1
住房和城乡建设部、体育总局	1
教育部、国家体委、卫生部(已撤销)	2
教育部、国家体育总局、共青团	2
国家教委、国家体委、卫生部、国家民委、国家科委	1
国家体育总局、教育部、财政部、人力资源部、社会保障部	1
教育部、发展改革委、财政部、国家体育总局	1
教育部、发展改革委、财政部、新闻出版广电总局、体育总局、共青团中央	1
教育部、国家发展改革委、中国足协、体育总局、教育部	1
体育总局、教育部、中央文明办、发展改革委、民政部、财政部、共青团中央	1
国家体育总局、教育部、公安部、民政部、人力资源和社会保障部、卫生健康委	1
教育部、国家发展改革委、财政部、新闻出版广电总局、体育总局、共青团中央、中国足协	1
教育部、国家发展改革委、财政部、国家卫生健康委、市场监管总局	1

（二）基本政策工具维度分析

青少年体育政策的基本政策工具维度统计结果，如表4-9所示：

表4-9　　　　　　　　　　　基本政策工具分配比例

工具类型（492）	工具名称	条文编码	数量	百分比	总百分比
供给型（149）	体育资金投入	12-6；14-4-2；29-3-3；35-3；41-4-2-2；45-13；46-3；48-39；50-3-4；53-11；57-18-1；59-3-3；60-5-17；61-1-2；62-4-2-1；64-3-2-1；69-5-15；71-4-11；76-15-68-1	19	13%	
	体育人才培养	1-3；2-4；4-4；5-2；7-7；8-3-1-2；9-3-2；12-5；14-4-4；17-17；17-21；17-25；18-4-7；25-2；26-2；29-3-2；31-2-3-4；36-10；37-2；40-30-2；40-51；41-3-3-4；41-4-4-1；41-4-2-3；42-24；42-30-2；45-6；46-13；48-23；48-26；50-2-5；50-3-1；51-4-2；52-18-3；52-23；53-9；54-5-4；56-3-7；56-4-9；57-11-2；57-19；59-3-1；61-2-2-1；62-3-5；64-3-4；65-10-34；66-2-5；67-2-3；67-2-5-2；68-4-24；68-6；69-3-9；73-3-3；76-5-24；76-10-49	55	37%	30.28%
	体育场地（馆）设施投入	14-4-3；17-22；24-26；25-4；27-4；32-11-1；41-3-3-2-1；45-7-1；46-4；50-3-2；51-4-3；52-18-2；53-10；57-9-2；57-9-4；59-3-2；60-5-18；61-2-2-2；62-3-3；64-3-2-4；65-3-9；65-4；66-2-6；67-3-3-2；68-4-21；68-7-32；69-3-10；71-3；71-4-12；73-3-4	30	20%	
	体育科技支持	11-4-2；15-5；46-16；53-5-2；57-10-1；57-13；57-20；61-1-7；62-3-6-1；64-2-2-1；65-6-21；65-6-24；67-2-2-2；67-2-7；68-1-7；76-2-6-2；76-10-46；	17	11%	
	体育信息支持	15-8；29-5-2；30-6-1；32-20；33-7；40-53；41-4-3-3；41-4-5；45-17；46-17；46-20；50-4-3；53-18；57-22；61-1-1-4；61-1-8；62-3-6-2；62-3-7；62-4-3；64-2-1-2；64-2-4；67-2-8；67-3-4；68-7-34；69-5-17；71-4-13；72-1；76-7-34；	28	19%	

续表

工具类型（492）	工具名称	条文编码	数量	百分比	总百分比
环境型（282）	体育目标规划	7-3；11-3；12-2；28-2-1；30-2；31-2-2-3；32-3；38-4；39-2-1；39-2-2；40-14-1；41-3-2-1；41-3-2-2；41-3-2-3；42-14-1；44-6-2；45-3；45-4；48-3；48-20-1；50-1-3；51-3-1；53-3；57-5；58-6-4-2；61-1-2-1；61-1-4；61-1-6；61-2-1-2；61-2-1-3；62-2；64-1-2；65-6-23；68-1-8；71-1-2；72-2；72-3；73-1-3；73-3-2；74-2-9；76-2-6-1	41	15%	57.32%
	体育外部主体激励	10-1；16-37；28-9；29-3-4；32-11-2；33-6；34-28；36-5；41-3-3-2-2；45-7-2；47-2-6-2；57-9-1；68-1-3	13	5%	
	体育法规管理	1-2；7-2；8-3-1-1；8-3-1-3；9-2；13-1；13-2；13-3；15-6；15-7；17-18；19-7；19-18；19-24；26-1；27-1；27-2；29-4；32-15；37-4；41-3-3-7；41-4-1-1；41-4-1-2；41-4-1-3；41-4-2-1；41-4-2-3；41-4-4-2；42-19；43-1；48-13；50-2-4-2；53-8；53-15；56-4-6；57-9-5；57-16；57-21；60-3；60-5-16；60-6-22；61-1-1-1；61-1-1-3；61-2-1-2；62-3-4-2；62-4-4；64-3-5；65-1-2；65-3-11；66-2-3；67-2-5-1；67-3-3-1；68-1-5；69-4；69-5-16；76-11-51	55	19%	
	策略性措施	2-1；3-2；3-3；4-2；4-3；5-1；5-3；6-2；7-1；7-4；7-5；7-6；11-4-1；11-5；11-7；11-8；11-11；12-3；12-4；14-4-1；14-4-7；15-4；16-34；17-19；17-20；17-23；20-5；21-8-1；21-8-2；22-20；23-16；23-20；23-22；24-21；25-1；25-3；26-3；27-3；27-5；27-6；29-2-1；29-3-1；29-5-1；30-4；30-5；32-4；32-5-1；32-7；32-8；32-12；32-16；32-18；32-19；33-5；34-21；34-22；35-2；35-4；37-1；37-3；37-5；38-8；39-3-5；40-14-2；40-30-1；41-3-3-1；41-3-3-3；41-3-3-5；41-3-3-6；41-3-3-8；42-14-2；42-30-1；43-2；43-3；43-4；43-5；44-1；44-2；44-3；44-6-1；45-5；45-8；45-9；45-10；45-11；45-14；45-15；46-6；46-7；46-9；46-11；46-12；46-14；46-15；46-18；47-2-6-1；48-19；48-21；48-22；49-6；50-2-1；50-2-2；50-2-3；50-3-5；50-3-6；51-4-4；52-18-1；53-4；53-5-1；53-6；53-7；53-12；53-14；54-4-1；55-9；57-6；57-7-1；57-8；57-11-1；57-12；57-14；57-15；58-6-4-1；59-3-4；60-1-1；60-1-3-1；60-5-19；60-6-20；60-6-21；61-1-2-3；61-1-3；61-2-1-1；61-2-3；62-3-1-1；62-3-2；62-4-5-1；63-4；64-2-1-1；64-2-2-2；64-3-6；65-5-19；65-6-22；65-8-30-2；66-2-4；67-2-1；67-2-2-1；67-2-3；67-2-4；68-1-6；68-2；68-5-25-1；68-8；69-2；69-3-11；70-4；71-2；72-4；72-5；72-6；72-7；72-8；73-2；73-3-1；73-4；74-2-7；75-2-9；76-5-20；76-5-21；76-5-22；76-5-23；76-7-37；76-9-43；76-15-68	173	61%	

续表

工具类型（492）	工具名称	条文编码	数量	百分比	总百分比
需求型（61）	税收优惠	48-37；57-18-3；60-1-3-2；64-3-2-3；65-2-5；68-1-4；68-5-25-2；76-15-68-3	8	13%	12.40%
	政府采购	41-4-2-4；48-20-2；48-38；53-13；57-9-3；57-18-2；60-1-3-3；61-1-2-2；62-3-4-1；62-4-2-2；64-3-2-2；65-8-30-1；66-2-7；67-3-1；68-1-2；68-5-26；76-15-68-2	17	28%	
	个人需求层面满足	9-3-1；29-2-2；30-3；30-6-2；32-5-2；32-14；33-4；43-6；45-16；46-5；50-3-3；53-17；60-6-23；61-1-5；67-2-6；68-7-33	16	26%	
	体育服务外包	62-4-5-2；65-1-1；65-1-3；71-4-10	4	7%	
	体育交流与合作	2-6；4-5；34-23；40-54；41-3-3-2；46-8；46-10；46-19；50-2-4-1；52-31；54-4-5；57-7-2；62-3-1-2；64-2-5；67-2-5-3；76-8	16	26%	

统计结果显示，政府在政策工具应用上存在较大的差异，供给型政策工具占 30.28%，环境型政策工具占 57.32%，而需求型政策工具占 12.40%，表明政府以依靠环境型政策工具为主，适当运用供给型政策以促进青少年体育的发展。

1. 供给型政策工具应用适中，内部要素比例较为均衡

深入分析发现（表4-9），在供给型政策工具中，体育人才培养最多，其次是体育场地(馆)设施投入、体育信息支持、体育资金投入，分别占 37%、20%、19%、13%，而体育科技支持只占了11%。由此可见，国家非常重视培养青少年体育后备人才以及体育老师、体育教练和体育社会指导员等人才，为青少年体育的发展提供了一定的支持和保障，符合我国体育改革发展的实际需要。我国始终坚持人才发展战略和体育强国战略，努力提升国家核心竞争力，因此目前我国体育人才培养相关政策制定较多，但依旧存在一些问题：（1）体育队伍不断扩大，但是师资力量仍然短缺，目前不能达到政府文件中各小学、中学和高中体育老师的配备标准。（2）竞技运动水平提升缓慢，尽管 2020 年东京奥运会获得奖牌较 2016 年里约奥运会有较大幅度的提高，但我国竞技运动后备人才专业化、职业化程度

较弱，竞技体育后备人才质量有待进一步提高，青少年体育人才队伍结构需要完善，同时需要重点加强体育人才队伍建设的整体素质水平。

体育资金投入、体育场地（馆）设施投入是构建和完善青少年体育公共服务体系必不可少的一部分，它可以为青少年体育发展保驾护航，因此一直是国家关注的重点，它们各占供给型政策工具的 13% 和 20%。近年来体育投入普遍增加，2015 年相关报告显示"目前全国体育运动场地（馆）面积和体育器械配备达标比例为小学 60% 以上、初中 70% 以上、高中 80%"，基本保证了学校体育各项工作的正常开展，促进了学校体育的发展。这也充分说明我国体育场地资金投入和体育场地（馆）设施投入力度较大，但是体育资源供给仍然不足，35.5% 的小学、21.3% 的初中和 12.9% 的高中体育基础设施没有达到国家规定的标准，而且这个问题在短时期内无法完全解决①。提高体育基础设施的利用率、创建新型体育设施成为缓解青少年体育设施不足的有效途径。

随着社会的不断发展，传统媒体与新媒体的应用手段更加频繁，体育信息支持政策工具应用较明显，占供给型政策工具的 19%，表明政府重视青少年体育的宣传工作，青少年体育活动的宣传力度不断加强。从政策文本内容看，我国在 1992 年就提出要向全社会广泛宣传学校体育工作，但是在政策本文中没有讲到具体的宣传手段。随着人民生活水平的不断提高，青少年的教育观、健康观有待提升，促进全社会支持青少年体育发展的氛围还未形成。2006 年提出"每天锻炼一小时，健康工作五十年，幸福生活一辈子"的口号，宣传对象主要是学校和家长，宣传方式包括兴办家长学校、发放学生体质健康手册等；随着网络化的普及，2013 年政策开始明确提出建设以互联网为基础的校园足球服务平台，广泛运用"互联网+"青少年体育宣传模式。

"科学技术是第一生产力"，青少年体育发展离不开科学技术研究成果的助推。青少年科学研究需要高端的体育专业人才和科研团队在结合青少年体育实际需求的基础上，将体育科技成果转化为实践需要，如制定科学的运动处方和健身方案等。体育科技支持在青少年体育发展中具有不可替代的作用，但目前关于青少年体育科技支持的政策工具应用严重不足，关注度较低，只占供给型政策工具的 11%。科研资助的对象主要在高校和相关的科研单位，企业获得的资助非常少，自身研究能力受到极大的限制。随着社会的发展与进步，体育科技对青少年体育发展的促进和推动作

---

① 2015 年全国教育事业发展统计公报［R］. 2015：112-114.

用会更加显著，国家对青少年体育科技支持的相关政策会有所增加，资助的对象也将增多。

2. 环境型政策工具应用过溢，主要依赖策略性措施政策工具

国家在政策工具运用上有一定的倾向性，主要依靠环境型政策工具，环境型政策工具占比为 57.32%。在环境型政策工具中，策略性措施政策工具占了半壁江山以上，约 61%。由于长期以来我国青少年体质健康状况不容乐观，其身体各项素质呈下降趋势，政府急于构建体育发展的外部环境来增加青少年体育活动参与的人数，制定了较多关于青少年体育的具体措施。这些措施在短期内取得了一定的成效，截至 2014 年，我国青少年体育体质健康总体状况不断下降的局面得到一定程度的改变。

体育法规管理政策工具占环境型政策工具的 19%，55 条政策条款运用了此政策工具。体育法规管理政策工具具有应用简单、执行力较强等特点，受到政策制定者的广泛欢迎。但是在青少年体育政策文本中，这一政策工具没有受到热捧，虽然颁布的青少年体育政策非常多，但是以"通知""意见"类型政策文本为主，具有强制执行力的政策文本较少。1995 年之后，此类政策工具的应用数量增多，但是总体看，体育法规管理政策工具应用较为欠缺，仍需要进一步加强青少年体育法治理念，加强法制化建设，提升法制观念和法治水平，完善青少年体育制度体系，确保青少年体育工作有法可依、有法必依，引导青少年体育实现良性发展。

体育目标规划政策工具占环境型政策工具的 15%。从政策文本内容分析看，我国部分青少年体育目标规划有一个循序渐进的过程，而非一蹴而就达到质的变化，它可以通过各方的努力完成，总体来说其内容比较合理。例如不同时期青少年体质健康标准也不尽相同，2011 年《全民健身计划(2011—2015 年)》规定学生在校期间每天至少参加 1 小时的体育锻炼活动，20% 以上的学生要达到优秀标准的水平，耐力、力量、速度等身体素质明显提高[1]；2016 年《"健康中国 2030"规划纲要》规定青少年学生每周至上参加 3 次以上的中等强度的体育活动，25% 以上的学生体质健康达到优秀的标准[2]；2021 年《全民健身计划(2021—2025 年)》规定完善学校体育教学模式，保障学生每天校内、校外各 1 个小时体育活动时间。近年来国家越发关注青少年的体质健康，采取各种措施创造良好的青少年体育锻

① 中华人民共和国中央人民政府. 国务院关于印发全民健身计划(2011—2015 年)的通知 [EB/OL]. http://www.gov.cn/zhengce/content/2011-02/24/content_6411.htm.
② 中华人民共和国中央人民政府. 中共中央 国务院印发《"健康中国 2030"规划纲要》 [EB/OL]. http://www.gov.cn/gongbao/content/2016/content_5133024.htm.

炼氛围，通过 5 年的时间，学生体质健康标准达标优秀率提高 5% 的短期目标完全可通过全社会的共同努力来实现。

体育外部主体激励工具占 5%，在政策的指导下，社会、学校体育场地设施开放水平明显提高，场地类型包括青少年体育俱乐部、青少年户外营地、青少年宫、学校体育场地、社区体育场地等，它们为青少年体育锻炼提供了更多的场地和器材①。但是随着人民物质生活和精神生活水平的不断提高，青少年参与体育锻炼的形式必将多样化、多元化和全面化，因此为了满足青少年体育锻炼的需求，减少青少年体育锻炼的阻碍，体育外部主体激励政策工具的应用还应持续增多。

3. 需求型政策工具尚未重点关注，政府购买力较弱

需求型政策工具占比为 12.40%，青少年体育相关市场发展比较滞后，政府简政放权力度有待提高。政府采购政策工具可以反映政策的价值理念，是政府强化宏观调控的有效手段。此政策工具的应用影响力非常大，不仅能刺激青少年体育产业的发展，促进社会资本的参与，而且通过对体育场馆设施等方面的采购能促进整个体育产业的发展。然而由表 4-9 可知，政府采购占需求型政策工具的 28%，492 条政策编码中仅 17 条有此方面的内容。从政策出台时间看，2011 年我国开始有政策引导政府进行体育采购，这一政策工具的应用起步较晚，青少年体育公共服务水平还处于初级阶段。

个人需求层面满足政策工具占需求型政策工具的 26%，表明青少年体育政策贯彻"以人为本"的理念，关注青少年的切身利益。对这 16 条个人需求政策工具具体内容进行解读发现，它从以下 4 个方面关注学生本身的体育发展需求：(1)对成绩优异的运动员、教练员给予精神上和物质上的鼓励与奖励，并给予退役运动员学校深造的机会；(2)体育教师对不同地区、不同年龄段的学生坚持因材施教、分类指导的原则进行体育教学；(3)对达到体质健康标准不同等级的青少年给予不同的奖励，如"中央七号文件"明确规定给达到合格等级的学生颁发"阳光体育证章"，给达到优秀等级的学生颁发"阳光体育奖章"；(4)对达到每天体育活动一小时的学生给予一定的奖励。这些政策都是从青少年角度出发，一切为了青少年的发展，努力增强学生参加体育锻炼的荣誉感和自觉性，充分体现了"一切为了学生的发展"的政策目的。

---

① 徐艳梅. 政策工具视角下我国青少年体育政策文本分析[J]. 运动精品，2021，40(12)：67-70，73.

运用体育交流与合作政策工具不仅可以增长青少年的见识，拓宽其视野，而且可以展现我国体育风采，提升中国的国际地位和世界影响力。通过编码并进行频数统计，体育交流与合作政策工具占需求型政策工具的26%，表明此政策工具应用比较广泛。1978 年改革开放以来，各地区、国家之间的联系越来越频繁，交流越来越密切，体育交流与合作政策工具的应用不仅限于国内各学校的合作，还包括与国外各学校的合作与交流。其交流与合作的内容不仅限于各种青少年体育赛事，还包括运动员和教练员的培训工作、体育经营与管理事务等。随着全球化的深入发展，世界各国交流往来更加明显，未来青少年交流与合作的内容将更加多元化。

青少年体育的税收优惠政策是政府为了支持青少年体育事业，对企业或组织机构的税收给予减免等采取的一种手段。运用适当的税收优惠政策工具对推动青少年体育市场化发展具有强大的推动作用，可以促进社会组织的广泛参与，有利于实现青少年体育治理现代化的目标，但是此政策工具只占需求型政策工具的13%，在青少年体育政策文本中仅出现 8 次。从数量上看，目前关于税收优惠政策的内容较少，通过税收优惠政策工具这一杠杆吸引和激励社会组织对青少年体育的关注和参与的作用不明显，从时间上看，近几年出台的关于税收优惠政策，表明政府意识到此政策工具对青少年体育的促进作用；从内容上看，涉及青少年体育的税收优惠政策仅有场地建设方面，表明青少年体育的税收优惠政策体制尚不完善。总之，政府还需进一步完善、健全和落实青少年体育税收优惠政策体制，注重税收优惠政策的有效执行，加快税收优惠政策的法制化进程，充分发挥此政策工具的作用。

在需求型政策工具中，体育服务外包政策工具仅有 4 条，占需求型政策工具的7%，这在一定程度上弱化了青少年体育政策的引领作用。在我国青少年体育发展过程中，体育外包政策工具较少的原因有：（1）政府简政放权需要一段时间的过渡，体育服务外包还需等待时机；（2）目前专业化程度高、实力强的企业、民间机构等非政府组织非常少，还不能完全承担青少年体育服务外包工作。体育服务外包者有可能是民间机构，也可以是企业，它具有一定的实践可行性，可以创造青少年体育市场商机，吸引社会、民间资本的投入，减轻政府的财政压力，有效规避政府在投入机制中提供过多的福利保障，激发社会主体的积极性，增加市场的活力，积极培养青少年体育公共服务新型业态。为了实现青少年体育治理能力现代化的目标，后续青少年体育政策的出台、修订与完善可以将需求型政策工具作用方式作为侧重点，同时弥补需求型政策工具中的体育服务外包不足现状。

（三）青少年体育治理主体维度分析

青少年体育治理是国家治理体系的重要组成部分，它的创新有利于国家实现治理能力的现代化。本研究对青少年体育政策文本进行编码并进行频数统计，发现不同治理主体在青少年体育政策工具应用的情况各不相同。由于体育法规管理政策工具、策略性措施政策工具、体育交流与合作政策工具等涉及多个治理主体，因此 Y 维度编码总数量为 600 个，各主体政策工具应用的具体情况见表 4-10，各主体政策工具的应用比例如图4-5 所示。

表 4-10　　　　青少年体育治理主体 Y 维度类型表

	市场	社区	家庭	政府	学校
体育资金投入	1	0	0	18	2
体育人才培养	5	0	0	44	20
体育场地(馆)设施投入	5	0	0	27	7
体育科技支持	0	0	0	11	7
体育信息支持	6	1	0	27	13
体育目标规划	1	0	1	26	19
体育外部主体激励	0	0	0	13	5
体育法规管理	0	0	0	43	21
策略性措施	10	2	3	91	92
税收优惠	0	0	0	8	0
政府采购	0	0	0	17	0
个人需求层面满足	2	1	1	10	9
体育服务外包	0	0	0	4	0
体育交流与合作	4	1	2	11	9
合计	34	5	7	350	204

1. 市场主体

这里的"市场"主要指社会力量、私营企业、民间机构等非政府形式的组织。国家可以将部分青少年体育事务转移到社会组织，由社会组织依靠市场力量完成，这不仅能引入竞争，激发市场的活力，而且可以克服政府自身执行效率低、力量有限等问题，为青少年提供高质量的服务。

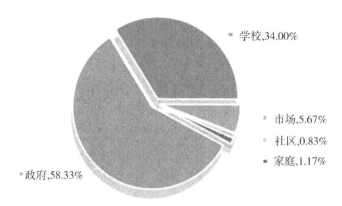

图 4-5　各主体政策工具的应用比例图

　　改革开放以来，随着市场的不断发展，党对政府与市场关系有了新的认识。1992 年召开的党的十四大对政府与市场关系有了新的定位并进行了突破性的变革，使市场在社会资源配置中逐渐发挥其基础性的作用。而这一时期大众体育广泛开展，竞技体育发展迅速，体育产业发展步伐加快，体育市场正在逐渐形成。青少年是大众体育的重点，为了实现学生每天锻炼一小时的要求，2000 年颁发的《2001—2010 年体育改革与发展纲要》开始鼓励社会兴办各种类型的青少年体育俱乐部[1]。学校要完成规定的体育课程、开展各式各样的课余训练培养青少年体育锻炼的意识，同时国家也应利用社会力量兴办各种类型的青少年体育俱乐部作为青少年体育活动的场所。在国家政策的大力支持下，市场主体的目光开始投向青少年群体。2013 年，在全面深化改革的巨浪下，市场在资源配置中发挥的作用越来越明显。党的十八届三中全会在进行经济体制改革的同时，再次调整政府和市场的关系，使市场能够在资源配置中起决定性作用，再一次提高了市场主体的地位，为其发展创造了更多的可能性。这一理念的提出顺应了我国经济发展的潮流，标志着市场化改革进入新阶段。2013 年《体育总局、教育部关于加强全国青少年校园足球工作的意见》[2]、2015 年《国

① 国家体育总局 . 2001—2010 年体育改革与发展纲要［EB/OL］. http：//www. law-lib. com/law/law_view. asp? id＝121888.

② 国家体育总局，教育部 . 体育总局、教育部关于加强全国青少年校园足球工作的意见［EB/OL］. https：//www. sport. org. cn/search/system/gfxwj/qsnty/2019/0306/214441. html.

务院办公厅关于印发中国足球改革发展总体方案的通知》①等文本中关于市场主体的条款增加，政策工具运用的种类也逐渐增多，涉及体育资金、场地设施的投入、体育人才培养等。

青少年体育的发展须有市场主体的参与，但是通过政策文本分析发现，600 个 Y 维度编码中仅有 34 个涉及市场主体，市场主体的政策工具应用比例仅为 5.67%（图 4-5），它在我国青少年体育发展中参与程度非常低，市场活力严重不足。形成这种局面的原因有：（1）青少年群体一直受到政府的高度重视，它的执行主体在很大程度上局限于政府部门和学校，很多执行措施都是政府直接下达至学校完成，关于鼓励市场主体参与青少年体育发展的相关支持与优惠政策非常少，缺少社会力量的参与，未能充分激发市场活力。（2）我国实行社会主义市场经济体制，在全面深化改革时期，如何处理好政府与市场的关系，充分发挥市场的作用，使市场在资源配置中起决定性作用和更好发挥政府作用这一目标还未实现，诸多体育事务都是政府亲力亲为，简政放权力度有待提高。

在国外，社区组织、国际组织、非营利性组织在青少年体育发展中发挥了重要作用。例如美国青少年体育政策的执行主体包括非营利性和部分企业组织。联邦政府、教育部、美国健康与公共服务部及健康、运动与营养总统委员会等政策制定主体与执行主体相互合作，组成政策网络体系，例如《健康公民 2020 年计划》是由美国卫生和社会服务部主导，同时与各地方政府、社区和民间专业组织合作开展全国性健康促进计划②。在英国青少年体育发展过程中，政府大力鼓励社会组织参与青少年体育的发展，如青少年体育信托基金组织，社会组织得到蓬勃发展。英国校外体育活动是英国青少年体育的重要组成部分，校外体育活动的组织工作由半官方机构英国体育理事会和官方机构教育部，文化、传媒与体育部，儿童、学校与家庭事务部管理与推广，同时还有社区、俱乐部与非营利性组织的共同参与③。

通过编码发现，市场主体在体育人才培养政策工具的应用体现在四个政策文本中，分别是 2007 年《竞技体育"十一五"规划》④、2015 年《国务

①　中华人民共和国中央人民政府. 国务院办公厅关于印发中国足球改革发展总体方案的通知[EB/OL]. http：//www.gov.cn/zhengce/content/2015-03/16/content_9537.htm.
②　杨成伟. 美国青少年体质健康政策的演进及执行路径研究[J]. 西南师范大学学报，2015，40(8)：158-162.
③　张康平. 英国青少年体育政策的演进及启示[J]. 体育文化导刊，2015(5)：36-39.
④　国家体育总局. 竞技体育"十一五"规划[EB/OL]. https：//www.sport.gov.cn/n4/n15285/n15286/c964192/content.html.

院办公厅关于印发中国足球改革发展总体方案的通知》①、2016 年《青少年体育"十三五"规划》②、2017 年《关于加强竞技体育后备人才培养工作的指导意见》③。这四个文件都明确指出要支持俱乐部、企业、培训机构等社会力量参与青少年运动训练、举办青少年赛事、培养青少年体育管理人才和竞技后备人才的工作。由此可见,随着社会主义市场经济体制的逐步建立,我国从 2007 年起就开始鼓励市场主体参与体育后备人才的培养工作。随着社会的发展,依托市场资源举办的各类青少年体育训练机构数量增多,以市场为主导,以民营、私企为主体投资的青少年俱乐部,社会力量兴办的各类业余训练组织发展势头强劲,特别是我国东部地区,青少年体育工作参与主体包括民营企业、事业单位,具体内容包括体育运动人才培养、体育场地(馆)设施投入、体育信息支持和策略性措施。通过企业、事业单位和社会组织力量参与青少年体育治理,积极探索市场化的治理模式不仅可以减轻政府和学校的压力,而且可以优化整个青少年体育治理体系。

在政策的激励下,随着市场主体的不断发展,目前市场也参与了体育资金投入、场地设施建设工作,如《青少年体育"十二五"规划》提到"拓宽资金投入渠道,积极引导社会力量参与青少年体育,多渠道筹集青少年体育发展资金"④;《青少年体育"十三五"规划》明确提出"鼓励社会力量参与青少年户外体育活动营地建设"。利用市场"这只看不见的手"可以激发社会力量的积极性,优胜劣汰,促进体育资源的整合优化。但是 Y 维度600 条政策编码中关于此类的政策工具非常少,市场化参与度非常低。

2. 家庭主体

家庭是社会的组成单位,它是影响每个人最直接、最深远的环境,青少年健康成长离不开家庭的教育,家庭是支持青少年参加体育运动、参与青少年体育治理的主体。家庭体育是青少年家庭教育活动的重要组成部分,在培养青少年体育锻炼意识和习惯、形成积极乐观的生活方式、促进身心健康发展、增加家庭凝聚力等方面发挥着重要的作用。目前各国都逐

① 中华人民共和国中央人民政府. 国务院办公厅关于印发中国足球改革发展总体方案的通知[EB/OL]. http://www.gov.cn/zhengce/content/2015-03/16/content_9537.htm.
② 国家体育总局. 国家体育总局关于印发《青少年体育"十三五"规划》的通知[EB/OL]. http://www.sport.gov.cn/n10503/c750118/content.html.
③ 国家体育总局. 关于加强竞技体育后备人才培养工作的指导意见[EB/OL]. https://www.sport.gov.cn/n14442/c838144/content.html.
④ 国家体育总局. 国家体育总局关于印发《青少年体育"十二五"规划》的通知[EB/OL]. http://www.hljtyj.gov.cn/system/201105/2474.html.

渐意识到解决青少年体质健康问题的根本途径是改变青少年生活方式、培养终身体育习惯。相关研究结果表明，父母对青少年体育的大力支持和广泛参与可以有效增强青少年体育锻炼动机，增加其体育锻炼行为①。由此可见，家庭主体在青少年体育发展过程中的作用非常显著，不容小觑。

由表4-10可知，家庭主体仅仅运用了体育目标规划、策略性措施、个人需求层面满足和体育交流与合作政策工具，而且这四种政策工具的应用数量也非常少，其他的政策工具处于几近缺失的状态。它的政策工具应用仅占总政策工具应用的1.17%，说明目前家庭主体在青少年体育发展过程中承担的责任非常少。

自1978年改革开放以来，青少年的身心健康发展一直备受国家关注，但当时没有引起全社会的广泛关注。2005年全国学生体质健康调查结果显示，青少年超重和肥胖人数越来越多，其速度、耐力等身体素质水平均呈继续下降趋势，青少年体质健康状况令人担忧②。这一结果引起了党中央的高度重视，胡锦涛总书记于2007年做出重要批示：增强青少年体质、促进青少年健康成长需要政府的高度重视和全社会的关心和支持。"中央七号文件"从多个方面重视青少年体育健康工作，如加强党的领导，倡导家长树立"健康第一"的理念，树立正确的教育观、体育观，重视培养青少年体育运动的意识，鼓励家长和青少年一起参加体育活动，形成全社会支持青少年体育工作的合力。之后在2007年《中共中央、国务院关于加强青少年体育增强青少年体质的意见》中提出加强家庭和社区的青少年体育活动，形成学校、家庭和社区的合力③。2011年《国务院关于印发全民健身计划（2011—2015年）的通知》要求建立和完善学校、社区、家庭相结合的青少年体育网络和联动机制。2016年《国务院办公厅关于强化学校体育促进学生身心健康全面发展的意见》再次提出"家长要支持学生参加各种体育锻炼活动，各中学和小学要合理安排一些家庭体育作业"，社区要为学生体育活动创造便利条件，逐步形成家庭、学校、社区联动，共同指导学生体育锻炼的机制④。2018年的《青少年体育活动促进计划》鼓励家长

---

① 高岩，王先亮．父母支持、同伴友谊质量对青少年运动动机与投入影响［J］．天津体育学院学报，2015，30（6）：480-486.
② 杨贵仁．中央7号文件实施5周年的回顾与展望［J］．首都体育学院学报，2012，24（3）：196-199.
③ 于素梅．从一体化谈家、校、社联合的困境及突破［J］．中国学校体育，2020，39（7）：13-15.
④ 杨成伟．美国青少年体质健康政策的演进及执行路径研究［J］．西南师范大学学报，2015，40（8）：158-162.

积极参与青少年体育文化活动，培养家庭体育文化，营造体育锻炼氛围。2021 年《教育部办公厅关于进一步加强中小学生体质健康管理工作的通知》强调各校要健全家校沟通机制，及时将学生的体质健康测试结果和健康体检结果反馈家长，形成家校协同育人合力①。2006 年至 2021 年，国家从政策层面引导家长积极参与青少年体育活动、树立正确的体育观，这对青少年体育的发展有一定的促进作用。

家庭主体关于体育交流与合作政策工具体现在以下 1 个政策文本中：2009 年《全民健身条例》的第二十三条，即基层文化体育组织、学校、家庭应当加强合作，支持和引导学生参加校外体育活动。

从政策编码可以看出，虽然 2007 年"中央七号文件"就提到要重视家庭体育的教育，但是总体上支持家庭体育的政策比较少，政策中既没有规定父母对学生体育锻炼有监护的职责，也没有规定父母要参与对学生在校期间的体育活动进行适当的监督，参与学生体质健康的评估。总之从家庭主体角度提出具体可操作性的实际措施少之又少。在我国应试教育背景下，为了升学考试家长过分关注学生的文化课成绩，大多数家庭体育锻炼意识非常薄弱，青少年体育活动并未引起家长的高度重视，青少年体质健康问题一直没有得到根本解决。因此改革开放以来，虽说我国经济水平有很大程度的提升，然而目前家庭主体在青少体育发展过程中发挥的作用微乎其微，其监督作用有待提高。

3. 政府主体

图 4-5 表明，政府在青少年体育治理主体中处于非常强势的地位，占 58.33%。从计划经济向社会主义市场经济过渡过程中，政府从直接行政管理转变为通过法律、规划等手段的宏观管理，但是政府的职能没有发生根本性的变化。青少年体育人才培养任务主要由政府和学校包揽所有工作，虽然取得了一些成效，但是其规模受限，效益较低，社会化参与程度低，依旧存在"招生难、升学难、就业难"等问题。转变青少年体育后备人才培养模式，拓宽青少年体育人才培养渠道，构建较为完善的人才培养体系迫在眉睫。

政府基本上提供了青少年体育发展所需要的资金、体育场地(馆)设施，在一定时期内给青少年体育的发展提供了条件，但是长期以来给政府

---

① 中华人民共和国教育部. 教育部办公厅关于进一步加强中小学生体质健康管理工作的通知[EB/OL]. http：//www. moe. gov. cn/srcsite/A17/moe_943/moe_947/202104/t20210425_528082. html.

增加了很多负担。我国是社会主义国家，在改革与发展过程中，政府也需要转变职能、简政放权，增加社会参与渠道。体育资金的筹集和体育场地的供给工作不能完全依赖政府，市场、社区等主体也可以参与其中。未来青少年体育资金的筹集方式和体育场地建设方式必将多元化，如积极引导社会力量进行捐助，利用体育彩票公益金，拓宽社会各种资源进入青少年体育领域。

　　政府采购的影响范围比较广泛，政府遵循市场基本原则是最有效地满足社会公共需求的重要途径①，可以减少青少年体育发展的障碍，拉动青少年体育的发展。从文本分析结果来看，76 个政策文本中有 13 个提到政府体育采购政策工具，分别是：2011 年《青少年体育"十二五"规划》提到"建立专项资助和服务购买制度，探索建立政府购买青少年体育服务制度"②；2015 年《国务院办公厅关于印发中国足球改革发展总体方案的通知》讲到"按照管办分离和非营利性原则，通过委托授权、购买服务等方式，招标选择专业的社会组织或企业负责管理运营公共足球场"③；2016 年《国务院办公厅关于强化学校体育促进学生身心健康全面发展的意见》提到"完善政策措施，采取政府购买体育服务等方式，逐步建立社会力量支持学校体育发展的长效机制"④；2016 年《青少年体育"十三五"规划》提到"对于面向青少年的活动场馆和健身设施，政府以购买服务方式予以支持"⑤；2017 年《关于加强竞技体育后备人才培养工作的指导意见》提到"鼓励通过委托授权、购买服务等方式，将适合由社会组织提供的公共服务项目交由社会力量承担"⑥；2018 年教育部办公厅《全国青少年校园足球改革试验区基本要求（试行）》和《全国青少年校园足球试点县（区）基本要求（试行）》的通知提到"通过政府购买服务方式，鼓励支持社会力量参

① 余晓绘．"融治理"背景下推进政府购买社会服务的困境及对策[J]．经济研究导刊，2022，521（27）：98-100．
② 国家体育总局．国家体育总局关于印发《青少年体育"十二五"规划》的通知[EB/OL]．http：//www.hljtyj.gov.cn/system/201105/2474.html．
③ 中华人民共和国中央人民政府．国务院办公厅关于印发中国足球改革发展总体方案的通知[EB/OL]．http：//www.gov.cn/zhengce/content/2015-03/16/content_9537.htm．
④ 国务院办公厅．国务院办公厅关于强化学校体育促进学生身心健康全面发展的意见[EB/OL]．http：//www.gov.cn/zhengce/content/2016-05/06/content_5070778.htm．
⑤ 国家体育总局．国家体育总局关于印发《青少年体育"十三五"规划》的通知[EB/OL]．http：//www.sport.gov.cn/n10503/c750118/content.html．
⑥ 国家体育总局，教育部．关于加强竞技体育后备人才培养工作的指导意见[EB/OL]．https：//www.sport.org.cn/search/system/gfxwj/qsnty/2018/1115/193581.html．

与校园足球'满天星'训练营的组织运营"①；2018 年《青少年体育活动促进计划》提到"各地应采取政府购买服务等方式，充分调动社会力量的积极性，举办多种形式的青少年运动技能培训""各级体育、教育部门应进一步创新机制，鼓励通过政府购买服务、政府和社会资本合作（PPP）等方式，引导社会力量积极参与青少年体育活动"②；2019 年《体育强国建设纲要》提到"加大政府向社会力量购买公共体育服务的力度"③；《促进全民健身和体育消费推动体育产业高质量发展意见》提到"通过政府购买服务等方式，引进专业教练员、退役运动员、体育培训机构等为学校体育课外训练和竞赛提供指导"④；2020 年《促进和规范社会体育俱乐部发展意见》提到"各级体育部门要通过购买服务、资金补贴等方式引导鼓励社会力量举办面向社会体育俱乐部的赛事活动"⑤；《全国青少年校园足球八大体系建设行动计划》提到"完善校园足球事业发展的多元化投入机制，鼓励各地通过政府购买服务等多种方式加大支持校园足球发展的力度"⑥；《深化体教融合 促进青少年健康发展意见》提到"通过政府购买服务等形式支持社会力量进入学校，丰富学校体育活动，加强青少年学生军训""通过政府向社会体育组织购买服务的方式，为缺少体育师资的中小学校提供体育教学和教练服务"⑦；2021 年《"十四五"体育发展规划》提出"完

① 中华人民共和国教育部.关于印发《全国青少年校园足球改革试验区基本要求（试行）》和《全国青少年校园足球试点县（区）基本要求（试行）》的通知［EB/OL］. http：//www. moe. gov. cn/srcsite/A17/moe_938/s3273/201808/t20180829_346499. html.
② 国家体育总局青少年体育司.体育总局 教育部 中央文明办 发展改革委 民政部 财政部 共青团中央关于印发《青少年体育活动促进计划》的通知［EB/OL］. https：//www. sport. gov. cn/qss/n5015/c844024/content. html.
③ 中华人民共和国中央人民政府.国务院办公厅关于印发体育强国建设纲要的通知［EB/OL］. http：//www. gov. cn/zhengce/content/2019-09/02/content_5426485. htm.
④ 中华人民共和国中央人民政府.国务院办公厅关于促进全民健身和体育消费推动体育产业高质量发展的意见［EB/OL］. https：//www. sport. gov. cn/whzx/n5590/c929645/content. html.
⑤ 体育总局，教育部，公安部，民政部，人力资源和社会保障部、卫生健康委，应急部，市场监管总局.关于促进和规范社会体育俱乐部发展的意见［EB/OL］. https：//www. sport. org. cn/search/system/gfxwj/other/2020/0630/334371. html.
⑥ 中华人民共和国中央人民政府.教育部等七部门关于印发《全国青少年校园足球八大体系建设行动计划》的通知［EB/OL］. http：//www. gov. cn/zhengce/zhengceku/2020-09-27/content_5547544. htm.
⑦ 中华人民共和国中央人民政府.体育总局、教育部关于印发深化体教融合 促进青少年健康发展意见的通知［EB/OL］. http：//www. gov. cn/zhengce/zhengceku/2020-09-21/content_5545112. htm.

善政府购买服务机制，加大政府向社会力量购买体育公共服务的力度"①。2008 年北京奥运会成功举办标志着我国向体育强国迈进，青少年公共服务的构建是其重要的内容，而政府购买青少年公共服务是青少年公共服务的重要部分。随着改革的深化，政府意识到单一的青少年体育公共服务供给主体有很大的局限性，青少年体育发展需要市场的参与，因此，在 2011 年之后，政府开始运用政府采购政策工具购买青少年公共服务。它是推进政府职能转变、促进行政制度转型、创新社会治理机制的一种方式，也是推进国家治理体系和治理能力现代化的重要手段。

青少年体育服务外包政策工具使用较少，表明政府对企业、民间机构的扶植力度非常薄弱，政府的青少年体育工作任务和难度加大。然而国外这方面的实例很多，例如澳大利亚采用体育服务外包政策工具促进青少年体育的发展②。其中政府和第三方机构合作，不仅提供长期的校内外青少年体质健康监测服务，而且它们共同制定体育课程标准与体育教师职业标准等。他们不仅在学校、家长和学生的配合下定期对学生体质状况进行监测，而且第三方机构成立科研组对校外体育服务外包质量进行测评，并根据结果制定新的测试标准。由于第三方合作机构专业化程度非常高，因此，澳大利亚州政府和学校对其的专业程度相当信赖。

4. 学校主体

由于青少年体育发展的独特性，青少年体育的基础和重点是学校体育，它是促进青少年全面发展必不可少的最直接的一种手段，学校也是青少年体育治理的主体之一。我国的青少年群体绝大部分是在校学生，他们的活动范围主要在学校，青少年体育发展与学校主体行为联系密切，学校不仅承担青少年身心健康发展的重要任务，还要培养其终身体育意识，促进个人和社会的共同进步，而且学校体育具有强制性和义务性，青少年在校期间接受的体育教育尽量要达到《国家体育锻炼标准》，保证每天"青少年体育锻炼一小时"。这些说明学校是促进青少年身心健康发展的重要场所。

总体来讲，从政策文本编码结果来看，学校主体应用的政策工具占总政策工具的 34%，涉及 11 种政策工具，主要包括策略性措施、体育法规管理、体育人才培养和体育目标规划等政策工具。在我国青少年体育发展

---

① 国家体育总局. 体育总局关于印发《"十四五"体育发展规划》的通知[EB/OL]. http://www.sport.gov.cn/n315/n20001395/c23655706/content.html.

② 王健，王涛，董国勇，等. 美国、澳大利亚学校体育外包的实践及经验启示[J]. 北京体育大学学报，2015，10(38)：83-89.

过程中，学校是体育人才培养的主阵地，国家的很多具体措施是直接下达学校去执行，因此学校主体的策略性措施、体育人才培养和体育目标规划政策工具应用较为频繁，这也充分说明学校是青少年体育政策实施主体之一。然而青少年体育不仅仅是学校的工作，也是全社会的责任。在国家出台的政策中，有很多法规管理政策工具是由学校去执行完成的，包括课堂教学、课外活动指导与实践等，例如《中华人民共和国体育法》第十八条规定学校必须开设体育课，并把体育课作为考核学生学业成绩的科目之一①。

学校体育的主流思想并非一成不变，改革开放之后，中国国门对外打开，国外先进的体育思想传入我国，受日本学校体育思想的影响，快乐体育、终身体育的思想在我国掀起了热潮。到了 1990 年代后期，"健康第一"的思想成为主流，如 1999 年《中共中央国务院关于深化教育改革全面推进素质教育的决定》明确提出树立"健康第一"的指导思想②。在"以人为本"的思想理念下，"健康第一"的思想深入人心，充分体现了"以学生为本位"的体育观。这与学校主体运用个人需求层面满足政策工具相契合，600 个 Y 维度编码中有 9 条关于学校主体运用此政策工具，具体内容包括根据学生自身条件和发展需求安排体育课程；对学生体质健康达标和优秀的学生给予不同程度的奖励；对中、小学生每天达到体育锻炼一小时活动给予表彰和奖励。学校主体运用个人需求层面满足政策工具可以激发学生参与体育活动的积极性和主动性，培养终身体育锻炼的意识。

学校主体应用体育交流与合作政策工具时，合作主体涉及政府、市场等，合作内容包括青少年体育赛事的举办、青少年运动技能的训练、青少年课外活动的开展等。如 2016 年《体育产业发展"十三五"规划》就讲到学校要与专业体育培训机构进行合作，培养青少年运动技能，举办青少年课外体育锻炼活动③。但是进一步分析发现，学校与其他主体的交流与合作能力还需进一步提高，特别是缺乏运用学校与家庭、社区的体育交流与合作政策工具，同时学校和专业体育机构合作的内容还需扩展，例如青少年

---

① 全国人民代表大会. 中华人民共和国体育法［EB/OL］. http：//www. moe. gov. cn/s78/A17/twys_left/moe_938/s6614/s6615/201207/t20120706_138901. html.

② 中共中央国务院. 中共中央国务院关于深化教育改革全面推进素质教育的决定［EB/OL］. http：//old. moe. gov. cn/publicfiles/business/htmlfiles/moe/moe _ 177/200407/2478. html.

③ 国家体育总局. 体育产业发展"十三五"规划［EB/OL］. https：//www. sport. gov. cn/n10503/c722960/content. html.

体质健康测评、教师职业能力评价等。学校主体和多个青少年体育治理主体进行深度合作和广泛交流不仅促进了青少年体育的发展，而且可以进一步完善青少年体育市场服务体系。

5. 社区主体

社区主体在青少年体育发展过程中可以发挥一定的引领作用。作为青少年课外体育活动的重要组成部分，社区不仅可以为青少年提供体育健身的场地、器材，而且可以促进家庭体育、社区体育的进一步发展。

1978 年改革开放以来我国经济发展迅速，1984 年《关于经济体制改革的决定》通过后，国家对城市经济体制进行了一系列的改革，社区体育得以迅速发展，但是当时社区体育并没有把目光投向青少年，青少年群体在社区体育领域处于被忽视的状态。2008 年北京奥运会成功举办之后，群众的体育锻炼意识增强，社区体育活动增多。在深化改革的时代背景下，近几年社区体育与学校体育相互合作的状况开始显现。通过编码发现，青少年体育政策内容中也体现了这一特征，如 2013 年《体育总局、教育部关于加强全国青少年校园足球工作的意见》提到"促进建立足球社团或者足球兴趣小组，定期举办学校与家庭、社区的足球交流活动"①；2016 年国务院办公厅《关于强化学校体育促进学生身心健康全面发展的意见》第六条提出"社区要为学生体育活动创造便利条件，逐步形成家庭、学校、社区联动，共同指导学生体育锻炼的机制"②。

由表 4-10 可知，目前社区主体仅运用了四种政策工具，即策略性措施政策工具、体育信息支持工具、体育交流与合作政策工具和个人需求层面满足工具，其他政策工具处于缺失地位，且社区主体运用的政策工具频次很低，在整个青少年体育政策文本中仅出现了 5 次。目前社区体育的参与人群主要是老年人和幼儿，青少年参与人数较少，青少年参与社区体育活动不足的可能原因为：首先，社区缺乏具体的体育管理组织和执行机构，若仅仅依赖于社区居民的体育积极性，则体育活动难以广泛开展；其次，大多数社区体育活动较为单一，开展符合青少年身心发展的体育项目较少，严重影响青少年对社区体育活动增长的需求；最后，我国社区体育指导员在数量上虽有所增加，但真正进入社区工作的人才非常少，而且一

① 国家体育总局，教育部. 体育总局、教育部关于加强全国青少年校园足球工作的意见 [EB/OL]. https://www.sport.org.cn/search/system/gfxwj/qsnty/2019/0306/214441.html.
② 中华人民共和国中央人民政府. 国务院办公厅《关于强化学校体育促进学生身心健康全面发展的意见》[EB/OL]. http://www.gov.cn/zhengce/content/2016-05/06/content_5070778.htm.

般体育指导员基础知识较差、讲解示范能力偏低，导致青少年体育活动无组织性，社会化程度低，无法达到预期的体育锻炼效果。

6. 各治理主体逐渐参与青少年体育事务

对青少年体育政策的分析单元进行编码可知，青少年体育的发展经历了由政府和学校承担所有的工作慢慢转化为政府、学校、市场、家庭和社区主体共同承担工作。市场、家庭和社区主体的参与和支持并非同步，这种变化经历了一个过程。1992 年党的十四大，政府重新定位市场的地位，使市场在社会资源配置中逐渐发挥其基础性的作用，在国家政策的大力支持下，市场主体的目光开始投向青少年群体。2013 年，党的十八届三中全会在进行经济体制改革的同时，再次调整政府和市场的关系，使市场能够在资源配置中起决定性作用，提高了市场主体的地位，政策工具运用的种类包括体育资金投入、体育场地(馆)设施投入、体育人才培养等。

青少年体育政策文本中体现家庭主体政策工具的应用源于青少年身体素质水平不断下降，肥胖人数越来越多。从政策层面引导家长积极参与青少年体育活动、树立正确的体育观对青少年体育的发展有一定的促进作用。在社区方面，1984 年《关于经济体制改革的决定》通过后，国家对城市经济体制进行了一系列的改革，社区体育得以迅速发展，但是当时社区体育并没有把目光投向青少年，青少年群体在社区体育领域处于被忽视的状态。2008 年北京奥运会成功举办之后，群众的体育锻炼意识增强，社区体育活动增多，社区体育在社区建设中的地位明显提高。在深化改革的时代背景下，近几年社区体育与学校体育相互合作的状况开始显现。

第二节　改革开放以来我国青少年体育政策文本特征分析

一、青少年体育政策文本总体特征

(一)青少年体育政策体系不够完善

完善的政策体系要求政策构成要素之间相互协调和配合，并按一定的结构组成具有政策效力的整体。青少年体育政策体系不仅需要合理运用各类政策工具，而且需要各治理主体之间的协调配合。但是，目前政策工具的选择和应用存在一定的过溢和缺失，各治理主体之间权责划分尚未明确，还未形成促进青少年体育发展的政策最大合力。

我国青少年人口基数大，体育工作任务艰巨，在1978年至2021年10月期间，关于青少年体育政策的内容非常多，各主体选择并运用了很多类型的政策工具去解决青少年体育发展中的问题，并取得了一些成效，如青少年体育制度建设不断加强和完善，青少年体育公共服务水平不断提高，青少年体育科学化水平不断提升。但是通过编码发现，我国青少年体育的发展依然面临着巨大的挑战，许多方面有待完善，包括：(1)青少年体育场地(馆)设施体系；(2)青少年体育法规管理体系；(3)青少年体育科技支持制度；(4)青少年体育公共服务标准体系；(5)青少年体育工作的监督和评估机制等。这些都表明目前青少年体育政策体系不够完善，而且其政策的具体实施缺乏一些明确、具体的操作细则，导致青少年体育政策的最大合力无法实现。

在青少年体育发展过程中需要相应的具有较高法律权威、执行力度较强的体育法律，使各大主体的政策工具运用有清晰的定位，指导和规范其政策的有效执行，从而完善青少年体育政策体系。从本书构建的政策分析框架Y维度的量化结果可知，政府和学校几乎承担着所有的青少年体育的工作，市场、社区、家庭等主体没有充分体现其所承担的职责。未来促进青少年体育的协调发展，首先要转变政府职能，破除制度的障碍，形成以政府为主导、多主体积极参与、全社会共同关注的青少年体育发展格局。但是目前从政策层面看，各治理主体权责划分不够明确，职责划分不够清晰，各治理主体选择和运用政策工具的差异性较大。青少年体育的发展要以法律制度为基准，明确各治理主体的职责，规范各治理主体的权责，从政策层面引导市场、家庭和社区的大力支持，完善青少年体育政策体系。

(二)分析单元内容存在重复现象

通过分析单元编码表可以看出，在多个政策文本的分析单元内容中出现了重复的情况，具体表现为：(1)2011年由国家体育总局颁布的《竞技体育"十二五"规划》和《体育事业发展"十二五"规划》文件中关于青少年体育目标规划内容完全一致；(2)从改革开放到21世纪，政策文本中关于青少年体育锻炼的时间一直都有明文规定，政府对青少年体育锻炼时间一直提出相同的政策口号和目标，如1990年国家教委颁发的《学校体育工作条例》规定"学校安排课外体育活动三次/每周以上，保证学生每天有一小时体育活动的时间"①；国家体育总局《2001—2010年体育改革与发展纲要》第8条"保证学生每天一小时的体育锻炼时间"②；2005年《教育部关于落实保证中小学生每天体育活动时间的意见》提出"学校要组织学生参加一小时课外体育活动"；2007年"中央七号文件"又提到"确保学生每天锻炼一小时"；2014年《国务院关于加快发展体育产业促进体育消费的若干意见》规定"确保学生校内每天体育活动时间不少于一小时"③。相同的内容不仅出现在专门性的青少年体育政策文件中，在体育产业领域的政策文件中也有其身影。

青少年体育政策文本出现了分析单元内容重复的状况，可能原因包括：（1）从体育的三大领域——竞技体育、大众体育和学校体育来看，青少年体育不仅属于学校体育的范畴，而且是竞技体育和大众体育的基础，是大众体育重点关注的对象，因此为了凸显青少年体育的重要性，在不同类型政策文本中出现了内容一致的现象；（2）这些年来从青少年体育政策制定到政策执行到政策具体实施存在一定的鸿沟，导致"学生每天锻炼一小时"的目标没有完全实现，一些学校的学生体育活动水平较低，仍然没有达到国家规定的体育锻炼标准，因此在政策文件中多次强调要保证青少年体育锻炼的时间。

二、青少年体育政策工具应用特征

（一）政策工具应用呈现多样化发展趋势

青少年体育政策工具的运用是一个连续变化的过程，从1978年初全能政府到21世纪政府对各种社会力量的鼓励与支持，政策工具日渐丰富，手段日渐多样化。《中华人民共和国体育法》是我国第一部具有较高法律权威的体育法律，它的出台标志着我国体育开始走上法制化的发展道路，因此本研究以此文件为分界点，将青少年体育政策工具的选择与应用分为两个阶段，即1978—1994年（图4-6）和1995—2021年（图4-7）。在这两个阶段中，政策工具的使用既有连续性又有突破性，从一个侧面反映了此

---

① 中华人民共和国教育部.学校体育工作条例［EB/OL］. http：//www.moe.gov.cn/srcsite/A02/s5911/moe_621/201511/t20151119_220041.html.

② 国家体育总局.2001—2010年体育改革与发展纲要［EB/OL］. http：//www.law-lib.com/law/law_view.asp？id=121888.

③ 中华人民共和国中央人民政府.国务院关于加快发展体育产业促进体育消费的若干意见［EB/OL］. http：//www.gov.cn/zhengce/content/2014-10/20/content_9152.htm.

阶段青少年体育政策的继承与变革，如体育人才培养政策工具一直受到政府的高度重视；政策工具范围得到了一定程度的扩充，随着政策的充实和完善，政策工具类型增多，例如出现了体育外部主体激励工具、政府采购工具、税收优惠政策工具，并且在第二阶段，青少年体育政策数量较多，其政策工具运用的数量也呈增加趋势（图4-8），特别是体育人才培养、体育目标规划、体育法规管理政策工具和策略性措施政策工具应用增加的幅度较大，而税收优惠政策工具、政府采购和体育服务外包政策工具的运用经历了从无到有的过程。这反映了我国青少年体育政策工具逐渐丰富、走向多样化的发展趋势。

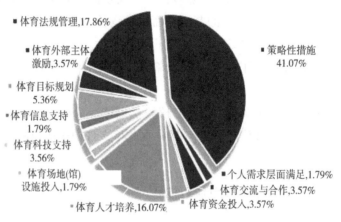

图 4-6   1978—1994 年政策工具类型分布

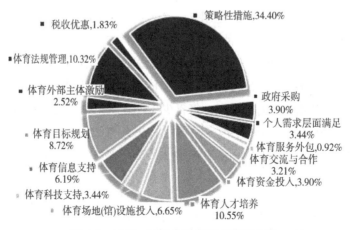

图 4-7   1995—2021 年政策工具类型分布

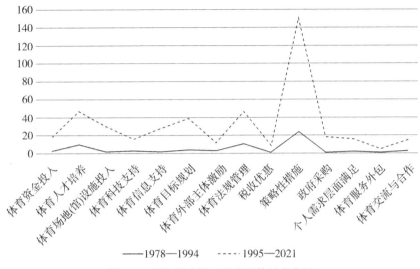

图 4-8 两阶段政策工具应用数量变化图

(二)政策工具应用有一定的偏向性

在一定时期内,青少年体育政策工具的选择反映了青少年体育政策工具的价值取向和制度理性,它的应用不仅需要从政策工具本身的属性、政策目标以及政策实施效果出发,更需要结合青少年体育发展的时代背景和青少年体育领域的特点,切实提高青少年体育政策工具的实际效益。

供给型政策工具、环境型政策工具和需求型政策工具对青少年体育的发展有不同的影响和作用,其中某一政策工具运用过多或过少,都不利于青少年体育的协调发展。总体看,在供给型、环境型和需求型三大政策工具中,青少年体育政策偏向应用供给型政策工具(30.28%)和环境型政策工具(57.32%),需求型政策工具应用较少(12.40%)。供给型政策工具应用适中,内部要素比较协调,均衡发展。环境型政策工具应用过溢,其中策略性措施政策工具应用频率最高,而体育外部主体激励、体育法规管理政策工具和税收优惠政策工具比例应用不足,它们的作用没有得到充分发挥。目前需求型政策工具尚未引起重点关注,个人需求层面满足政策工具和体育交流与合作政策工具数量适中,政府采购政策工具应用偏少,体育服务外包政策工具增幅较小。

第三节 青少年体育政策工具的问题与建议

一、青少年体育政策工具的主要问题

(一)X 维度——基本政策工具的应用存在一定程度的过溢与缺失现象

在青少年体育政策中,供给型、环境型和需求型三大青少年体育政策工具应用存在一定程度的过溢与偏低现象。供给型政策工具应用适中,内部要素比较均衡。环境型政策工具应用过溢,其中策略性措施政策工具应用频率最高,而体育法规管理政策工具应用不足,其作用没有得到充分发挥。目前需求型政策工具所占比例小,尚未引起重点关注,处于弱势地位,体育服务外包政策工具、税收优惠政策工具和政府采购政策工具的应用处于起步阶段,政府购买能力有待提高。

(二)Y 维度——青少年体育治理主体的政策工具运用存在不合理性

改革开放之初,我国青少年体育的发展完成依赖于政府和学校主体,青少年体育发展不尽如人意。到了 21 世纪,教育理念发生了极大的转变,终身学习的教育观念成为全球的共识,教育改革引起了世界各国的重视,包括改革学校体育发展模式。受国外教育改革的影响,我国教育工作者也开始对学校体育进行改革,要求改变传统的学校体育发展模式,使社会各主体共同关注青少年身心健康发展。2016 年国家体育总局印发《青少年体育"十三五"规划》、2019 年国务院印发《体育强国建设纲要》、2021 年国家体育总局印发《"十四五"体育发展规划》均强调体育治理要具备整体性思维,坚持以人为本、改革创新、依法治体、协同联动的指导思想,形成更加明晰和完善的政府主导、部门协同、全社会共同参与的青少年体育发展格局。但是通过对政策文本进行编码发现,目前由政府、学校和市场共同承担培养青少年体育人才的重大任务,其中政府所占的份额最大,承担着过多的工作,其次是学校主体,而同等重要的市场主体承担的内容比较少,各治理主体政策工具应用缺乏合理性。学校主体的政策工具应用相对比较合理,应用的工具种类比较全面,但在和家庭、社区的交流与合作方面可以适当增多,为它们提供更多优质的资源和服务。政策文本中涉及家庭主体的内容非常少,仅包括体育目标规划、策略性措施、个人需求层面

满足、体育交流与合作政策工具，比较重要的体育资金投入、体育人才培养政策工具都没有体现。社区主体出现在青少年体育政策文本中的身影更少，只在策略性措施政策工具中出现过两次，在体育信息支持、个人需求层面满足、体育交流与合作政策工具中出现一次，体育场地(馆)设施投入、体育人才培养、体育目标规划等政策工具从未出现。市场主体的潜力巨大，但是政策引导它参与青少年体育活动的方面偏少，集中在体育人才培养方面，体育场地(馆)设施、资金投入、体育科技、信息支持等方面都可以有市场的身影。

总之，虽然目前有些政策文本提到学校、家庭、社区和市场主体要积极参与青少年体育活动，但是各主体间权责划分不明确，政府、学校、家庭、社区和市场之间的联动机制尚未形成。

二、青少年体育政策工具的建议启示

(一)完善青少年体育政策工具，协调各政策工具的应用比例

在青少年体育政策中，如果各类政策工具应用比例协调，能发挥其最大化的作用，那么政策工具的整体效应将不断提高，能够为青少年体育的发展保驾护航。根据各政策工具应用比例图，青少年体育的供给型政策工具、环境型政策工具和需求型政策工具运用有一定的差异。出现这样的情况，可能原因是：政府对青少年体育的发展一直非常重视，但是在其发展过程中，青少年体育还是存在诸多问题，政府为了满足当前的需求，解决当前的问题，急于运用环境型政策工具去创造良好的政策环境。政府在应用环境型政策工具取得一些成就后，更是将其作为制定青少年体育政策的首选，对它形成了一种依赖。

在供给型政策工具中，体育资金投入、体育场地(馆)设施投入、体育人才培养、体育信息支持等政策工具应用比例较为协调，其中体育人才培养政策工具应用数量稍多。本研究将体育人才培养政策工具界定为"培养青少年体育人才以及体育老师、社会指导人员、教练员等"，然而目前体育师资力量还比较薄弱、社会体育指导员专业化程度低、青少年竞技体育后备人才的竞技水平需不断提高。从实际情况考虑，在政策层面对此政策工具应用有所倾斜非常合理，但是目前体育科研资助的对象集中在高校和相关的科研单位。对企业关注度低，体育科技支持政策工具运用稍显不足，导致体育科技成果不能满足青少年体育实践的需要，如科学的运动出发和健身方案等。总体看，供给型政策工具应用比较合理。

在环境型政策工具应用中，各政策工具应用比例严重失衡，其协同力度较低。最明显的是过度采用策略性措施政策工具，反而不利于青少年体育的协调发展，适当降低策略性措施政策工具运用的频率，并且将其落实到具体的操作层面，有利于实现其政策目标。体育法规管理政策工具应用简单、直接，执行力度较强，而且能够明确划分各主体的权责，但是目前此政策工具应用缺乏，各主体间的协调配合力度较低，适当增加体育法规管理政策工具，可以增强青少年体育政策的法制化建设。

在需求型政策工具中，税收优惠政策工具、政府采购和体育服务外包政策工具经历了从无到有的过程。这三种政策工具的应用可以引导非政府组织参与青少年体育事务，鼓励各社会、民间组织积极投身于青少年体育市场，有效缓解在青少年体育发展过程中的资金投入不足问题。但是目前这三种政策工具数量较低，反映了需求型政策工具的应用在一定程度上需要完善。

税收优惠政策工具本身具有一定的属性，它是政府补贴的一种形式，可行性高、操作性强，但是它的确立必须经过各种法律程序，决策周期非常长，税收优惠力度较难把控，而且增加税收遭遇的阻碍较大，因此目前此政策工具的应用数量非常少，优惠辐射面比较狭窄。但是此政策工具可以激发青少年市场活力，因此可以适当扩大优惠范围，完善青少年体育的税收优惠政策体制。

政府采购政策工具具有较大的影响力，在492条政策编码中，只有17条是此方面的内容，政府采购政策工具运用还不成熟，政府采购的范围不够明晰，政府采购的目录还需细化，此政策工具的运用还需不断加强。

目前青少年体育市场化程度非常低，其体育服务外包政策工具刚刚起步。青少年体育工作内容非常多，包括体质监测任务、体育师资培训、体育教学监督与评价等，这些工作仅仅依靠政府主体完成非常困难，政府可以尝试加强应用青少年体育服务外包政策工具，将相关工作外包给企业或民间机构，这样不仅能促进企业和民间机构对青少年体育的重视，而且可以减轻政府在财政、人员等方面的压力，促进政府与非政府组织、民间机构等多种主体的互动与合作，加大政府体育购买力度，支持青少年体育发展，引导社会资本的参与，进一步完善青少年体育公共服务体系。

(二)探讨多元化发展策略，构建青少年体育多元治理模式

我国人口基数大，青少年人口总量非常大，青少年体育事业任务艰

巨，青少年体育政策执行效果不理想，通过对政策文本进行编码后我们发现：（1）各政策工具应用存在不合理性，其政策制定的前瞻性和科学性较差，政策的出台基本以"问题推动型"为主，导致青少年体育难以获得稳定有序的发展；（2）各主体权责划分明晰的政策较少，各部门协调配合力度差，青少年体育形成"只有齐抓，而无共管"的局面；（3）在我国应试教育背景下，学校、教师和家长的利益诉求更多是青少年的文化课成绩和升学率，因此学校在体育政策执行过程中难免会大打折扣。

为了促进青少年体育协调发展，从管理向治理现代化方式转变，需要多方主体的支持与参与，不仅需要政府和学校的力量，更需要家庭、社区和市场的广泛关注和积极参与，激发社会各个主体参与青少年体育活动的积极性和主动性，促进政府、学校、家庭、社区和市场的协同。首先，政府需要简政放权，把部分"办"的职能交给其他主体，但是要做的工作有很多，本研究列举三点：其一，提供资金支持，重点关注经济欠发达城市和农村地区，资金支持的对象不仅包括公办事业单位，而且要辐射到企业、民间机构等非政府形式的组织。其二，继续增加体育场地设施的投入，尽量满足青少年体育锻炼的需要。其三，重视政府采购政策工具，在青少年体育发展过程中处理好政府和市场的关系，具体表现为：（1）政府部门要引入市场竞争，避免政府部门对青少年体育服务供给的垄断；（2）鼓励政府部门节约资金和成本；（3）充分利用企业、私人机构等非政府组织为青少年提供优质的公共服务。

学校承担着青少年健康成长的重责，它的工作包括体育人才培养、体育信息支持、体育外部主体激励、体育交流与合作等。例如政策中关于学校与家庭的体育交流与合作仅存在体育赛事层面，然而双方还有很多方面需要合作：一是学校可以为家庭提供体育场地设施、体育师资力量等资源，提高家庭整体的体育锻炼意识和锻炼水平，使家长和青少年共同参与体育活动，促进校外青少年体育的长远发展。二是学校运用多种方式对家长宣传健康有益的体育知识，例如组织"亲子运动会"、布置"家庭体育作业"，改变家长对体育一贯的看法，从而支持和监督青少年进行体育锻炼活动。

市场主体有很大的潜力，它既可以为青少年体育发展提供资金、场地设施，还可以培养青少年体育人才。但是由于现在政府和市场的关系不协调，专业化、高标准的社会机构难以形成，能为政府提供优质的青少年体育公共服务资源的机构比较少。为了促进青少年体育良性发展，未来市场主体与学校、家庭和社区会有一些交集，例如专业化程度高的社会组织可以运用体育服务外包政策工具承担青少年体质监测和评估工作，提高青少年业余体育训练专业化水平，为社区体育活动的举办提供专业的人员和优质的服务①。

政府和市场主体对青少年体育公共服务进行供给可能会存在双方失灵、资源供给不足的状况，然而社区主体是政府和市场的结合体，它的参与可以提供丰富的社会资源，弥补政府和市场主体的不足。社区主体的工作包括：(1)建立青少年体育社区服务站，并成立青少年社区体育专项资金为青少年体育服务；(2)重视体育活动的宣传工作，如通过制作视频宣传锻炼方法、普及体育知识，让青少年重视身体健康，从根本上调动青少年锻炼的积极性；(3)参与体育场地设施投入工作，增加适当数量的符合青少年身心发展的器材，增强学生主动参加社区体育活动的欲望；(4)在有人力、财力和场地支持的情况下，适当组织一些适合青少年体育锻炼的活动，增加青少年对社区体育的了解和参与。

家庭是青少年接受教育的另一个重要主体，青少年既是学校体育活动的主体，也是家庭体育活动的主体，因此在青少年体育发展过程中要发挥家庭的作用。家庭必须转变观念，树立正确的体育价值观，重视家庭与学校、社区之间的联系，正确对待家庭体育与学校体育、社区体育的关系，监督并帮助青少年完成"家庭体育作业"。

青少年作为体育活动的实施对象，必须加强体育锻炼，树立终身体育的意识，养成积极健康的生活方式，提高体育活动参与的数量与质量。

青少年体育发展需要政府、学校、家庭、社区和市场五大主体相互分工和合作，本研究构建青少年体育多元治理模式如图4-9所示。

青少年体育的协调发展需要多方主体的共同努力，市场、社区和家庭主体并不是一开始就参与青少年体育事务，随着社会的进步和发展，我国社会制度的完善，教育观念的改变以及青少年体育治理现代化的时代要求，这些主体开始逐步参与青少年体育事务，但是目前政府、学校、家庭、社区和市场之间的分工和合作能力有待加强。

如图4-9所示，本书构建的青少年体育多元治理模式包括政府、学校、家庭、社区和市场五大主体。各大主体未来应该运用的政策工具包括实线线条和虚线线条两个部分。图中实线线条指向的政策工具表示各主体目前正在积极参与的部分，虚线线条指向的政策工具表示各主体还未涉及

---

① 徐艳梅. 政策工具视角下我国青少年体育政策文本分析[J]. 运动精品，2021，40(12)：67-70，73.

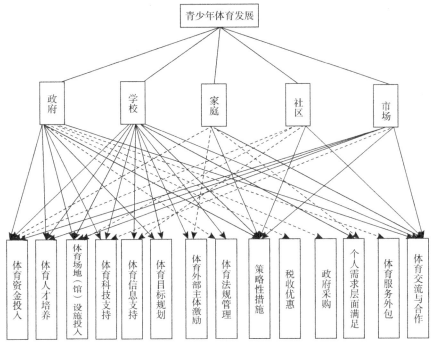

图 4-9　青少年体育多元治理模式

的部分或者关注度有待提高的部分。政府在青少年体育发展过程中起主导作用，其政策工具的运用，包括体育资金投入、体育人才培养、体育场地（馆）设施投入、体育科技支持、体育目标规划、体育法规管理、策略性措施、税收优惠、政府采购、体育服务外包、体育交流与合作 11 种政策工具；学校是促进青少年身心健康发展的重要场所，学校主体政策工具的运用，包括体育资金投入、体育人才培养、体育场地（馆）设施投入、体育信息支持、体育目标规划、体育外部主体激励、体育法规管理、策略性措施、个人需求层面满足、体育交流与合作 10 种政策工具；家庭是青少年接受教育的另一主体，家庭主体政策工具的运用，包括体育资金投入、体育外部主体激励、策略性措施、个人需求层面满足、体育交流与合作 5 种政策工具；社区可以为青少年体育提供良好的发展环境，社区主体政策工具的运用，包括体育资金投入、体育场地（馆）设施投入、体育信息支持、策略性措施、体育交流与合作 5 种政策工具；市场是青少年体育参与的重要主体，市场主体的政策工具运用，包括体育资金投入、体育人才培养、体育场地（馆）设施投入、体育科技支持、策略性措施、体育交流与合作6种政策工具。

总体来看，政府、学校、家庭、社区和市场五大主体相互协作、相互制约、均衡发展。未来青少年体育发展趋势为：以法律为保障手段，充分发挥政府的主导作用，以市场体系为调控界面，以学校体育为主体，加大市场、家庭和社区等主体参与的力度，协调政府、学校、家庭、社区和市场主体的关系，建立各大主体间的协调互动模式，多层次、全方位地促进青少年身心健康全面发展。

本 章 小 结

本章对改革开放以来76份青少年体育政策文本进行定量和定性研究。从基本政策工具维度和青少年体育治理主体维度构建青少年体育政策分析框架，再对选定的政策文本进行编码，将其归入构建的分析框架之中，进行频数统计和量化分析，描述我国青少年体育政策工具应用情况，总结我国青少年体育政策文本的两大特点：（1）政策体系不够完善；（2）分析单元内容存在重复现象。青少年体育政策工具应用的特点表现为：（1）政策工具应用呈现多样化发展趋势；（2）政策工具应用有一定的偏向性。研究结论为：（1）各政策工具应用存在一定程度的过溢与缺失现象；（2）各治理主体政策工具运用存在不合理性。

第五章　我国青少年体育政策未来定位与治理策略

本章将借鉴美国经验，结合我国青少年体育发展的社会背景和教育要求，对我国青少年体育政策发展的价值取向、具体目标和内容框架进行定位，并针对当前我国青少年体育政策治理困境，提出我国青少年体育政策治理优化策略。

第一节　我国青少年体育政策的未来定位

一、未来我国青少年体育政策的价值取向

2019 年，党中央、国务院发布《"健康中国 2030"规划纲要》，提出了健康中国建设的目标和任务，推动从"以治病为中心"向"以人民健康为中心"的方向转变。强调实施全民健身行动，为不同人群提供富有针对性的运动健身方案或运动指导服务，实施中小学健康促进行动，动员家庭、学校和社会共同维护中小学生身心健康①。同年，国务院办公厅印发《体育强国建设纲要》，强调推进体育强国建设要具备整体性思维，坚持以人为本、改革创新、依法治体、协同联动的指导思想，持续提升体育发展的质量和效益，大力推动全民健身与全民健康深度融合，将提高青少年身体素养和养成健康生活方式作为学校体育教育的重要内容②，把学生体质健康水平纳入政府、教育行政部门、学校的考核体系，全面实施青少年体育活

---

① 中华人民共和国中央人民政府. 中共中央 国务院印发《"健康中国 2030"规划纲要》[EB/OL]. http://www.gov.cn/xinwen/2016-10/25/content_5124174.htm.
② 中华人民共和国中央人民政府. 国务院办公厅关于印发体育强国建设纲要的通知[EB/OL]. http://www.gov.cn/zhengce/content/2019-09/02/content_5426485.htm.

动促进计划①。2020 年,《深化体教融合 促进青少年健康发展意见》《关于全面加强和改进新时代学校体育工作的意见》相继出台,强调青少年健康促进要充分发挥党委领导和政府主导作用,坚持"健康第一"的教育理念,根据"一体化设计、一体化推进"的原则,营造积极的青少年体育发展环境②③。2021 年,体育总局印发的《"十四五"体育发展规划》指出:青少年健康发展是体育治理现代化、体育强国建设的重要组成部分,体育发展要坚持前瞻性思考、全局性谋划、战略性布局、整体性推进,到2030 年,体育整体发展质量和效益显著提升,形成政府主导有力、社会充满活力、市场规范有序、人民积极参与、与基本实现社会主义现代化相适应的体育发展新格局。青少年体育发展进入新阶段,健康第一的理念深入人心,体教融合取得进一步发展,大部分青少年能够掌握 1~2 项运动技能,增加学生进行体育活动的广度和深度,鼓励青少年通过体育活动促进身心健康④。

从新时期我国青少年体育发展重点以及《"十四五"体育发展规划》可以看出,国家对青少年体质健康重视程度进一步提升,青少年体育政策在与上一阶段的步调保持一致的同时,更加注重整体性,政策体系趋向全面、系统、标准化。政府通过建立多方向、多渠道制度体系以发挥社会力量和个人在青少年健康促进上的自主性和创造性,"政府-社会-市场协同、家庭-学校-社区联动"的青少年体育治理模式逐渐被提出,呈现出多元治理趋势。因此,新时期我国青少年体育政策价值取向倾向于"健康第一、全面育人"。

二、未来我国青少年体育政策的发展目标

"十四五"时期,国家将进一步强化体育工作一盘棋思想,通过建立"横向协同、纵向联动"的体育大协同机制,实现中央与地方、部门与部

---

① 毛振明,叶玲,丁天翠,等."三精准"视域下新时代学校体育大面积大幅度提升学生体质干预策略研究[J].天津体育学院学报,2022,37(2):125-130.

② 中华人民共和国中央人民政府.体育总局 教育部关于印发深化体教融合 促进青少年健康发展意见的通知[EB/OL].http://www.gov.cn/zhengce/zhengceku/2020-09/21/content_5545112.htm.

③ 中华人民共和国教育部.中共中央办公厅国务院办公厅印发《关于全面加强和改进新时代学校体育工作的意见》[EB/OL].http://www.moe.gov.cn/s78/A01/s4561/jgfwzx_zcwj/202010/t20201019_495583.html.

④ 国家体育总局.体育总局关于印发《"十四五"体育发展规划》的通知[EB/OL].http://www.sport.gov.cn/n315/n20001395/c23655706/content.html.

门及政府与社会、市场、学校、社区、家庭协同发力，形成政府主导有力、部门协作顺畅，社会活力进一步增强的青少年体育工作新局面，构建全方位、多层次、立体化青少年体育发展新格局。

——青少年体育活动蓬勃开展。学校作为青少年体育活动的主要场域，以学校体育为引领，全面深化体教融合，进一步强化教学改革。改善学校办学条件，开齐开足上好体育课，加强学校体育课程和体育教材体系建设①。在各级学校开展丰富多彩的课余训练、竞赛活动，进一步扩大校内、校际青少年体育比赛覆盖面和参与度②。政府通过购买社会服务及加强社会公益力量进校园等形式支持社会力量参与学校体育，丰富学校体育活动③。

——青少年体育与健康素养不断提高。严格落实《青少年体育活动促进计划》，首先依托各级学校，聚焦"教会、勤练、常赛"，逐步完善"健康知识+基本运动技能+专项运动技能"学校体育教学模式，让每位学生掌握1~2项运动技能④。其次合理安排学生校内、校外体育活动时间，着力保障学生每天体育活动时间。最后通过体育与健康课程、大课间、课外体育锻炼、体育竞赛、班团队活动、家校社协同联动等多种形式加强教育引导，优化青少年体育活动氛围。

——青少年体育组织发展壮大。探讨"政府-社会-市场协同、家庭-学校-社区联动"促进模式，完善以政府为主导，各级体育组织为枢纽，结合行业组织、社会力量、社区、家庭和学校构建青少年体育组织网络。着重建设社区、学校基层体育组织，鼓励体育组织向下延伸，各类体育社会组织下沉至行政村(社区)⑤。

——青少年体育场地设施明显改善。统筹规划校内校外体育资源，学

① 中华人民共和国中央人民政府. 中共中央办公厅 国务院办公厅印发《关于全面加强和改进新时代学校体育工作的意见》和《关于全面加强和改进新时代学校美育工作的意见》[EB/OL]. http://www.gov.cn/zhengce/2020-10/15/content_5551609.htm.
② 陈美，张俊斌，邓思佳. 竞赛教学法在高校足球教学中的运用研究[J]. 体育视野，2021(19)：58-59.
③ 刘德明，陈治. 政策工具视角下《关于深化体教融合促进青少年健康发展意见》的文本分析[J]. 湖北体育科技，2022，41(1)：11-14，72.
④ 中华人民共和国中央人民政府. 中共中央办公厅 国务院办公厅印发《关于全面加强和改进新时代学校体育工作的意见》和《关于全面加强和改进新时代学校美育工作的意见》[EB/OL]. http://www.gov.cn/zhengce/2020-10/15/content_5551609.htm.
⑤ 山西省人民政府. 山西省人民政府关于印发山西省全民健身实施计划(2021—2025年)的通知[EB/OL]. http://www.shanxi.gov.cn/zfxxgk/zfxxgkzl/fdzdgknr/lzyj/szfwj/202205/t20220513_5976564.shtml.

校内建设与体育与健康课程教学和体育实践活动相适应的场地设施及专项教室，配好配齐体育教学所需器材设备，统筹建立体育场地设施、器材配套管理机制。鼓励校内及校外体育场馆、场地设施在适宜时段向青少年免费或低收费开放，提高体育场地设施的利用率①。

——青少年体育指导人才队伍壮大。完善学校体育教师聘用机制，深化体教融合，鼓励学校与体校、社会体育组织合作，在各级学校设立专（兼）职教练员岗位。创新体育指导人才培养模式，建立高等师范院校联合优质中小学协同培训基地，推进地方政府、高校、中小学协同育人。畅通各类培养渠道，引导扶持社会力量参与体育指导人才培养，发挥互联网等科技手段在人才培训中的作用②，形成多元化的人才培养体系和科学评价机制③。

——青少年科学健身研究和普及成效显著。依托高校及相关科研机构，系统开展青少年科学健身理论与方法、场地设施和运动器材等方面的研究。研究制定青少年科学健身普及与推广方案，在实践过程中不断完善优化，切实提升青少年科学健身水平。

三、未来我国青少年体育政策的内容框架

（一）广泛开展青少年体育活动

1. 深化体教融合，提高学校体育活动质量

树立健康第一的教育理念，深化教学改革，健全学校体育相关法律体系，修订《学校体育工作条例》④。依托学校重视培养学生的核心素养，根据学生年龄特点与身心发展规律，设置不同的课程目标与运动项目。学校体育课程的设置要注重大中小衔接，并且根植中国，融通中外，充分体现

---

① 中华人民共和国中央人民政府. 中共中央办公厅 国务院办公厅印发《关于全面加强和改进新时代学校体育工作的意见》和《关于全面加强和改进新时代学校美育工作的意见》[EB/OL]. http：//www.gov.cn/zhengce/2020-10/15/content_5551609.htm.
② 中华人民共和国中央人民政府. 中共中央办公厅 国务院办公厅印发《关于全面加强和改进新时代学校体育工作的意见》和《关于全面加强和改进新时代学校美育工作的意见》[EB/OL]. http：//www.gov.cn/zhengce/2020-10/15/content_5551609.htm.
③ 山西省人民政府. 山西省人民政府关于印发山西省全民健身实施计划（2021—2025 年）的通知[EB/OL]. http：//www.shanxi.gov.cn/zfxxgk/zfxxgkzl/fdzdgknr/lzyj/szfwj/202205/t20220513_5976564.shtml.
④ 戴天娇. 体质监测：大学生体魄健康发展之保障[J]. 盐城工学院学报（社会科学版），2022，35（5）：89-93.

思想性、教育性、创新性、实践性①。

2. 广泛开展青少年体育活动和竞赛

广泛开展学生阳光体育运动，着力培育青少年体育爱好和运动技能，大力促进学校、家庭、社会多方配合，保证中小学生每天1小时校园体育锻炼；大力举办以增强学生体质和意志品质、普及体育知识和技能、培养体育兴趣爱好为目的的青少年体育活动；全面实施《国家学生体质健康标准》，引导学生积极进行体育锻炼，培养终身体育意识和习惯；探索建立社会组织、高等院校、体育俱乐部等承接开展学生课外体育活动的机制；鼓励政府各部门与社会力量充分利用公共场所资源，举办青少年体育户外活动比赛、体育游戏和科学健身科普等活动②。

定期发布青少年体育活动和竞赛计划。各地应充分利用自身环境资源优势，开展符合青少年身心发展的体育活动，着力打造各项传统体育活动联赛，其中包括学校联赛等各类各级体育赛事活动，建立分学段（小学、初中、高中、大学），跨区域的国家、省、市、县四级青少年体育赛事活动体系，利用课余、周末、假期时间组织校内、校际、跨区域及全国性比赛。

3. 推动青少年特色运动项目的普及、提高与交流

以学校为基础，深化"一校一品""一校多品"，以田径和"三大球"等集体球类项目为重点，加强青少年体育特色学校建设。各级部门与各协会应积极开展民族传统体育项目的挖掘、保护与传承工作。鼓励各地举办武术、太极拳等项目的青少年比赛、交流、展示等活动。除此之外鼓励各地开展多种形式的青少年体育国际交流与合作，通过有影响力的国际、国内体育组织或体育赛事等平台，积极拓展青少年体育国际交流与合作③。

(二)加强青少年体育组织建设

1. 促进青少年体育组织发展

首先，要在各部门协调下制定促进青少年体育组织发展的相关政策，

---

① 中华人民共和国中央人民政府. 中共中央办公厅 国务院办公厅印发《关于全面加强和改进新时代学校体育工作的意见》和《关于全面加强和改进新时代学校美育工作的意见》[EB/OL]. http://www.gov.cn/zhengce/2020-10/15/content_5551609.htm.

② 国家体育总局青少年体育司. 国家体育总局 教育部 中央文明办 发展改革委 民政部 财政部 共青团中央关于印发《青少年体育活动促进计划》的通知[EB/OL]. https://www.sport.gov.cn/qss/n5015/c844024/content.html.

③ 国家体育总局青少年体育司. 国家体育总局 教育部 中央文明办 发展改革委 民政部 财政部 共青团中央关于印发《青少年体育活动促进计划》的通知[EB/OL]. https://www.sport.gov.cn/qss/n5015/c844024/content.html.

以此完善相关服务标准体系，不断提高服务水平。其次，校外民政部门应降低准入门槛，大力培育社区青少年体育社会组织，鼓励社会力量参与、创建各类青少年体育组织；同时，校内应支持青少年体育俱乐部、学生体育社团、体育兴趣小组等组织建设，引导学生每人参加1个以上的体育组织。最后，建立青少年体育俱乐部的动态评估、周期命名等制度。不断推进青少年校外体育活动中心和青少年户外体育活动营地创建工作，完善服务标准，创新运行机制和管理模式①。

2. 推进青少年体育社会组织能力建设

研制青少年体育社会组织评价标准，建立青少年体育社会组织评价机制。完善青少年体育社会组织内部治理结构，激发青少年体育社会组织活力，提高青少年体育社会组织承接政府购买服务能力。研究建立青少年体育社会组织人才评估和激励机制，促进从业人员专业化水平的提高。

3. 推动各级青少年体育行业协会建设

鼓励和引导全国性和地方性青少年体育行业协会建设发展，充分发挥各级青少年体育行业协会的职能，不断提高行业协会自我发展、自我管理、自我服务、自律规范的能力，促进青少年体育行业协会健康有序发展。

(三)统筹和完善青少年体育活动场地建设

1. 加快青少年体育场地设施建设

各地要把城镇化发展与青少年体育设施统筹规划、合理布局结合起来。重点建设一批规模适度、经济实用、功能配套完整的青少年校外体育活动中心和青少年户外体育活动营地等场地设施。全民健身中心应设立相应的青少年体育活动功能区，有条件的城乡社区应配置儿童运动乐园，增加儿童体育设施。鼓励将闲置场所改建成青少年体育场地设施。研制青少年体育场地设施标准，开发符合青少年特点的场地设施和运动器械。鼓励社会力量建设青少年体育场地设施。

2. 加大体育场地设施对青少年的开放力度

积极推动公共体育场地设施和学校体育场地设施在适宜时间段内免费或低收费向青少年开放，并采取有力措施加强安全保障；除此之外，各地

---

① 国家体育总局青少年体育司. 国家体育总局 教育部 中央文明办 发展改革委 民政部 财政部 共青团中央关于印发《青少年体育活动促进计划》的通知[EB/OL]. https：//www. sport. gov. cn/qss/n5015/c844024/content. html.

应为特殊青少年群体参与体育活动提供必要的场地设施保障。

（四）强化青少年运动技能培训

1. 开展青少年运动技能培训

各级体育、教育等部门应依托各类学校、青少年体育俱乐部和少年宫等组织广泛开展体育运动技能培训，充分发挥体校的模范带头作用。各地应采取政府购买服务等方式，充分调动社会力量的积极性，举办多种形式的青少年运动技能培训。

2. 研究建立青少年运动技能等级评定标准

应根据青少年体育需求和运动项目特点，以足球、篮球、排球、田径等项目为试点，分别制定各项目青少年运动技能等级评定标准，鼓励广大青少年积极参加运动技能等级评定。各级教育部门应尝试将运动技能等级纳入学生综合素质评价体系之中。

（五）推进青少年体育指导人员队伍建设

1. 继续实施全国体育传统项目学校体育师资培训计划

各级体育、教育部门应按照《全国体育传统项目学校体育师资培训五年计划（2016—2020年）》的要求对学校体育教师进行培训工作，提高学校体育教师的专业能力与授课水平。

2. 大力开展基层教练员培训计划

各级体育部门应按照国家教练员整体培训方案的要求，结合不同项目侧重点积极对各项目教练员进行培训，提高教练员的技能水平和执教水平。

3. 加强青少年体育管理人员培训

对各协会、各俱乐部和各活动中心的管理人员进行培训，提高青少年体育管理人员的业务水平。

4. 扩大青少年体育指导人员队伍

鼓励体育教师、教练员、裁判员、退役运动员和体育爱好者等各类人才通过培训获取社会体育指导员（青少年）资格，为青少年在校外进行体育锻炼、提高运动技能提供指导和服务。

（六）加强青少年科学健身研究与普及活动

1. 开展青少年科学健身研究

首先，各级体育、教育部门应研究和推广符合不同年龄段青少年身心特点、生长发育规律和兴趣爱好的体育项目，宣传科学的健身理论与方法，提高青少年健身的科学性、合理性和有效性，避免运动损伤。其次，要加强对青少年肥胖、近视、脊柱侧弯、骨质健康和心理认知等问题的成因进行探究，积极探索行之有效的预防、干预措施，促进青少年身心全面发展。

2. 推广青少年科学健身普及活动

以青少年科学健身需求为导向，通过各类体育活动和课程，向广大青少年普及科学健身的先进理念、知识与方法[1]；在校园、社区、文化体育活动场所，开展科学健身讲座、科学健身指导、科学健身知识竞赛等活动；鼓励优秀运动员和体育健身专家等走进校园、社区和青少年体育活动场所，传授科学健身方法；运用新媒体传播体育健身项目、运动损伤预防与康复等视频教程，对青少年进行科学健身指导[2]。

3. 支持大数据、区块链、物联网、云计算、人工智能等新技术在青少年体育领域的创新运用

推动线上和智能体育赛事活动开展，支持开展智能健身、云赛事、虚拟运动等新兴运动。各级体育、教育部门应建立青少年学生体育活动信息公开制度，及时发布青少年体育相关政策、赛事、活动、培训以及科学健身理论与方法等信息；积极推动"互联网+"、大数据等技术在青少年体育活动领域的创新与运用，加强对青少年体育活动相关数据的科学管理[3]。

(七)加强对青少年的体育文化教育

1. 弘扬体育精神

向青少年大力弘扬以爱国主义为核心的中华体育精神，宣传奥林匹克文化精神教育，继承和发扬民族传统体育精神，大力推进各运动项目文化建设。

2. 传播体育文化

鼓励青少年积极参与各项体育文化交流活动。鼓励优秀运动员、教练员等走进校园、社区，普及运动项目知识，讲解运动项目规则和标准，宣

① 李岳松."健康中国"背景下桂林普通高校公共体育发展研究[D].广西师范大学,2018.
② 国家体育总局青少年体育司.国家体育总局 教育部 中央文明办 发展改革委 民政部 财政部 共青团中央关于印发《青少年体育活动促进计划》的通知[EB/OL]. https://www.sport.gov.cn/qss/n5015/c844024/content.html.
③ 国家体育总局青少年体育司.国家体育总局 教育部 中央文明办 发展改革委 民政部 财政部 共青团中央关于印发《青少年体育活动促进计划》的通知[EB/OL]. https://www.sport.gov.cn/qss/n5015/c844024/content.html.

传运动项目文化、体育赛事文化和体育礼仪文化。

3. 营造体育文化氛围

各地应充分利用报刊、广播、电视和网络等渠道，加大宣传青少年体育活动重要性，营造全社会关心、重视和支持青少年体育的良好舆论氛围。政府与各社会力量应支持青少年体育影视和体育文学作品创作，鼓励家长积极参与青少年体育文化活动，形成家庭体育锻炼文化，营造体育锻炼氛围①。

(八)积极完善评价机制

1. 推进学校体育评价改革

以学校体育为抓手，进一步完善"日常体育活动参与""体制健康监测""专项技能测试"等学校体育评价内容。

首先进一步完善学生体质健康标准，将达到国家学生体质健康标准要求作为教育教学考核的重要内容。其次建立学生体质健康档案，通过家长与学校全方位记录学生日常体育参与情况和体质健康监测结果，由学校或第三方机构进行统计，定期向家长和社会反馈。再次，研究将体育科目纳入初、高中学业水平考试范围，改进中考体育测试内容、方式和计分办法，科学确定并逐步提高分值。最后，积极推进高校在招生测试中增设体育项目，高校招生应结合体育素养评价结果，全面考虑学生的综合素质，以此作为高校招生的重要参考②。

2. 完善体育教师岗位评价

将师德师风作为评价学校体育教师素质的第一标准。首先，按照教会、勤练、常赛的要求，一方面完善体育教师绩效工资和考核评价机制，另一方面将体育教师课余指导学生勤练和常赛，以及承担学校安排的课后训练、课外活动、课后服务、指导参赛等计入工作量，并根据学生体质健康状况的改善情况和竞赛成绩的获得，在绩效工资内部分配时给予倾斜。其次，完善体育教师职称评聘标准，确保体育教师在职务职称晋升、教学科研成果评定等方面，与其他学科教师享受同等待遇。最后，提升体育教

① 国家体育总局青少年体育司.国家体育总局 教育部 中央文明办 发展改革委 民政部 财政部 共青团中央关于印发《青少年体育活动促进计划》的通知[EB/OL].https://www.sport.gov.cn/qss/n5015/c844024/content.html.

② 中华人民共和国中央人民政府.中共中央办公厅 国务院办公厅印发《关于全面加强和改进新时代学校体育工作的意见》和《关于全面加强和改进新时代学校美育工作的意见》[EB/OL].http://www.gov.cn/zhengce/2020-10/15/content_5551609.htm.

师科研能力，在全国教育科学规划课题、教育部人文社会科学研究项目中设立体育专项课题。

3. 健全教育督导评价体系

将学校体育纳入地方发展规划，明确政府、体育、教育行政部门和学校的职责。把"政策措施落实情况""学生体质健康状况""素质测评情况""支持学校开展体育工作情况"等纳入教育督导评估范围，将体育工作及其效果作为办学评价的重要指标，纳入教学工作评估指标体系。对政策落实不到位、学生体质健康达标率和素质测评合格率持续下降的地方政府、教育行政部门和学校负责人依规依法对其予以问责①。

第二节　我国青少年体育政策治理困境

历史制度主义认为，由于历史事件具有一定的因果关系、偶发性与不规则性，所以应该拉长观察制度变迁的时间序列来看制度的变化。基于此，本研究结合我国青少年体育政策演进特征以及改革开放以来政策工具使用情况，在"国家-社会"分析框架下依据我国宏观层面"国家"和"社会"关系的演变以及微观层面青少年体育政策治理的调整，梳理我国青少年体育政策治理的变迁，讨论现阶段青少年体育政策治理困境，以构建"强国家-强社会"关系为价值导向，探索青少年体育政策治理新发展模式。

一、"国家-社会"关系下青少年体育政策治理的变迁与比较

(一)建设探索时期(1949—1977年)："强国家-弱社会"全能治理

新中国成立以后，为了应对旧社会"弱国家-弱社会"带来的总体性危机，国家自上而下建立起统揽一切的"总体性社会"②，形成了集政治、经济及意识形态于一体的社会结构。资源、权力与话语的高度集中，赋予了国家对全部体育资源的组织与动员权力，任何社会组织或者个体要想获得

---

① 中华人民共和国中央人民政府. 中共中央办公厅　国务院办公厅印发《关于全面加强和改进新时代学校体育工作的意见》和《关于全面加强和改进新时代学校美育工作的意见》[EB/OL]. http://www.gov.cn/zhengce/2020-10/15/content_5551609.htm.

② 孙立平，王汉生，等. 改革以来中国社会结构的变迁[J]. 中国社会科学，1994(2)：47-62.

体育资源，只能通过取得国家所认可的身份进入体育领域才能如愿①。这一时期，为了提升青少年体质健康以满足社会经济发展及国家建设的需求，以国家意志为主导的制度逻辑强力渗透到青少年体育领域。1949年10月起，我国先后成立了中华全国体育总会、中央人民政府体育运动委员会、中国人民国防体育协会；县级以上的政府机构成立体育运动委员会和其他体育组织机构；教育部成立体育委员会，组建体育指导处，并在各级教育部门设立体育科或专职体育指导员，指导青少年体育工作。通过对旧体育的批判、改造和国外体育经验的学习，实行国家型体育管理体制，初步建立起学校体育、群众体育、竞技体育管理机构和制度，自上而下构建了"条状"体育单位组织和单位内部的"块状"体育组织二元科层式组织结构，建构起以"增强体质、增进健康，为生产建设、国防建设服务"为倾向的青少年体育话语体系②。其中，青少年体质健康促进主要由学校负责，群众体育虽然一定程度上有所提升，但它主要针对农民和工人阶级，对青少年群体辐射作用有限。之后，进入"文革"时期，青少年体育工作被迫全面停止。

在此历史背景下，青少年体育政策呈现"强国家-弱社会"全能治理样态。其中，强国家并不是指我国体育综合水平强，而是指国家在进行青少年体育治理过程中权力、话语渗透性强，覆盖面广，社会体育组织成立与发展都会受到国家强有力的行政影响和干预，导致社会及个人被边缘化，社会内部自主运行的非正式制度濒临瓦解，限制了青少年体育发展质量。这种特殊时期形成的体育治理结构，初步建立起以学校体育为主的青少年体育发展制度，短期内实现了国家体育意志的输入，青少年体质水平得到稳步提升。但从长远来看，"条块单位制"体育发展模式受结构"科层制同构"和行为"唯上不唯下"的制约，容易出现资源割裂、管办合一的现象，难以形成政策合力，导致社会失去发展青少年体育的内生动力，丧失生存空间，呈现整体弱化的态势。

（二）改革转轨时期（1978—1992年）："强国家-较弱社会"威权治理

1978年，党的十一届三中全会发出"解放思想"的最强音，开启了我国改革开放和社会主义现代化建设的伟大征程。通过对社会主义探索时期经验教训的总结，20世纪80年代初期，国家在社会各个领域通过"划分

---

① 贺鑫森．社会结构变迁下体育社会组织发展研究［D］．苏州大学，2016.
② 党权．我国青少年体质健康促进政策历史变迁研究［D］．南京师范大学，2014.

收支，分级包干""权力下放，引进市场机制"等开启了一系列的改革。国家权力中心的下移使得体育领域权力格局和资源配置模式发生重大转变，宏观经济的调整加速了体育治理结构的分化，社会自由流动资源的不断积聚进一步拓展了体育组织及个体的"自由活动空间"。1983 年，国家体委在《关于进一步开创体育新局面的请示》中提出，将发动社会力量办体育作为体育改革的重点。1986 年，国家体委《关于体育体制改革的决定(草案)》确定了"由国家包办体育过渡到国家与社会办相结合，恢复、发展行业体协和基层体协，放手发动全社会办体育"的改革思路。原有的国家总体控制下的、依据国家意志所建立起的青少年体育制度体系逐渐发生变化，国家社会型体育管理体制开始形构，单一国家逻辑逐渐向多元化逻辑演化。国家通过对中央及地方政府体育部门机构的调整与改革，为社会力量进入青少年体育领域让渡了空间，行业体协、基层体协及社会体育组织开始得到恢复和发展。这一时期，国家针对青少年体育发展重点做出了调整，确立了"以青少年为重点的全民健身战略和以奥运会为最高层次的竞技战略协调发展"的方针，逐步建构起以"奥运战略、全面发展"为倾向的青少年体育话语体系①。但是，"举国体制"使有限的体育资源重点向竞技体育倾斜，学校参与青少年体育治理受到制约，社会力量参与青少年体育治理能力有限，组织及个人话语诉求让步于国家利益。

尽管国家这一时期开始允许社会力量参与青少年体育治理，但由于旧的制度惯性和出于对权力分配的维持，以及奥运战略的影响，国家对社会体育资源采取"分类控制"和"行政吸纳社会"的管控策略，社会参与青少年体育治理权利、话语、非正式制度依附于国家管控，组织和个人在青少年体育治理中的参与度较低、话语权较弱，青少年体育发展整体呈现"强国家-较弱社会"威权治理模式。

(三)深化改革时期(1993—2000 年)："强国家-较强社会"依法治理

随着市场化改革的深入，社会结构分化进一步加剧，经济领域在逐渐挣脱国家束缚的同时反作用于社会领域，单位制度逐渐解体，市场逻辑开始形成，组织和个人意识觉醒逐渐形成了自己的话语空间。为了进一步解决历史遗留问题和调和社会主义改革出现的矛盾，"治理"概念开始兴起，社会主义法治建设进入快车道，依法治国基本方略开始全面推行。在这一历史背景下，国家向社会进一步开放体育领域。1992 年，国家提出"面向

① 肖谋文. 新中国群众体育政策的历史演进[J]. 体育科学, 2009, 29(4)：89-96.

市场，走向市场，以产业化为方向"的体育改革发展思路①；1993 年，国家体委《关于深化体育改革的意见》确立体育市场化改革目标，着重强调国家调控、依托社会、符合社会主义市场经济规律，社会化、市场化、职业化的青少年体育社会组织开始涌现。体育行政体制、群众体育体制、竞技体育体制等制度的相继完善，为社会、市场参与青少年体育治理创造了合法性的制度环境。同时，《全民健身计划纲要》《中华人民共和国体育法》等法律法规的相继出台与实施，为青少年体育治理制度化、规范化奠定了法律基础。这一时期，国家提出了群众体育、学校体育、竞技体育协调发展的方针，将全民健身计划纳入国民经济和社会发展的总体规划之中，逐步建构起以"以人为本、健康第一"为倾向的青少年体育话语体系。政府对青少年体育治理的形式逐渐间接化，职能更加宏观化，手段愈加法律化、规范化。此外，随着体育学科体系不断完善，国外先进的体育治理理论和经验逐渐被挖掘和借鉴，社会组织及个人参与体育治理的渴求被国家所注意，社会体育非正式制度逐渐得到恢复和发展。

这一时期，青少年体育治理呈现出国家逻辑、社会逻辑、市场逻辑并存的局面，各个领域在相关法律法规的规范下逐渐建立起自己的制度体系。学校体育管理工作不断发展，群众体育服务体系不断完善，竞技体育逐渐向社会和学校嵌入，青少年体育发展整体呈现"强国家-较强社会"依法治理模式。国家对青少年体育治理从总体性的行政指令式管理逐渐过渡到契约式治理，呈现出多元化的发展态势。但是，国家层面的改革进入青少年体育领域相对滞后，受制于发展重点和制度惯性，青少年体育治理出现体制僵化、机构臃肿、效率低下、缺乏活力等弊病，学校依然是青少年体育治理的主要场域，社会、市场力量参与治理依然处于探索阶段②。

（四）优化发展时期（2001 年至今）："强国家-较强社会"多元治理

2001 年申奥成功以来，我国进入全面备战北京奥运会阶段。2002 年，中共中央、国务院《关于进一步加强和改进新时期体育工作的意见》，2006 年，国家体育总局《体育事业"十一五"规划》均强调发挥举国体制优势，全力备战北京奥运会。各级政府部门运用各种手段调动社会力量为奥运会服务，在资源分配过程中全民健身和学校体育受到侵占和压制，社会

①　国家体育总局. 改革开放 30 年的中国体育[M]. 北京：人民体育出版社，2008：8-12.
②　张晓强，罗小兵."国家-社会"关系视角下我国青少年体育治理研究[J]. 北京体育大学学报，2021，44(11)：18-28.

组织及个人权益让步于国家战略。尽管国家针对青少年体质健康采取了诸多措施，如《体育改革与发展纲要》（2000 年）、《关于进一步加强和改进新时期体育工作的意见》（2002 年）、《体育事业"十一五"规划》（2006 年）均强调青少年体育应坚持政府支持与社会兴办相结合的基本思路，坚持依法行政、依法治体；《全民健身条例》（2009 年）以法律的形式明确青少年体育在体育结构中的基础性地位；《关于加快发展体育产业的指导意见》（2010 年）强调要形成青少年体育公共服务与市场服务相结合的良好局面，但是，直至 2012 年伦敦奥运会召开前夕都未见明确的体育改革时间表和路线图。这一时期受奥运战略的影响，体育治理多元制度逻辑出现重叠与冲突，社会、市场组织被政府吸纳进行政系统，呈现明显的内卷化特征，青少年体育改革基本停止，青少年体质健康依然不容乐观。自党的十八届三中全会确立治理体系和治理能力现代化全面深化改革总目标以来，推进体育治理体系和治理能力的现代化迫在眉睫。学术界针对青少年体育治理体系改革积极建言献策，由于制度惯性和出于对权力分配的维持，地方政府行动相对迟缓，体育体制改革进入深水区。近年来，中央政府一方面通过反腐撬动僵化的体育利益集团，通过深化体教融合对体育、教育部门进行利益捆绑，通过体育产业、职业体育改革突破既得利益集团的阻力，为体育改革进一步铺平道路；另一方面通过一系列政策法规强调简政放权，转变政府体育职能，坚持市场在体育资源配置中的决定性作用。同时，以足球改革为试点探讨"政社分开、政企分开、管办分离"的改革思路①。这一时期，国家对青少年体质健康重视程度进一步提升，以"体教融合、全面育人"为导向的青少年体育话语体系逐步建构，政策体系趋向全面、系统、标准化，"政府-社会-市场协同、家庭-学校-社区联动"的青少年体育治理模式逐渐被提出，呈现出"强国家-较强社会"多元治理趋势。政府通过建立多方向、多渠道制度体系以发挥社会力量和个人在青少年体育治理上的自主性和创造性，保障其参与体育治理的权利和话语，完善社会非正式制度。但是"国家利益至上"与"治理主体多元化"之间的矛盾依然无法得到有效解决，现阶段社会、市场参与青少年体育治理依然困难重重。

二、"国家-社会"关系下青少年体育政策治理困境

从青少年体育政策治理模式的历史演进来看，青少年体育政策的制定

---

① 中华人民共和国中央人民政府. 国务院办公厅印发《中国足球改革发展总体方案的通知》[EB/OL]. http://www.gov.cn/zhengce/content/2015-03/16/content_9537.htm.

与实施，政策工具的应用与发展，并不能较好地将政府、社会、市场、家庭、学校、社区等多元治理主体在参与青少年体育治理过程中的权力分配、话语表达、制度构建间的关系进行良好的调试。由于政府针对青少年体育发展主要采用"控制-服务"模式，长期按照职能划分、依据条块分割管理经验向青少年提供体育服务，分工过细造成了治理部门林立、权责交叉；组织结构僵化造成体育资源割裂、流程破碎；本位主义造成治理体系运行效能低下、反应迟钝，导致政府内部各部门、各层级之间处于离散与分割状态，无法在青少年体育政策实施过程中形成合力①。此外，受制于竞技体育举国体制对大众健身休闲资源的挤占、政府部门对社会组织的吸纳、学校体育对其他学科的让步等因素的制约，青少年体育各治理主体之间权责失衡、冲突不断，无法实现协调治理。

（一）青少年体育时空分割化与政府垂直型管理体系之间的错位

我国青少年体育政策治理涉及体育、教育、文化、卫生等多个横向行政部门，政策制定与执行具有复合性的特点，形成了体育部门主要负责竞技运动和健身休闲、教育部门主要负责体育教育两套垂直管理体系。在政策实施过程中体育部门和教育部门通过"行政发包制"向下级管理机构进行任务分配，将与青少年体育相关的政策总任务层层分解、逐步落实②。受制于传统条块分割的部门视野和行政思维定式，在政策落实过程中容易出现体教分离、管办合一、权责不清、监督激励机制模糊的现象，难以形成政策合力③。此外，受垂直管理体系"基层淹没"现象的制约，体育和教育基层管理部门在青少年体育管理过程中常常以现简单、敷衍的方式，通过"理想数据""共谋""形象工程"等手段应付上级的检查，上级政府提供的人力、物力资源没有真正用于解决青少年体育治理中面临的现实问题④。随着生产生活方式的改变，青少年体育在家庭、学校、社区呈现出时间以及空间上的分割化特征。同时我国幅员辽阔，地区间、城乡间的经济和教育发展水平差异较大，青少年体育内容、方式与方法千差万别。青少年体育时空的分割化、内容方式方法的多样化以及相关主体的多元化给

---

① 王敬波. 面向整体政府的改革与行政主体理论的重塑[J]. 中国社会科学，2020（7）：103-122，206-207.
② 周黎安. 行政发包制[J]. 社会，2014，34（6）：1-38.
③ 任海，张佃波，单涛，张永泽. 体育改革的总体思路和顶层设计研究[J]. 体育学研究，2018，1（1）：1-12.
④ 马德浩. 从管理到治理：新时代体育治理体系与治理能力现代化建设的四个主要转变[J]. 武汉体育学院学报，2018，52（7）：5-11，55.

体育垂直的管理体系带来了严峻挑战，无论是体育部门还是教育部门，抑或与之相关的管理组织，均具有明显的部门色彩，很难将青少年体育纳入一个体系中进行统一管理。因此，政府必须跟上青少年体育发展的步伐，转变原有工作理念和方式，建立一种协调、整合的治理方式，为青少年提供更加多元化的体育服务。

（二）青少年体育社会组织多元化与管理机制不完善之间的矛盾

体育社会组织是连接家庭、学校、社区体育的重要纽带，对于青少年身体活动水平提升、体质健康促进具有重要推动作用。目前，我国体育社会组织主要有：官方体育组织、民办非企业体育组织、体育基金会和群众自发性体育组织，这些体育社会组织通过协助政府部门完成部分体育职能，一定程度上弥补了政府管理体系的不足①。但是长期受注册挂靠制度和非竞争性原则的影响，青少年体育社会组织发展缓慢、类型单一。已经正式登记的青少年体育社团中，官方体育组织注册门槛较高，受政府部门影响较大，自治性弱，在参与青少年体育治理过程中主动性不足。而民办非企业体育组织由于注册门槛较低，具有一定的自治性，能较好地融入基层体育治理。但是受注册挂靠制度的影响，这些体育组织大多同构于相应的管理部门，功能定位相对单一，所提供的体育服务也往往针对特定对象②。而未注册登记的群众自发性青少年体育组织面临合法性地位不被承认的局面，稳定性、延续性较差③。这些体育社会组织因为自身权限及组织水平的差异，在信息交流、利益协同、行为约束等方面很难做到同步协调。而在青少年体育家庭、学校、社区治理过程中，政府"他治"、社会组织"互治"与市场组织"自治"缺一不可④。体育社会组织之间的联动以及与政府部门之间的协调是调动全社会力量参与青少年体育治理的重要组成部分。党的十八届三中全会后，我国针对体育社会组织开启了一系列改革，颁布了一系列的政策，放宽了体育社会组织参与青少年体育治理的管制。面对各种各样的青少年体育社会组织既缺乏顶层统一设计，又缺乏相

① Ke Fang. The Role of Sports Social Organizations in the Background of the Transformation of Government Function[J]. Advances in Social Sciences, 2017, 6(9)：1145-1149.
② 马德浩. 从割裂走向融合——论我国学校、社区、家庭体育的协同治理[J]. 中国体育科技, 2020, 56(3)：46-54.
③ 郭静，黄亚玲，张昀. 新时期体育社团参与体育治理：困境与实现路径[J]. 北京体育大学学报, 2018, 41(12)：36-42.
④ 俞可平. 中国的治理改革(1978—2018)[J]. 武汉大学学报(哲学社会科学版), 2018, 71(3)：48-59.

应的协调机制局面，急需探索现代化体育社会组织管理制度，完善政策体系及协调机制，使体育社会组织深度参与青少年体育家庭、学校、社区治理。

(三)青少年体育需求多样化与运行机制滞后化并存

青少年体育具有多样化的需求。在学校层面，青少年体育逐渐从传统体育课程形式向体育与健康课程转变，这就需要对体育与健康课程内容进行整合，对体育师资力量进行健康教育培训等。而体育教师受传统思维的影响往往只重视学生的身体练习，对健康教育课程的理解和执行能力有限。健康教育师资培养体系尚处于起步阶段，培养内容仍以"体育教学"为导向。在社区层面，青少年体育不仅需要相关的场地和配套设施，还在身体活动的内容、方式方法等方面提出了更高的要求，需要社区负责人、体育指导员及志愿者提高对体育的认识，积极协调辖区内活动资源，建立与学校、家庭的联系，营造良好的社区活动环境。社区体育传统意义上受体育部门管辖，在自身定位上形成了偏差化的职责认知，认为其职责主要是为辖区内中青年、老年群体提供身体活动服务，青少年体育主要由学校和家庭负责，社区内有限的体育资源向中青年、老年群体倾斜。同时，社区负责人及体育指导员因为自身能力的差异并不能有效协调辖区内活动资源，建立与学校、家庭的联系，导致社区参与体育治理能动薄弱。在家庭层面，青少年体育受家长态度与行为直接影响。这就需要家庭成员提升对体育的认知，提供必要的物质和情感支持，及时与学校、社区对接，积极完成学校布置的体育作业，鼓励青少年参与社区居民身体活动。但是部分家长潜意识里认为文化课成绩的重要性高于体育，迫于升学的压力以及家长体育指导能力弱等方面原因，青少年体育在家庭开展受到了极大的影响，并不能与学校、社区形成有效联动。而家庭、学校、社区参与青少年体育协同发展机制尚处于发展阶段，联动能力有限，并不能有效地将家庭、学校、社区参与青少年体育纳入一个体系中来①②。

此外，青少年体育政策治理需要相关部门完善相应政策法规，保障青少年身体活动权利，针对家庭、学校、社区设计行之有效的保障体系，将

---

① 王志学，刘连发，张勇. 我国青少年体育发展的时代特征与治理体系探究[J]. 体育与科学，2017，38(5)：69-75.
② 鲁长芬，丁婷婷，罗小兵. 美国青少年身体活动的治理历史、特征与启示[J]. 北京体育大学学报，2019，42(8)：27-36.

三者串联起来，形成联动合力①。近年来国家针对青少年体育颁布了一系列政策法规，但是在法律法规层面，青少年体育相关法律法规仍然不够完善，体系建设相对滞后，可操作性不强。例如，已有的法律法规中缺少对青少年体育权利的清晰叙述，对公共场合体育伤害事故缺少具体的判别标准，体育场馆设施的使用缺乏具体的操作细则和补贴规定等。家庭、学校、社区参与青少年体育治理难以做到有法可依。信息技术的快速发展也为家庭、学校、社区参与青少年体育政策治理带来了机遇和挑战。网络成为青少年体育信息获取的重要渠道，青少年体育政策治理需要搭建网络管理平台对体育信息资源进行统一管理，而我国青少年体育层级网络管理平台建设刚刚起步，对各种信息的接入、处理、解读及发布还不够完善，还不能有效地将家庭、学校、社区等相关活动信息资源纳入到统一网络平台中进行全面管理②。

第三节　我国青少年体育政策治理策略

2021 年，体育总局印发的《"十四五"体育发展规划》指出：青少年健康发展是体育治理现代化、体育强国建设的重要组成部分，体育发展要坚持前瞻性思考、全局性谋划、战略性布局、整体性推进，到 2030 年，体育整体发展质量和效益显著提升，形成政府主导有力、社会充满活力、市场规范有序、人民积极参与、与基本实现社会主义现代化相适应的体育发展新格局。因此，实现青少年体育政策有效治理，需要从宏观政策设计和微观政策实施两方面整体考虑，将政府、社会和市场协同治理，家庭、学校和社区整体治理综合纳入进来。

一、政府、社会、市场协同治理

（一）治理理念

"国家-社会"关系理论是探索社会治理的重要分析框架，其认为国家与社会在权力、话语和制度层面的结构性演变及走向从动态上反映了社会

---

① 罗小兵，何梅，鲁长芬. 中、美、英、加、澳儿童青少年身体活动指南比较[J]. 体育学刊，2020，27（5）：117-123.

② 罗小兵，张晓强，鲁长芬. 青少年身体活动的家庭、学校、社区整体性治理研究[J]. 武汉体育学院学报，2021，55（8）：33-40.

变革进程，从静态上体现了社会治理秩序状态，该理论为我们探究宏观层面青少年体育政策治理提供了重要思路。在"国家-社会"关系视角下，青少年体育治理体系和治理能力现代化是指在青少年体育事业发展中，政府、社会、市场等多元治理主体之间构建一种规范理性的权力分享、责任分担、资源共享、合作共治的稳定关系模式和体育治理格局，保证体育制度体系发挥效能和体育治理主体获得收益的过程①。新时代，政府对青少年体育政策治理的重点应放在应用合适的政策工具化解"青少年多样化的体育需求与落后的体育服务供给之间矛盾"上，通过调整政策工具给予社会、市场组织及青少年个人建构治理结构的角色，赋予其话语权，逐渐打破代表国家绝对主权的话语独白，实现青少年体育政策治理由"中心-边缘"结构向多中心转变，社会应该成为青少年体育服务供给的新场域②。新的青少年体育治理政策的运行以体育需求为核心，从"我为青少年体育做什么"转为"青少年体育需要我做什么"的流程设计，不再是治理主体的简单分工以及各个环节的简单排序，而是通过合理的政策设计保证所有治理主体及每个环节相互协调、步调一致，形成一个整体性的运行流程。

因此，实现青少年体育"强国家-强社会"政策治理，首先强调的是在青少年体育政策设计实施过程中必须重视青少年体育需求，从内部将政府层级结构、功能整合起来；其次要发挥社会的作用，从外部协调政府、社会和市场的力量，消除不同主体间的矛盾和问题，使其在行动上达成一致，共同提升治理水平。就发挥社会力量而言，从宏观看要强调政府部门、学校与行业组织、区域组织的协作；从微观看需要发挥社区、家庭及个人在政策制定、执行和评估过程中的作用。在此政策治理理念下，青少年体育政策治理体系应该是一个"伞状"式复合结构，既包括组织权力的联合，也包括运行机制的整合；既有国家正式话语的推动，也有社会话语的调和；既有政府制度化的改革，也有社会非正式制度的规范。

(二)优化青少年体育政策治理权力结构

1. 完善青少年体育政策治理传统权力体系

青少年体育政策治理在政府层面具有多属性特点，往往会涉及一个指向不同职能、不同层级部门的目标群。然而政府部门、层级之间在权力、

---

① 杨桦. 中国体育治理体系和治理能力现代化的概念体系[J]. 北京体育大学学报，2015，38(8)：1-6.

② 曾令发. 整体型治理的行动逻辑[J]. 中国行政管理，2010(1)：110-114.

资源、信息、利益等方面无法满足青少年体育政策治理协调整合的需要，导致出现"条块分割"合作困境，传统"以党领政、党政合作、体教分离"的解决方式容易出现"政治吸纳行政""权力规范弱化""制度权威减损""资源分配失衡"等现象①。因此，欲实现青少年体育多属性政策治理现代化，就必须强化政府横向规则性治理、纵向契约型治理在多属性政策治理中的作用。

（1）优化权力嵌入程度。首先，加强党的领导，保障党在青少年体育政策治理中的领导权力。其次，促进权力协调，解决青少年体育治理机构臃肿、职权重叠问题，完善决策议事协调机构的建设。最后，加强政策顶层设计和基层部署的统一，加强政府基础性权力建设，通过整体性治理实现国家权力适度嵌入社会、市场。

（2）优化权力配置内容。首先，优化政府部门的权力结构和功能，按照职能归一原则，从"相近职能部门合并""创设职能部门""部门联席会议"等方面考虑适当打破职责边界，进一步明确在青少年体育政策治理过程中政府部门的职权。其次，明确各层级政府权责归属和范围，在适当压缩政府治理层级的基础上允许地方结合实际情况自主设立青少年体育治理机构。最后，树立放权和民主思想，通过平等对话和协商等手段凝聚社会力量参与青少年体育政策治理，引导社会群体自我管理、自我服务，保证其治理主体地位。

（3）优化权力运作方式。首先，国家权力需要合宪，通过法律手段将政府职能部门权力控制在宪法范围内，以权力保障原则控制政府部门权力行使目的。其次，国家权力需要约束，完善权力监督体系，一方面通过上级监督下级加强约束力度，另一方面通过强化社会、市场力量监督规范权力秩序，实现"自上而下"的权力和"自下而上"的权利两种力量的对接，确保权力目标的整体性。最后，国家权力需要转型，政府要从管理思维切换到治理思维，权力目标转向青少年体育的服务化，权力力度的刚性逐渐向力度的柔性过渡。

2. 借助信息技术，促进青少年体育政策治理权力运行公开化、民主化

当前以大数据、区块链等为代表的信息技术飞速发展，不断冲击着传统体育政策治理权力体系。将信息技术嵌入青少年体育政策治理，并不是

---

① 郑智航. 国家治理现代化的中国逻辑及其展开[J]. 法制与社会发展，2021，27（3）：71-89.

信息技术在青少年体育政策治理领域的简单应用，而是一种更多与政治权力和社会权力的组织与利用方式相关联的"社会-政治"组织及其活动的方式①。通过技术变革、制度创新等方式将政府、社会、市场等治理主体链接起来，治理主体信息获取和呈现方式的转变促进了权力运转模式的转型，网络空间逐渐成为青少年体育政策治理场域的新领地。具体而言，(1)以满足青少年体育需求为目标，构建青少年体育电子治理效能评价体系。(2)党通过绝对权威克服政府之间以及政府、社会、市场之间的"协商困境"，通过政策设计将信息技术作为协调主体权责的组织体系和动员工具。(3)政府借助信息技术对内实现"条""块"之间权力共享，效率提升；对外推进信息公开，建立双向沟通体系，实现对政府权力制度约束、舆论约束，促进公共权力运行公开化、民主化。

(三)建构青少年体育政策治理话语体系

在"国家-社会"关系下，权力是话语的目标，话语是获得、展示和运用权力的手段②。话语主体围绕体育自由发表意见、申述立场、陈述主张。表达意愿的权利和资格就是体育话语权③，青少年个体及组织对体育实际需求所形成的话语体系是政府青少年体育治理话语及政策体系建构的基础。因此，构建青少年体育政策话语体系的重点是对治理主体话语权的协调与整合。协商民主是推进公共决策的强大助力，在协调治理主体间话语关系、化解治理主体间话语冲突、整合不同社会群体利益诉求等方面有着独特的制度优势④，是保障我国青少年体育政策话语体系构建的必要选择之一。

1. 增强多学科知识支撑，夯实青少年体育政策话语基础

以"立德树人"为根本任务，以"健康第一"为指导思想，强化政策的顶层设计，探索理论基础，提高体育政策话语本身的科学性；基于科学治理与系统思维，进一步拓宽与完善青少年体育政策所涉范围，拓展多主体利益表达空间，促进体育决策信息共享，形成国家话语和社会话语的调和。

---

① 王浦劬，杨凤春．电子治理：电子政务发展的新趋向[J]．中国行政管理，2005(1)：75-77.

② 王习胜．意识形态及其话语权审思[J]．马克思主义研究，2007(4)：42-46.

③ 梁立启，栗霞，等．我国体育话语权的产生基础与有效发挥研究[J]．武汉体育学院学报，2017，51(7)：20-25.

④ 谭玲．公共决策中协商民主机制的完善研究[D]．湘潭大学，2015.

2. 拓展话语表达途径，营造青少年体育政策话语共识

政府、社会、市场、学校、家庭、社区协调运作，通过建构适合的体育话语文本达成共识，结合传统媒介和现代信息技术引导青少年个体及组织获得体育信息，营造良好的体育政策话语氛围。同时，借助新媒体平台建立网络话语场，由点及面吸纳全社会参与对体育的讨论，通过制定网络话语管理策略来保障运行，提升公众参与意识。

3. 赋予不同治理主体政策话语权，扩大话语内容的民主性

完善"平等对话、协商"的沟通机制，通过法律法规保障各治理主体参与青少年体育政策治理的平等性，尊重其体育治理话语权表达，避免出现社会及个人的话语失真和能力失灵状况，实现国家话语权与社会话语权对接，确保整体性话语决策供给。

(四)完善青少年体育政策治理制度

在完善青少年体育政策治理制度过程中，只有"凝聚共识性的价值认同""构建实践性的治理机制""实现贯通性的执行合力"，不断探寻和优化青少年体育政策"善制"与"善治"互嵌互洽的可行性路径，才能更好地将制度优势转化为治理效能，并通过治理效能的充分释放不断促进治理主体间权力秩序的规范和话语体系的维持。

1. 制度理论前提：凝聚共识性的政策价值认同

(1)以党的思想为核心，坚定"制度治理"意识形态阵地。在青少年体育政策治理制度构建中，各治理主体需坚定信念，与党的思想高度统一，凝聚共识、同向发力。(2)以实践导向为原则完善"制度治理"的理论体系。坚持用先进的思想理论武装头脑，增强理论思维能力，不断淬炼完善青少年体育政策"制度治理"的理论话语体系，促使在实践过程中形成的科学化、制度化权力体系与话语方式能够被治理主体所理解、领会和贯彻，形成共识性价值认同，实现治理制度内涵、价值目标以及治理实践的有机统一。(3)以尊重差异为基点构建"制度治理"格局。应尊重及承认社会、市场等主体在基层治理实践中出现的差异要素，总结、汇总基层有效的治理经验，重视青少年差异化的体育需求，听取各治理主体的声音，充分发挥社会力量在青少年体育政策治理过程中的主体作用。

2. 制度执行条件：构建实践性的政策治理机制

(1)建立"制度治理"自洽性运行机制。保持和发挥我国青少年体育制度的优势和特点，充分吸收他国有益成果，在实践过程中注重培育制度自身的创新力和内生力，实现制度优势的创造性转换，从而增强制度的环境

适应力与生命力。(2)细化"制度治理"功能结构机制。一方面，尊重、规范社会非正式制度，保证制度体系的包容性，促使其运转更为协调灵活；另一方面，细化制度治理功能结构以适应不同实践环境，使其在实践中更具有针对性和操作性。(3)完善"制度治理"参与性平台机制。借助信息技术，完善利益协调机制、信息共享机制、诉求表达机制、矛盾化解机制等，实现各治理主体之间的平等对话、协商①，构建完善的政府、社会和市场等多主体参与平台，将制度优势通过具体的实施策略转化为治理效能。

3. 制度治理功效：实现贯通性的政策执行合力

(1)围绕青少年体育进行大部制改革，在完善"青少年体育工作部际联席会议制度"的基础上，探索成立专门的青少年体育整体治理委员会及下属单位，总体统筹我国青少年体育政策治理工作。(2)完善"政社分开""市场准入"等制度，给予社会组织自治权和空间。同时探索在家庭、学校、社区层面构建青少年体育新社会组织，新社会组织的发展既不能完全依赖政府，也不能完全依靠市场，而是依靠自身服务于青少年体育而形成的能力和机制。(3)在整体性政府的基础上，借助信息技术平台探讨构建涵盖政府、社会和市场等领域的电子治理制度，通过框架和合约搭建，将政府、社会组织、社区、家庭、学校及青少年个人串联起来，消除治理主体间的信息孤岛，提高青少年体育政策治理质量和效率，实现对青少年体育的无缝隙治理。

二、家庭、学校、社区整体治理

(一)治理理念

从政策治理的逻辑来看，家庭、学校、社区整体治理是青少年体育政策实施层面对青少年体育各治理主体分工协作整合等一系列活动的重新审视和判断。它强调青少年体育政策治理的整体性，将关注点更多集中在治理主体内部的凝聚性文化，旨在为青少年体育提供整体无缝隙服务。树立家庭、学校、社区整体性政策治理的理念应当从宏观和微观两个层面整体考虑，将价值目标和工具意义有效结合。在宏观层面要兼顾效率和价值的平衡，青少年体育政策治理体系构建必须有全局视野，以"整体性"为逻

---

① 周铭扬，谢正阳，等. 青少年体质健康促进的社会治理研究：国外镜鉴、基本原则与路径设计[J]. 天津体育学院学报，2021，36(1)：29-36.

辑起点，打破原有的体育部门和教育部门、政府和社会力量、学校—社区—家庭分散指导体育治理格局①，通过促进体教融合调动社会一切积极因素，形成以政府治理为导向、社会治理为协作、家庭治理为链条、学校治理为引擎、社区治理为锚点的整体性政策治理系统，发挥各治理主体在青少年体育政策治理进程中的优势，促成其在体育治理领域形成一种协调、整合、分工、合作的整体性治理格局。在微观层面树立"协作整合"理念，将满足整体和全体利益为最高目标。整体性政策治理体系构建要关注家庭、学校、社区内部关联，注重权责分配，消除各自为政现象，将有限的资源应用到体育治理上来，从制度、操作等方面解决治理碎片化问题。此外，家庭、学校、社区整体性政策治理必须有人本关怀，回归到以人为本的核心价值观，治理过程中不仅要满足治理对象的体育需求，同时也要注重系统内人员的需求，提高治理人员的荣誉感，满足其合理需求和人性尊严，使之成为体育整体性治理环节坚定的执行者②。

（二）构建青少年体育整体性政策治理结构

科学的治理理念需要有效的行动策略，体育治理被我国学者概括为"在党的领导下，一元主导，多元协同合作，共同管理体育事务，推动体育发展的过程"。在构建青少年体育整体性政策治理结构上，首先，要明确的是政府处于"强国家-强社会"关系下整体政策治理的核心位置，总体负责青少年体育政策法规的制定与实施。其次，治理主体的多元化以及政社分工基础上的社会再组织化是家庭、学校、社区参与治理的必然选择。这里所谓的政社分工，是指明确政府与社会组织之间的职责组织分工，解决二者的功能重叠，充分发挥社会组织的专业性和权威性。政社分工并非政府与体育社会组织的彼此对立，而是在治理实践中，为了更好地加强双方的互动与合作③，所以，分工与合作是青少年体育整体性政策治理的重要理念，政社分开是治理的前提，而政社合作是整体性政策治理的结果。因此，在此种理念的指导下，政府在青少年体育家庭、学校、社区政策治理实践中要抓好三方面的工作：（1）转变政府部门体育职能，形成部门合

---

①　舒宗礼. 基于整体性治理的我国青少年体育公共服务体系研究[J]. 武汉体育学院学报，2020，54(8)：20-27.

②　罗小兵，张晓强，鲁长芬. 青少年身体活动的家庭、学校、社区整体性治理研究[J]. 武汉体育学院学报，2021，55(8)：33-40.

③　杨君，徐选国，徐永祥. 迈向服务型社区治理：整体性治理与社会再组织化[J]. 中国农业大学学报(社会科学版)，2015，32(3)：95-105.

力；（2）剥离不该由自己管或是管不了的体育事务，通过向体育社会组织、市场组织购买服务的方式完善治理能力；（3）协助建立基层的青少年体育新社会组织，实现家庭、学校、社区联动。

1. 政府部门主导协调公共服务

政府部门要对多个涉及青少年体育政策治理部门权责进行整合调整，主要有机制创新与规范、构建整合机构两种路径。2020 年 12 月国务院办公厅发布《关于同意建立青少年体育工作部际联席会议制度的函》，强调由国务院办公厅、教育部、体育总局牵头，与其他 12 个部门和单位组成联席会议，通过强化各级政府落实青少年体育事业发展的主体责任，促使各部门和单位之间加强沟通、密切配合、相互支持、形成合力，协调解决青少年体育工作面临的问题和体制机制障碍①。在此基础上，设立与青少年体育家庭、学校、社区整体性政策治理相关的联席会议讨论议题，充分讨论各治理主体合作方案，采用行政缔约、合作清单的方法明晰权责分配，协调解决家庭、学校、社区参与青少年体育政策治理过程中面临碎片化的问题。

2. 体育社会组织参与市场服务

社会体育组织借助政府力量探索建立现代化体育社会组织管理制度，对官方体育组织明晰其职责分配与权利边界，逐渐消除行政同构化的影响，建设以法律规范与制度性监管为主的管理体系，增强其参与青少年体育治理的主动性。对民办非企业体育组织要积极引导，引入市场的效率机制，同时要打破行业垄断，培育公平竞争环境。对群众自发性体育组织，首先，确立其在社区中的地位，完善备案登记制度，降低群众自发性体育组织的法律合法性门槛；其次，利用其积极主动的特点引导其与家庭、学校建立联系，充分发挥纽带与桥梁作用，使辖区内体育资源有效扩散与流动。依托高校、社会机构等成立青少年体育家庭、学校、社区整体性政策治理研究中心，通过财政拨款、税收优惠等措施吸引市场组织、科研机构参与到体育治理中来。建立全国青少年体育家庭、学校、社区合作关系网，通过与其他社会组织合作交流、跟踪青少年体育数据、建立体育数据库及整合政府、社会、学校、社区和家庭资源，为青少年体育整体性政策治理提供理论依据和数据支持。

---

① 中华人民共和国中央人民政府. 国务院办公厅关于同意建立青少年体育工作部际联席会议制度的函［EB/OL］. http：//www.gov.cn/zhengce/content/2020-12/22/content _5572 209.htm? gov.

3. 家庭、学校、社区执行合作共治

首先，继续巩固学校体育在青少年体育整体性政策治理过程中的基础地位。其次，积极培育和发展新社会组织，依托全国青少年体育家庭、学校、社区合作关系网，根据所在地社区、学校具体情况，建立适合我国的体育家校社合作俱乐部。通过成员构成、参与方式、行动计划、项目评估四个方面总体协调学校、社区、家庭之间的协调与配合工作。具体而言，包括以下内容：（1）将社区管理者、社会体育组织人员、学校体育老师、家长志愿者、青少年代表纳入一个体系中来，明确主体全责，建立沟通渠道；（2）通过教养、合作、志愿、制定决策等方式开发体育资源，拉近家庭、学校、社区之间的距离，提升家庭、学校、社区负责人对体育治理的认知，提供物质和精神支持以满足不同层次青少年体育需求；（3）按照参与目标或类型制订具体的行动计划，规范运行制度；（4）建立评估体系，通过评价工具评测家庭、学校、社区参与青少年体育的质量和进展，及时调整行动计划。在青少年体育治理的新社会组织的培育发展过程中，政府要主动介入、积极引导，利用新社会组织这个平台去串联家庭、学校和社区，为青少年体育提供多样化的选择机会和服务空间，实现对青少年体育治理的全覆盖，使基层新社会组织成为推进青少年体育家庭、学校、社区整体性政策治理的重要载体。

（三）完善青少年体育整体性政策治理运行机制

整体性政策治理结构的安排需要相应的治理机制来保障其有效运行。青少年体育家庭、学校、社区整体性政策治理不仅需要完善法律法规，确保治理主体权力运行的制度化，而且要构建整体化政策协调机制，整合多元治理主体利益诉求，确保其行动一致。

在法律法规层面，要以国家推动《中华人民共和国体育法》修订为契机，体育部门和教育部门要加快推进规范公民体育权利、明确体育意外伤害事故责任、公共体育资源分配相关立法工作的开展，理顺青少年体育外部治理关系，进一步明确各治理机构、治理主体权责分配，增强法律在具体治理过程中的可操作性，从法律层面为青少年体育整体性政策治理保驾护航。此外，体育部门和教育部门需加快体教融合步伐，针对青少年体育构建行之有效的具有实质意义的家庭、学校、社区整体性政策治理章程及权力运行规章制度，整合政府、社会、学校、社区、家庭资源，提高治理政策执行的协同性。通过明确各治理主体权责，强化各部门整体责任意识，发挥责任追究制度等措施规范体育治理主体的权力边界、运行规则和评估监督机制，确保青少年体育家庭、学校、社区整体性政策治理内部权责运行制度化、规范化。

在协调机制层面，首先，完善治理主体纵向及横向间的信息交流机制，促进治理信息的公开与传递。信息公开是治理主体间信息交流的前提，只有政府内部各部门愿意主动公开青少年体育治理内部信息，才能促进治理主体之间的有效交流，形成信息合力。各级政府部门、科研机构、社会组织等还需就跨学校、跨社区、跨区域治理问题进行交流与合作，相互交换青少年体育治理方面的信息，才能发现治理过程中出现问题的根源所在，通过相互借鉴学习以解决区域性政策问题。其次，各治理主体间的合作关系本质上是利益分配关系，通过财政拨款、发行彩票、成立信托基金、社会捐助等方式完善青少年体育整体性治理资金来源。通过对青少年体育整体治理委员会及下属单位设立专项资金，对科研机构和社会组织进行课题资助、税收补贴，允许市场进入家庭、学校、社区具体治理过程等措施解决治理主体间的利益分配问题，建立各治理主体间有效的利益协调机制，确保治理主体间和谐关系的建立。同时政策治理过程中强调以人为本，注重治理系统内人的需求，提升治理人员的成就感，满足其合理需求和人性尊严。最后，建立治理主体间有效的约束机制。为了避免各治理主体在合作过程中出现"不作为"和"搭便车"现象，需要完善相关政策法规对治理主体行为进行规范和约束，确保其各司其职，有效合作。具体而言，主要包括：(1)自上而下建立监督机构，通过上级监督下级加强约束力度。(2)建立青少年体育家庭、学校、社区整体性治理评价体系，通过具体的指标进行自查或他查推动工作进展。(3)通过问卷调查、访谈等形式了解工作开展情况，并及时调整。(4)通过购买服务等形式引入第三方评估机构，实现"管办评"分离。

(四)引入新的治理工具，实现整体性政策治理手段现代化

治理手段现代化是整体性政策治理视域下推进青少年体育家庭、学校、社区整体性治理的内在要求。在大数据时代，利用网络信息技术搭建跨部门、跨时空的整体性电子治理平台，将数量庞大的治理信息用便捷的方式连接起来，可有效消除治理主体间的"信息孤岛"，实现对青少年体育的无缝隙治理。首先，依托政府相关行政部门建立联席会议制度，在青少年体育整体治理委员会的基础上，委托家庭、学校、社区整体性治理研究中心根据整体设计、分步实施原则建立家庭、学校、社区整体治理综合信息管理平台，汇聚整合各层级及各部门青少年体育治理政策、身体活动

数据、场馆设施使用、科研成果等信息资源，实现信息自由交流与传递，提高信息的使用效率，突破青少年体育家庭、学校、社区整体治理时空、部门、层级的限制。同时，积极建立官方 APP、微信公众号、微博、抖音等新媒体平台，完善政府与个体双向信息沟通渠道，通过手机客户端推送青少年体育家庭、学校、社区整体性治理相关信息，根据公众反馈及时调整内容设计，提升公众对体育治理认知，吸引公众更好地参与体育政策治理。其次，通过大数据技术，利用云计算对青少年身体活动数据信息整体跟踪、深度挖掘，结合其服务与预测、共享与协同、连接与整体等特征为政府进行青少年体育整体性政策治理提供数据支持和理论指导①。

本 章 小 结

从新时期我国青少年体育发展重点以及《"十四五"体育发展规划》可以看出，国家对青少年体质健康重视程度进一步提升，青少年体育政策在与上一阶段的步调保持一致的同时，更加注重整体性，政策体系趋向全面、系统、标准化。政府通过建立多方向、多渠道制度体系以发挥社会力量和个人在青少年健康促进上的自主性和创造性，"政府-社会-市场协同、家庭-学校-社区联动"的青少年体育政策治理模式逐渐被提出，呈现出多元治理趋势。

因此，新时期我国青少年体育政策价值取向倾向于"健康第一、全面育人"。政策的发展目标主要集中于：青少年体育活动蓬勃开展、青少年体育与健康素养不断提高、青少年体育组织发展壮大、青少年体育场地设施明显改善、青少年体育指导人才队伍壮大、青少年科学健身研究和普及成效显著。政策的内容框架主要有：广泛开展青少年体育活动、加强青少年体育组织建设、统筹和完善青少年体育活动场地设施、强化青少年运动技能培训、推进青少年体育指导人员队伍建设、加强青少年科学健身研究与普及、加强对青少年的体育文化教育、积极完善评价机制。

我国青少年体育政策治理经历了"强国家-弱社会"全能治理、"强国家-较弱社会"威权治理、"强国家-较强社会"依法治理到"强国家-较强社会"多元治理的变迁，政府、社会、市场、家庭、学校、社区等多元治理

---

① 罗小兵，张晓强，鲁长芬. 青少年身体活动的家庭、学校、社区整体性治理研究[J]. 武汉体育学院学报，2021，55(8)：33-40.

主体在参与治理的过程中始终没有达成良好的调试关系。现阶段，只有党和政府才有威望和能力对青少年体育政策治理进行结构、功能整合，构建协同合作运行机制，为青少年体育提供全方位、无缝隙的服务供给，实现"强国家-强社会"治理。

在宏观层面，首先强调的是在政策治理过程中必须重视青少年体育需求，从内部将政府层级结构、功能整合起来；其次要发挥社会的作用，从外部协调政府、社会和市场的力量，消除不同主体间的矛盾和问题，使其在行动上达成一致，共同提升政策治理水平。就发挥社会力量而言，一方面要强调政府部门、学校与行业组织、区域组织的协作；另一方面需要发挥社区、家庭及个人在政策制定、执行和评估过程中的作用。在此理念下，青少年体育政策治理体系应该是一个"伞状"式复合结构，既包括组织权力的联合，也包括运行机制的整合；既有国家正式话语的推动，也有社会话语的调和；既有政府制度化的改革，也有社会非正式制度的规范。具体路径为：优化政策权力结构、建构政策话语体系、完善政策治理制度。

在微观层面，一方面，调动社会一切积极因素，形成以政府治理为导向、社会治理为协作、家庭治理为链条、学校治理为引擎、社区治理为锚点的整体性政策治理系统，发挥各治理主体在青少年体育治理进程中的优势，促使其在体育治理领域形成一种协调、整合、分工、合作的整体性政策治理格局。另一方面，要关注家庭、学校、社区内部关联，注重权责分配，消除各自为政现象，将有限的资源应用到体育治理上来，从制度、操作等方面解决治理碎片化问题。此外，家庭、学校、社区整体性治理必须有人本关怀，回归到以人为本的核心价值观，治理过程中不仅要满足治理对象的体育需求，同时也要注重系统内人员的需求，提高治理人员的荣誉感，满足其合理需求和人性尊严，使之成为体育整体性政策治理环节坚定的执行者。具体路径为：构建整体性政策治理结构、完善整体性政策治理运行机制、引入新的治理工具，实现整体性政策治理手段现代化。

参 考 文 献

[1]American College of Sports Medicine. ACSM's guidelines for exercise testing and prescription[M]. Lippincott Williams & Wilkins, 2013: 56.

[2]Andrew Parker, DonVinson. Youth sport, physicalactivity and play: Policy, intervention and partici-pation[M]. Routledge, 2013: 88.

[3]Anne Schneider, Helen Ingram. Behavioral assumptions of policy tools[J]. The Journal of Politics, 1990, 52(2): 510-529.

[4]Baban A, Craciun C. Internal and external assets and romanian adolescents' health: An evidence-based approach to health promoting schools policy [M]. Springer New York: 2010.

[5]Bauman A E, Reis R S, Sallis J F, et al. Correlates of physical activity: Why are some people physically active and others not? [J]. The lancet, 2012, 380(9838): 258-271.

[6]Bauman A E, Sallis J F, Dzewaltowski D A, et al. Toward a better understanding of the influences on physical activity: The role of determinants, correlates, causal variables, mediators, moderators, and confounders[J]. American journal of preventive medicine, 2002, 23(2): 5-14.

[7]Berg B K, Chalip L. Regulating the emerging: A policy discourse analysis of mixed martial arts legislation[J]. International journal of sport policy and politics, 2013, 5(1): 21-38.

[8]Blair S N. Physical inactivity: the biggest public health problem of the 21st century[J]. British journal of sports medicine, 2009, 43(1): 1-2.

[9]Bocarro J N, Floyd M, Moore R, et al. Adaptation of the System for Observing Physical Activity and Recreation in Communities to assess age groupings of children[J]. J Phys Act Health, 2009, 6(6): 699-707.

[10]Bocarro J N, Kanters M A, Cerin E, et al. School sport policy and

school-based physical activity environments and their association with observed physical activity in middle school children[J]. Health & Place, 2012, 18(1): 31-38.

[11] Bornstein D B, Pate R R, Pratt M. A review of the national physical activity plans of six countries[J]. Journal of Physical Activity and Health, 2009, 2(6): 245-264.

[12] Bouchard C, Blair S N, Haskell W L. Physical activity and health[M]. Human Kinetics, 2007: 35.

[13] Branch J D, Pate R R, Bourque S P. Moderate intensity exercise training improves cardiorespiratory fitness in women[J]. Journal of women's health & gender-based medicine, 2000, 9(1): 65-73.

[14] Bull F C, Bellew B, Schöppe S, et al. Developments in National Physical Activity Policy: An international review and recommendations towards better practice[J]. Journal of Science and Medicine in Sport, 2004, 7(1): 93-104.

[15] Bull F C, Milton K, Kahlmeier S. Health-enhancing physical activity policy audit tool[J]. Copenhagen: WHO Regional Office for Europe, 2011, 2(1): 11.

[16] Caspersen C J, Powell K E, Christenson G M. Physical activity, exercise, and physical fitness: Definitions and distinctions for health-related research[J]. Public health reports, 1985, 100(2): 126-131.

[17] Centers for Disease Control and Prevention(CDC). Physical activity levels among children aged 9-13years—United States [J]. Morbidity and Mortality Weekly Report, 2002, 52(33): 785-788.

[18] Green K, Smith A. Routledge Handbook of Youth Sport[M]. London: Routledge, 2016.

[19] Chirstopher Hood. The Tools of Government[M]. London: Macmillian, 1983: 21.

[20] Coakley J. Youth sports: What counts as "positive development?"[J]. Journal of sport and social issues, 2011, 35(3): 306-324.

[21] Comeau G S. The evolution of Canadian sport policy[J]. International journal of sport policy and politics, 2013, 5(1): 73-93.

[22] Committee on Sports Medicine and Fitness, Committee on School Health. Organized sports for children and preadolescents[J]. Pediatrics, 2001,

107(6): 1459-1462.

[23]Craggs C, Corder K, et al. Determinants of change in physical activity in children and adolescents: A systematic review[J]. American journal of preventive medicine, 2011, 40(6): 645-658.

[24]Daugbjerg S B, Kahlmeier S, Racioppi F, et al. Promotion of physical activity in the European region: Content analysis of 27 national policy documents[J]. Journal of Physical Activity and Health, 2009, 6(6): 805-817.

[25]De Bosscher V, De Knop P, Van Bottenburg M, et al. Explaining international sporting success: An international comparison of elite sport systems and policies in six countries[J]. Sport management review, 2009, 12(3): 113-136.

[26]Dewbre J, Short C. Alternative policy instruments for agriculture support: Consequences for trade, farm income and competitiveness[J]. Canadian Journal of Agricultural Economics, 2002(50): 443-464.

[27]Dobbins M, De Corby K, Robeson P, et al. School-based physical activity programs for promoting physical activity and fitness in children and adolescents aged 6-18 [J]. Evidence-based Child Health A Cochrane Review Journal, 2010, 4(4): 1452-1561.

[28]Donnelly Kerr, Heron DiCarlo. Protecting youth in sport: An examination of harassment policies [J]. International Journal of Sport Policy and Politics, 2016, 8(1): 1-18.

[29]Easton D, Dennis J. The child's image of government[J]. Annals of the American Academy of Political & Social Science, 1965, 361(1): 40-57.

[30]Elliott Drummond. The (limited) impact of sport policy on parental behaviour in youth sport: a qualitative inquiry in junior Australian football [J]. International Journal of Sport Policy and Politics, 2015, 7(4): 519-530.

[31]Elmore, Richard F. Instruments and strategy in public policy[J]. Policy Studies Review, 1987, 7(1): 174-186.

[32]Enjolras B, Waldahl R H. Policy-making in sport: The norwegian case [J]. International review for the sociology of sport, 2007, 42(2): 201-216.

[33]Enzensberger N, Wietschel M, Rentz O. Policy instruments fostering wind

energy projects—A multi-perspective evaluation approach [J]. Energy Policy, 2002, 30(9): 793-801.

[34] Erink Howie, Doyle Stevick. The "Ins" and "Outs" of Physical Activity Policy Implementation: Inadequate Capacity, Inappropriate Outcome Measures and Insufficient Funds[J]. Journal of School Health, 2014, 84 (9): 581-584.

[35] Evelyne Combeau-Mari. After 1947-Towards a Youth and Sports Policy Sports: The Bond of the French Union[J]. The International Journal of the History of Sport, 2011, 28(12): 1687-1702.

[36] Evenson K R, Ballard K, Lee G, et al. Implementation of a school-based state policy to increase physical activity [J]. Journal of School Health, 2009, 79(05): 231-238.

[37] Flanagan C A, Nakesha F. Youth Civic Development: Implications of Research for Social Policy and Programs[J]. Social policy report / Society for Research in Child Development, 2001, 15(1): 1-16.

[38] Freeman J L. The Political Process: Executive Bureau-Legislative, Committee Relations[M]. Random House, 1965: 45.

[39] Guo W, Takise S. On Promoting the Chinese Youth Fitness and Health Development from Japanese Government Revitalization Policy of Youth Sports[J]. Journal of Xian Physical Education University, 2016, 33(6): 690-693, 731.

[40] Hallal P C, Victora C G, Azevedo M R, et al. Adolescent physical activity and health[J]. Sports medicine, 2006, 36(12): 1019-1030.

[41] Hancock. Evidence-based policies for youth sport programmes [J]. International Journal of Sport Policy and Politics, 2016, 8(1): 1-15.

[42] Harris S, Mori K, Collins M. Great expectations: voluntary sports clubs and their role in delivering national policy for English sport [J]. VOLUNTAS: international journal of voluntary and nonprofit organizations, 2009, 20(4): 405.

[43] Haug E, Torsheim T, Samdal O. Local school policies increase physical activity in Norwegian secondary schools [J]. Health Promotion International, 2010, 25(1): 63-72.

[44] HHS. Physical activity guidelines for Americans midcourse report: Strategies to increase physical activity among youth[R]. Washington, DC:

US Department of Health and Human Services, 2012.

[45] HHS. Physical activity guidelines for Americans[R]. Washington, DC: US Department of Health and Human Services, 2008.

[46] Hjern B, Porter D O. Implementation structures: A new unit of administrative analysis[J]. Organization studies, 1981, 2(3): 211-227.

[47] Houlihan B. Sporting excellence, schools and sports development: The politics of crowded policy spaces[J]. European physical education review, 2000, 6(2): 171-193.

[48] Howie E K, Stevick E D. The "ins" and "outs" of physical activity policy implementation: Inadequate capacity, inappropriate measures, and insufficient fund[J]. Journal of School Health, 2014, 84(9): 581-585.

[49] Huang Y C, Malina R M. BMI and health-related physical fitness in Taiwanese youth 9-18 years[J]. Medicine & Science in Sports & Exercise, 2007, 39(4): 701.

[50] Hylton K, Bramham P, Jackson D, et al. Sports development [M]. London: Routledge, 2013: 71.

[51] Immergut E M. Health politics: interests and institutions in Western Europe[M]. CUP Archive, 1992: 11.

[52] Janice Wearmouth. Learning from James: Lessons about Policy and Practice for Schools'Special Provision in the Area of Literacy Difficulties [J]. British Journal of Special Education, 2015, 31(2): 33.

[53] Jason Bocarro, Michael Kanters, Ester Cerin. School sport policy and school-based physical activity environments and their association with observed physical activity in middle school children[J]. Health & Place, 2012(18): 31-38.

[54] Jeff Noble, Mark Vermillion. Youth sport administrators' perceptions and knowledge of organizational policies on child maltreatment[J]. Children and Youth Services Review, 2014(38): 52-57.

[55] Jennifer Robertson-Wilson, Meagan Dargavel, Pamela Bryden. Physical Activity Policies and Legislation in Schools [J]. American Journal of Preventive Medicine, 2012, 43(6): 643-649.

[56] Kassarjian H H. Content Analysis in Consumer Research[J]. The Journal of Consumer Research, 1997, 4(1): 8-18.

[57] Katherine King, Andrew Church. Questioning policy, youth participation

and lifestyle sports[J]. Leisure Studies, 2014, 34(3): 282-302.

[58]Kathryn Coxe, Kelsey Hamilton, et al. Consistency and Variation in School-Level Youth Sports Traumatic Brain Injury Policy Content [J]. Journal of Adolescent Health, 2018, 62(3): 255-264.

[59]Ke Fang. The Role of Sports Social Organizations in the Background of the Transformation of Government Function[J]. Advances in Social Sciences, 2017, 6(9): 1145-1149.

[60]Klaus Conrad, Michael Schroder. Choosing Environmental Policy Instruments Using General Equilibrium Models[J]. Journal of Policy Modeling, 1993, 15(5-6): 521-543.

[61]Kraus W E, Houmard J A, Duscha B D, et al. Effects of the amount and intensity of exercise on plasma lipoproteins[J]. New England Journal of Medicine, 2002, 347(19): 1483-1492.

[62]Lakka T A, Venalainen J M, Rauramaa R, et al. Relation of leisure-time physical activity and cardiorespiratory fitness to the risk of acute myocardial infarction in men[J]. New England Journal of Medicine, 1994, 330(22): 1549-1554.

[63]Lankhorst K, Endekastelijn K V D, Groot J D, et al. Health in Adapted Youth Sports Study: Health effects of sports participation in children and adolescents with a chronic disease or physical disability[J]. Springerplus, 2015, 4(1): 796.

[64]Lasswell H D, Kaplan A. Power and Society [M]. New Haven: Yale University Press, 1970: 121.

[65]Lee I M, Paffenbarger Jr R S. Associations of light, moderate, and vigorous intensity physical activity with longevity: The Harvard Alumni Health Study [J]. American Journal of Epidemiology, 2000, 151(3): 293-299.

[66]Lerner David, Harold Lasswell, Harold Henry Fisher. The policy sciences: Recent developments in scope and method [M]. Stanford (Calif.): Stanford University Press, 1951: 71-72.

[67]Li Weidong, Xiang Ping, Gao Zan, et al. Impact of National Physical Activity and Health Guidelines and Documents on Research on Teaching K-12 Physical Education in U. S. A. [J]. Journal of Teaching in Physical Education, 2016, 35(2): 85-96.

[68] Lindsey Bacon. In pursuit of evidence-based policy and practice: A realist synthesis-inspired examination of youth sport and physical activity initiatives in England (2002-2010) [J]. International Journal of Sport Policy and Politics, 2016, 8(1): 1-24.

[69] Liu M Y, Wang M, Jie X U, et al. Analysis on the Public Policy of Youth Sports in China at the Background of Health China [J]. China Sport Science, 2018(3): 57.

[70] Lowi T J. The end of liberalism: The second republic of the United States [M]. W W Norton & Company, 2009: 33.

[71] Manson J A E, Greenland P, LaCroix A Z, et al. Walking compared with vigorous exercise for the prevention of cardiovascular events in women[J]. New England Journal of Medicine, 2002, 347(10): 716-725.

[72] Mark W Bruner, Sean Hillier, et al. Positive Youth Development in Aboriginal Physical Activity and Sport: A Systematic Review [J]. CrossMark, 2015, 19(12): 257-269.

[73] McLeroy K R, Bibeau D, Steckler A, et al. An ecological perspective on health promotion programs[J]. Health education quarterly, 1988, 15(4): 351-377.

[74] Michalis Stylianou, Anna Hogan, Eimear Enright. Youth sport policy: the enactment and possibilities of "soft policy" in schools[J]. Sport, Education and Society, 2017, 24(2): 1-13.

[75] Milton K, Bauman A. A critical analysis of the cycles of physical activity policy in England[J]. International journal of behavioral nutrition and physical activity, 2015, 12(1): 8.

[76] Ogden C L, Flegal KM, Carroll MD, et al. Prevalence and trends in overweight among US children and adolescents, 1999-2000[J]. Journal ofthe American Medical Association, 2002, 288(14): 1728-1732.

[77] O'Gorman J. Where is the implementation in sport policy and programme analysis? The english football association's charter standard as an illustration[J]. International journal of sport policy and politics, 2011, 3 (1): 85-108.

[78] Olstad D L, Campbell E J, Raine K D, et al. A multiple case history and systematic review of adoption, diffusion, implementation and impact of provincial daily physical activity policies in Canadian schools[J]. BMC

public health, 2015, 15(1): 385-410.

[79] Pate R R, Pratt M, Blair S N, et al. Physical activity and public health: A recommendation from the Centers for Disease Control and Prevention and the American College of Sports Medicine[J]. Jama, 1995, 273(5): 402-407.

[80] Patncia Ingram. Toward more systematic consideration of policy design [J]. Policy Studies Journal, 1987, 15(4): 611-628.

[81] Paul, Rainer, Brendan, et al. From policy to practice: The challenges of providing high quality physical education and school sport faced by head teachers within primary schools [J]. Physical Education & Sport Pedagogy, 2012, 17(4): 429-446. .

[82] Phillips M M, Goodell M, Raczynski J M, et al. Creating and using index scores in the analysis of school policy implementation and impact[J]. Journal of School Health, 2012, 82(6): 253-261.

[83] Phillips C, Fisher M, Baum F, et al. To what extent do Australian child and youth health policies address the social determinants of health and health equity?: A document analysis study [J]. BMC Public Health, 2016, 16(1): 1-12.

[84] Phillpots L, Grix J. New governance and Physical Education and School Sport Policy: A Case Study of School to Club Links [J]. Physical Education and Sport Pedagogy, 2014, 19(1): 76-96.

[85] Phillpots L, Grix J, Quarmby T. Centralized grassroots sport policy and "new governance": A case study of County Sports Partnerships in the UK-unpacking the paradox[J]. International review for the sociology of sport, 2011, 46(3): 265-281.

[86] Phillpots L. An analysis of the policy process for physical education and school sport: The rise and demise of school sport partnerships [J]. International journal of sport policy and politics, 2013, 5(2): 193-211.

[87] Pratt M, Epping J N, Dietz W H. Putting physical activity into public health: A historical perspective from the CDC[J]. Preventive medicine, 2009, 49(4): 301-302.

[88] Pratt M, Norris J, Lobelo F, et al. The cost of physical inactivity: moving into the 21st century[J]. Br J Sports Med, 2014, 48(3): 171-173.

[89] Provvidenza C, Engebretsen L, Tator C, et al. From consensus to action:

Knowledge transfer, education and influencing policy on sports concussion [J]. Br J Sports Med, 2013, 47(5): 332-338.

[90]Rasberry C N, Lee S M, Robin L, et al. The association between school-based physical activity, including physical education, and academic performance: A systematic review of the literature [J]. Preventive medicine, 2011, 52: 10-20.

[91] Rehme G. Distributive Policies and Economic Growth: An Optimal Taxation Approach[J]. Metroeconomica, 2002, 53(3): 315-338.

[92]Roy Rothwell, Walter Zegveld. Reindustrialization and Technology[M]. Longman Group Limited, 1985: 31-32.

[93]Sallis J F, Cervero R B, Ascher W, et al. An ecological approach to creating active living communities[J]. Annu. Rev. Public Health, 2006 (27): 297-322.

[94]Sam M P, Jackson S J. Developing national sport policy through consultation: The rules of engagement[J]. Journal of sport management, 2006, 20(3): 366-386.

[95]Schmid T L, Pratt M, Witmer L. A framework for physical activity policy research[J]. Journal of Physical Activity and Health, 2006, 3(1): 20-29.

[96] Schppe S, Bauman A. International review of national physical activity policy a literature review[J]. Report, 2004(6): 51.

[97]Seluk A, Reinhard H, A Hülya. Social inclusion for whom and towards what end? A critical discourse analysis of youth and sport policies in Turkey[J]. Journal of Youth Studies, 2018, 22(3): 1-16.

[98]Skille E, Stenling C. Inside-out and outside-in: Applying the concept of conventions in the analysis of policy implementation through sport clubs [J]. International review for the sociology of sport, 2017, 53(7): 123-133.

[99]Smith T B. The policy implementation process[J]. Policy, 1973, 4(2): 203-205.

[100]Stephen H Linder, B Guy Peters. Instrument of Government: Perceptions and Contexts[J]. Journal of Public Policy, 1989, 9(1): 35-56.

[101]Stokols D, Allen J, Bellingham R L. The social ecology of health promotion: Implications for research and practice[J]. American Journal

of Health Promotion, 1996, 10(4): 247-251.

[102] Strittmatter A M, Skille E S. Boosting youth sport? Implementation of Norwegian youth sport policy through the 2016 Lillehammer Winter Youth Olympic Games[J]. Sport in Society Cultures Commerce Media Politics, 2016(12): 1-17.

[103] Tai F, Deng X, Dong X. Government Responsibility of Youth Sports Development in China[J]. Journal of Shenyang Sport University, 2017, 36(2): 41-45.

[104] Taro K, Hanni E. Using a Comparative Method in Performance Audit for Evaluating Effectiveness of the Elite-Sports Policy: The Case of Estonia [J]. Administrative Culture, 2015, 16(1): 24-46.

[105] Thomas Schmid, Michael Pratt, Lindsay Witmer. A Framework for physical Activity Policy Research[J]. Journal of Physical Activity and Health, 2006, 3 (1): 20-29.

[106] Tsai C C, Lin S S. Internet addiction of adolescents in Taiwan: An interview study[J]. Cyberpsychol Behav, 2003, 6(6): 649-652.

[107] Wang G, Liu Z. Research on Problems and Countermeasure of Chinese Youth Sports Policy[J]. Journal of Molecular Science, 2013, 29(5): 26-29.

[108] Wearmouth J, Glynn T, Richmond R C, et al. Inclusion and Behaviour Management in Schools: Issues and Challenges[M]. Francis Ltd, 2004: 35.

[109] Wu T Y, Ronis D L, Pender N, et al. Development of Questionnaires to Measure Physical Activity Cognitions among Taiwanese Adolescents[J]. Preventive Medicine, 2002, 35(1): 54-64.

[110] Yehezkel Dror. Review of Public Policymaking Reexamined [M]. Chandler Publishing Company, San Francisco, 1968: 75.

[111] Yehezkel Dror. Ventures in policy sciences [M]. American Elsevier, New York, 1971: 85.

[112] Young D R, Felton G M, Grieser M, et al. Policies and opportunities for physical activity in middle school environments [J]. Journal of school health, 2007, 77(1): 41-47.

[113] [美]查尔斯·沃尔夫. 市场, 还是政府——不完善的可选事物之间的抉择[M]. 陆俊, 谢旭, 译. 重庆: 重庆出版社, 2007: 114.

[114] [美]戴伟·奥斯本，特德·盖希勒.改革政府[M].上海：上海译文出版社，1996.

[115] [美]斯图亚特·那格尔.政策研究百科全书[M].林明，等，译.北京：科学技术文献出版社，1990：112.

[116] [美]詹姆斯·安德森.公共政策[M].唐亮，译.北京：华夏出版社，1990：4-5.

[117] 《中国青少年体育发展报告（2016）》蓝皮书发布[J].教育发展研究，2016，36（24）：12.

[118] 柏学翥，唐灿明.美国公共管理中政府与非政府组织跨组织整合趋势[J].中国行政管理，2011（9）：91-95.

[119] 鲍明晓."十三五"我国体育发展战略研究[J].上海体育学院学报，2016，40（2）：1-6.

[120] 边宇，吕红芳.美国《全民健身计划》解读及对我国的启示[J].体育学刊，2011，18（2）：69-73.

[121] 蔡冬冬.对闽台高职院校体育教学现状若干问题比较研究[D].集美大学，2015.

[122] 蔡广，龚正伟，龚波，等.我国校园足球践行四个自信的理路解析[J].体育文化导刊，2018（6）：125-129，152.

[123] 蔡治东，汤际澜，虞荣娟.中国大众体育政策的历史变迁与特征[J].体育学刊，2016，23（4）：35-39.

[124] 曹守和.中国体育通史：第七卷（1993—2005年）[M].北京：人民体育出版社，2008：35.

[125] 曾凡军.基于整体性治理的政府组织协调机制研究[D].武汉大学，2010.

[126] 曾令发.整体型治理的行动逻辑[J].中国行政管理，2010（1）：110-114.

[127] 曾维和.当代西方政府治理的理论化系谱——整体政府改革时代政府治理模式创新解析及启示[J].湖北经济学院学报，2010，8（1）：72-78.

[128] 陈彩祥，马廉祯.论抗战期间国民政府的国防体育政策[J].体育文化导刊，2007（12）：88-90.

[129] 陈福亮，杨剑，季浏.学校体育政策执行力影响因素模型的构建[J].沈阳体育学院学报，2015，34（5）：124-129.

[130] 陈美，张俊斌，邓思佳.竞赛教学法在高校足球教学中的运用研究

[J]．体育视野，2021(19)：58-59.

[131]陈庆云．公共政策分析[M]．北京：中国经济出版社，1996：9.

[132]陈庆云．现代公共政策概论[M]．北京：经济科学出版社，2004：2.

[133]陈锐．从军国民主义到实用主义——蔡元培体育教育思想的演变[J]．当代教育论坛(校长教育研究)，2007(9)：89-91.

[134]陈潭，罗晓俊．后现代批判、话语理论及其反思——读《后现代公共行政：话语指向》[J]．社会科学论坛，2010(1)：196-205.

[135]陈潭．公共政策学原理[M]．武汉：武汉大学出版社，2008：5.

[136]陈晓峰．我国现今体育产业政策分析：存在问题与发展趋势[J]．北京体育大学学报，2017，40(5)：7-15.

[137]陈岩．我国运动员退役安置政策变迁分析[J]．体育文化导刊，2013(12)：11-14.

[138]陈振明．公共政策分析[M]．北京：中国人民大学出版社，2003：17.

[139]陈振明．西方政策执行研究运动的兴起[J]．江苏社会科学，2001(6)：60-61.

[140]陈振明．政策科学[M]．北京：中国人民大学出版社，1998：318.

[141]陈振明．政策科学——公共政策分析导论[M]．北京：中国人民大学出版社，2003：71.

[142]陈振明．政策科学原理[M]．厦门：厦门大学出版社，1993：57-77.

[143]陈振明．政治与经济的整合研究——公共选择理论的方法论及其启示[J]．厦门大学学报(哲学社会科学版)，2003(2)：30-39.

[144]陈志丹，晏艳琴．"阳光体育运动"政策的有效实施研究[J]．教学与管理，2017(9)：31-33.

[145]程华，戴健，赵蕊．发达国家大众体育政策评估的特点及启示——以美国、法国和日本为例[J]．沈阳体育学院学报，2016，35(3)：36-41.

[146]程啸天．政策工具视角下的中国风电产业政策文本内容分析[D]．浙江大学，2011.

[147]楚英兰，汤际澜，上俊峰，等．促进健康身体活动政策及实施策略的国际比较研究[J]．南京体育学院学报(社会科学版)，2016，30(1)：39-46.

[148]崔乐泉，杨向东．中国体育思想史(现代卷)[M]．北京：首都师范

　　大学出版社，2008：51-81.

[149]崔颖波，何志林，李建国．日本发展大众体育的特点及趋势——"社会体育"政策篇[J]．体育与科学，2003，24(1)：5-8.

[150]戴天娇．体质监测：大学生体魄健康发展之保障[J]．盐城工学院学报(社会科学版)，2022，35(5)：89-93.

[151]党权．我国青少年体质健康促进政策历史变迁研究[D]．南京师范大学，2014.

[152]丁煌，周丽婷．地方政府公共政策执行力的提升——基于多中心治理视角的思考[J]．江苏行政学院学报，2013(3)：112-118.

[153]丁煌．政策执行阻滞机制及其防治对策——一项基于行为和制度的分析[M]．北京：人民出版社，2002：12.

[154]丁煌．政府形象建设：提高政策执行效率的重要途径[J]．国家行政学院学报，2002(6)：31-34.

[155]东锋，吴健，汪君民．我国学校体育政策执行问题研究述评[J]．湖北民族学院学报(哲学社会科学版)，2014，32(1)：139-142.

[156]董杰，董群．台湾体育制度与大陆体育教育体系的比较与分析[J]．山东体育科技，2002，24(1)：75-76.

[157]董杰，邢传刚．我国与世界体育强国青少年体育与健康发展状况的分析与比较[J]．山东体育科技，1999(3)：94-95.

[158]豆祥祥．洛阳市贫困县农村中小学学校体育处境的个案研究[D]．吉林体育学院，2020.

[159]杜宇峰．我国体育政策的制定与实施机制的研究[J]．西安体育学院学报，2003，20(5)：14-15.

[160]段培新．政策分析研究方法文献综述[J]．社会科学管理与评论，2013(1)：88-93.

[161]段长波，钟小燕．我国群众体育公共政策的执行阻碍及对策分析[J]．体育与科学，2011，32(3)：73-75.

[162]樊炳有．体育公共服务的运行机制探讨[J]．体育与科学，2010，31(2)：27-34.

[163]范柏乃，蓝志勇．公共管理研究与定量分析方法[M]．北京：科学出版社，2009：65.

[164]范莉莉．政策工具视角下成都市节能减排政策研究[D]．西南交通大学，2011.

[165]费瑛．我国公共体育政策制定中"利益失衡"现象及其解决方案研究

[J]．吉林体育学院学报，2012（1）：42-43.

[166]冯国有．利益博弈与公共体育政策[J]．体育文化导刊，2007（7）：62-64.

[167]冯火红．新中国成立初期社会体育政策的特点及经验——以沈阳市为例[J]．体育文化导刊，2002（2）：13-15.

[168]冯建中同志在 2014 年全国青少年体育工作会议上的讲话[EB/OL]．[2014-04-08]．http：//www.sport.gov.cn/n16/n33193/n33208/n1581724/n1581739/5227120.html.

[169]冯晓丽．建国以来群众体育政策的变迁特点与影响因素[J]．体育学刊，2012，19（3）：41-45.

[170]冯晓露．我国体育政策决策机制研究[D]．北京体育大学，2013.

[171]傅研农．中国体育通史：第五卷[M]．北京：人民体育出版社，2008：33-66.

[172]盖伊·彼德斯，弗兰斯·冯尼斯潘．公共政策工具——对公共管理工具的评价[M]．北京：中国人民大学出版社，2007：32-44.

[173]高秉雄，张江涛．公共治理：理论缘起与模式变迁[J]．社会主义研究，2010（6）：107-112.

[174]高镝，闫伟华，孙民康，等．2019 年美国癌症患者身体活动指南的特点及启示[J]．中国运动医学，2022，41（3）：237-244.

[175]高小平．实现良好治理的三大基础[J]．中国行政管理，2001（9）：18.

[176]高兴武．公共政策评估：体系与过程[J]．中国行政管理，2008（2）：58-62.

[177]高中建．当代青少年问题与对策研究[M]．北京：中央编译出版社，2008：31-40.

[178]龚正伟，姜熙．新西兰体育公共服务体系研究——基于体育政策的分析[J]．北京体育大学学报，2013（11）：31-37.

[179]龚正伟，肖焕禹，盖洋．美国体育政策的演进[J]．上海体育学院学报，2014，38（1）：18-24.

[180]顾平，傅钢强．我国群众体育政策执行过程的非线性表象与特征[J]．南京体育学院学报（自然科学版），2011，10（6）：137-139.

[181]郭海霞，潘凌云．美国身体活动政策：嬗变、特征及启示——基于政策文本的分析[J]．北京体育大学学报，2016，39（8）：8-13.

[182]郭静，黄亚玲，张昀．新时期体育社团参与体育治理：困境与实现

路径[J].北京体育大学学报,2018,41(12):36-42.

[183]郭立涛,贾文彤.我国青少年体育发展政策研究[J].成都体育学院学报,2013,39(9):14-18.

[184]郭伟,等.日本青少年体育振兴政策对我国青少年体质健康促进的启示[J].西安体育学院学报,2016,33(6):690-693.

[185]郭贤成,孙葆丽.新体育对外交往的起点——纪念新中国首次参加奥运会50周年[J].体育文化导刊,2002(3):24-25.

[186]国家体委.中国体育年鉴:1981[M].北京:人民体育出版社,1984.

[187]国家体委.中国体育年鉴:1982[M].北京:人民体育出版社,1985.

[188]国家体委.中国体育年鉴:1985[M].北京:人民体育出版社,1987.

[189]国家体委.中国体育年鉴:1986[M].北京:人民体育出版社,1988.

[190]国家体委.中国体育年鉴:1987[M].北京:人民体育出版社,1990.

[191]国家体委.中国体育年鉴:1988[M].北京:人民体育出版社,1991.

[192]国家体委.中国体育年鉴:1989[M].北京:人民体育出版社,1991.

[193]国家体委.中国体育年鉴:1991[M].北京:人民体育出版社,1993.

[194]国家体委.中国体育年鉴:1992—1993[M].北京:人民体育出版社,1998.

[195]国家体委政策研究室.体育运动文件选编(1949—1981)[M].北京:人民体育出版社,1982.

[196]国家体委政策研究室.体育运动文件选编(1982—1986)[M].北京:人民体育出版社,1989.

[197]国家体育运动委员会.中国体育年鉴(1994—1995)[M].北京:人民体育出版社,1996.

[198]国家体育总局,教育部,公安部,民政部,人力资源和社会保障部,卫生健康委,应急部,市场监管总局.关于促进和规范社会体育俱乐部发展的意见[EB/OL].https://www.sport.org.cn/search/

system/gfxwj/other/2020/0630/334371. html.

[199]国家体育总局，教育部 . 关于加强竞技体育后备人才培养工作的指导意见［EB/OL］. https：//www. sport. org. cn/search/system/gfxwj/qsnty/2018/1115/193581. html.

[200]国家体育总局 . 改革开放 30 年的中国体育［M］. 北京：人民体育出版社，2008：8-12.

[201]国家体育总局 . 关于进一步加强运动员文化教育和运动员保障工作的指导意见［EB/OL］. https：//www. sport. gov. cn/n315/n331/n405/c566760/content. html.

[202]国家体育总局 . 国家体育总局关于印发《青少年体育"十三五"规划》的通知［EB/OL］. https：//www. sport. gov. cn/n10503/c750118/content. html.

[203]国家体育总局 . 国务院办公厅关于促进全民健身和体育消费推动体育产业高质量发展的意见［EB/OL］. https：//www. sport. gov. cn/whzx/n5590/c929645/content. html.

[204]国家体育总局 . 竞技体育"十一五"规划［EB/OL］. https：//www. sport. gov. cn/n4/n15285/n15286/c964192/content. html.

[205]国家体育总局 . 青少年体育"十二五"规划［EB/OL］. https：//wenku. baidu. com/view/a71a872ecfc789eb172dc81b. html? _wkts_＝1673282029810.

[206]国家体育总局 . 体育总局、教育部《关于加强全国青少年校园足球工作的意见》［EB/OL］. https：//www. sport. gov. cn/n315/n331/n403/n14812/c785073/content. html.

[207]国家体育总局. 体育总局关于印发《"十四五"体育发展规划》的通知［EB/OL］. http：//www. sport. gov. cn/n315/n20001395/c23655706/content. html.

[208]国家体育总局 . 中国体育年鉴：2003［M］. 北京：人民体育出版社，2003.

[209]国家体育总局 . 中国体育年鉴：2004［M］. 北京：人民体育出版社，2004.

[210]国家体育总局 . 中国体育年鉴：2005［M］. 北京：人民体育出版社，2006.

[211]国家体育总局 . 中国体育年鉴：2006［M］. 北京：人民体育出版社，2007.

[212]国家体育总局. 中国体育年鉴：2011[M]. 北京：人民体育出版社，2012.

[213]国家体育总局. 中国体育年鉴：2012[M]. 北京：人民体育出版社，2013.

[214]国家体育总局. 中国体育年鉴：2013[M]. 北京：人民体育出版社，2014.

[215]国家体育总局. 中国体育年鉴：2014[M]. 北京：人民体育出版社，2015.

[216]国家体育总局. 中华人民共和国体育法规汇编（2000—2002）[M]. 北京：中国法制出版社，2003.

[217]国家体育总局. 中华人民共和国体育法规汇编（2003—2004）[M]. 北京：中国法制出版社，2005.

[218]国家体育总局. 中华人民共和国体育法规汇编（2005—2006）[M]. 北京：人民体育出版社，2007.

[219]国家体育总局. 中华人民共和国体育法规汇编（2007—2008）[M]. 北京：人民体育出版社，2009.

[220]国家体育总局. 中华人民共和国体育法规汇编（2009—2010）[M]. 北京：人民体育出版社，2011.

[221]国家体育总局. 中华人民共和国体育法规汇编（2011—2012）[M]. 北京：人民体育出版社，2013.

[222]国家体育总局. 中华人民共和国体育法规汇编（2013—2014）[M]. 北京：人民体育出版社，2015.

[223]国家体育总局青少年体育司. 国家体育总局 教育部 中央文明办 发展改革委 民政部 财政部 共青团中央关于印发《青少年体育活动促进计划》的通知[EB/OL]. https：//www. sport. gov. cn/qss/n5015/c844024/content. html.

[224]国家体育总局体育文化发展中心. 中国体育年鉴：2007[M]. 北京：人民体育出版社，2008.

[225]国家体育总局政策法规司. 中国体育法制十年[M]. 北京：中国法制出版社，2006.

[226]哈罗德·D. 拉斯韦尔，迈尔斯·S. 麦克道格尔，等. 自由社会之法学理论：法律、科学和政策的研究[M]. 北京：法律出版社，2013：21-27.

[227]韩慧，郑家鲲. 西方国家青少年体力活动相关研究述评——基于社

会生态学视角的分析[J]. 体育科学，2016，36（5）：62-70.

[228] 韩新君，赵桂生，胡晓华. 我国学校体育法制建设问题与对策研究 [J]. 体育文化导刊，2015（4）：12-15.

[229] 郝大伟，崔建军，刘春华，等. 基于政策工具视角下的中国体育产 业政策分析[J]. 武汉体育学院学报，2014，9（48）：55-60.

[230] 郝勤. 中国体育通史：第六卷（1980—1992 年）[M]. 北京：人民体 育出版社，2008.

[231] 何斌. 新公共管理理念下的政策执行趋向及其影响[J]. 攀登，2002 （6）：9-12.

[232] 何祖新，张建磊，张静. 社会主义法治理念下学校体育法制建设探 微[J]. 河南教育学院学报（哲学社会科学版），2011，30（2）：86- 89.

[233] 和文雄. "星光计划"体育政策实施过程中"梗阻"现象分析与对策研 究[J]. 成都体育学院学报，2013，39（4）：55-57.

[234] 贺东航，孔繁斌. 公共政策执行的中国经验[J]. 中国社会科学， 2010（5）：61-79.

[235] 贺恒信. 政策科学原理（第二版）[M]. 苏州：苏州大学出版社， 2010：168-192.

[236] 贺鑫森. 社会结构变迁下体育社会组织发展研究[D]. 苏州大学， 2016.

[237] 黑金军. 浅析新时代背景下校园足球竞赛体系的现状与发展路径 [J]. 运动精品，2022，41（2）：15-16，19.

[238] 洪嘉文. 提升学生体适能之有效策略与未来做法[J]. 中华体育季 刊，2007（14）：91-100.

[239] 胡惠芳. 四川省中小学实施阳光体育运动面临的问题及对策研究 [J]. 四川体育科学，2010，132（4）：111-115.

[240] 胡军. 英国休闲体育政策的演进特点与启示[J]. 成都体育学院学 报，2012，38（1）：40-43.

[241] 胡祥. 近年来治理理论研究综述[J]. 毛泽东邓小平理论研究，2005 （3）：25-30.

[242] 胡玉坤，郑晓瑛，陈功，王曼. 厘清"青少年"和"青年"概念的分 野——国际政策举措与中国实证依据[J]. 青年研究，2011（4）：1- 15.

[243] 黄爱峰，王维，王健，等. 中国学校体育区域互动发展研究[J]. 体

育学刊，2006，13（6）：92-96.

[244]黄红华．统筹城乡就业中的政策工具选择与优化［D］．浙江大学，2009.

[245]黄红华．统筹城乡就业中的政策工具——以浙江省湖州市为例［J］．中国行政管理，2009（2）：117-122.

[246]黄婧．我国农民工政策研究——以公平的政策价值取向为视角［D］．南昌大学，2007.

[247]黄衍存，彭雪涵．改革开放以来我国学校体育政策法规的演进与思考［J］．福州大学学报（哲学社会科学版），2015，29（4）：92-96.

[248]霍海燕．优化公共政策执行体制的设想［J］．理论探讨，2002（3）：61-63.

[249]季浏．走进课堂：体育与健康新课程案例与评析［M］．北京：高等教育出版社，2003：25.

[250]季谋芳．体育公共政策执行研究［D］．湖南师范大学，2013.

[251]贾小芳，王惠君，王丹彤，等．中国12省市儿童青少年身体活动和静坐行为分析［J］．卫生研究，2016，45（3）：394-397.

[252]江秀平．提高政府能力与治理有效性［J］．中国行政管理，2001（2）：17-18.

[253]姜韩，柳鸣毅．基于路线图方法的中国青少年体育公共服务体系构建［J］．成都体育学院学报，2015，41（5）：34-38.

[254]蒋娜娜，向友余，李海军．台湾地区适应体育发展状况及其对大陆的启示［J］．绥化学院学报，2018，38（1）：10-14.

[255]蒋喆彦．我国体育产业发展政策研究［D］．华东政法大学，2013.

[256]教育部　国家体育总局关于进一步加强学校体育工作，切实提高学生健康素质的意见［J］．中国学校体育，2007，159（1）：14-15.

[257]教育部．中共中央办公厅国务院办公厅印发关于全面加强和改进新时代学校体育工作的意见［EB/OL］．http：//www. moe. gov. cn/s78/A01/s4561/jgfwzx_zcwj/202010/t20201019_495583. html.

[258]金世斌．改革开放以来我国体育政策演进与价值嬗变［J］．体育与科学，2013，34（1）：36-41.

[259]金太军．公共政策执行梗阻与消解［M］．广州：广东人民出版社，2005：98.

[260]靳敏．台湾中小学学校音乐教育史（1895—2010）［D］．上海音乐学院，2013.

[261]景俊杰，肖焕禹．21世纪日本体育政策的发展及启示[J]．上海体育学院学报，2014，38(1)：31-35．

[262]景俊杰．二十一世纪以来日本体育政策运行研究[D]．上海体育学院，2013．

[263]赖国跃．国外体育政策的启示[J]．体育科技，1985(6)：3-5．

[264]兰自力，骆映．海峡两岸学校课余体育活动及休闲运动的比较研究[J]．北京体育大学学报，2003，26(4)：438-440．

[265]兰自力，谢军，骆映，等．海峡两岸体育交流研究[J]．北京体育大学学报，2004，27(3)：294-297．

[266]兰自力，谢军，骆映，等．海峡两岸体育交流与合作的历史回顾与前景展望[J]．天津体育学院学报，2002，17(3)：5-7．

[267]兰自力，谢军，骆映．海峡两岸学校体育比较研究[J]．天津体育学院学报，2003，18(1)：24-27．

[268]李百成，郭敏．我国学校体育政策演进特征与发展策略[J]．体育文化导刊，2019，(10)：81-85．

[269]李晨峰．我国优秀运动员文化教育政策与实践研究[D]．北京体育大学，2011．

[270]李东斌．青少年体质健康促进政策研究[J]．体育文化导刊，2014(12)：13-15．

[271]李洪川，许晓明，张雪霞，等．对近20年国家出台学校体育法规政策的梳理与思考[J]．成都体育学院学报，2011，37(9)：1-5．

[272]李建国．体育强国的基础——体育公共服务体系建设[J]．体育科研，2009，30(4)：15-18．

[273]李建军．加入WTO对我国政府社会体育政策的影响[J]．广州体育学院学报，2002，22(1)：8-10．

[274]李建军．近代中国学校体育思想寻踪[J]．体育与科学，2002，23(1)：9-11．

[275]李金慧．20世纪90年代以来美国健康促进政策分析[D]．首都师范大学，2004．

[276]李晋裕，滕子敬，李永亮．学校体育史[M]．海口：海南出版社，2000：76．

[277]李景鹏．中国走向"善治"的路径选择[J]．中国行政管理，2001(9)：16．

[278]李军，邵雪梅，王子朴，等．俄罗斯体育产业政策发展特征研究及

对我国的启示[J]. 山东体育学院学报, 2008, 24(3): 4-7.

[279]李琳瑞, 刘峥. 退役运动员安置政策的演进研究[J]. 北京体育大学学报, 2011, 34(2): 22-25.

[280]李梅. 中国近代以来, 战略机遇期视角下的体育发展[J]. 文体用品与科技, 2017, 379(18): 10-11.

[281]李启迪, 周妍. 体育政策学论纲[J]. 吉林体育学院学报, 2012 (3): 7-10.

[282]李启迪. 体育政策学构想[M]. 金华: 浙江师范大学, 2005: 10.

[283]李秋霞. 20世纪50年代中国群众体育研究[D]. 南京体育学院, 2009.

[284]李仁佐, 张家昌. 休闲运动参与对提升健康体适能之探讨[J]. 彰化师大体育学报, 2009(7): 114-121.

[285]李思晨. 十三行时期跨文化传播语境下中国形象解构[D]. 华南理工大学, 2020.

[286]李文川. 身体活动建议演变: 范式转换与量的积累[J]. 体育科学, 2014, 34(5): 56-65.

[287]李晓甜. 刍议群众体育政策执行的公私协力困境与前景[J]. 体育与科学, 2012, 33(3): 101-104.

[288]李欣, 刘杰, 肖晓. 欧美适应性体育教育发展述评及对我国的启示[J]. 教育与教学研究, 2018, 32(2): 7-11.

[289]李亚荣. 我国公共政策执行偏差及治理研究[D]. 西北大学, 2007.

[290]李燕. 公共治理模式下政策执行力研究[D]. 厦门大学, 2008.

[291]李一平. 中国体育简史: 上[M]. 长春: 吉林大学出版社, 2007: 59.

[292]李益群, 李静. 政府与体育的公共政策研究[J]. 北京体育大学学报, 2003, 26(2): 151-153.

[293]李英, 刘海元. 体育竞争价值观及其对体育政策制定的借鉴意义[J]. 西安体育学院学报, 2008, 25(4): 36-40.

[294]李岳松. "健康中国"背景下桂林普通高校公共体育发展研究[D]. 广西师范大学, 2018.

[295]李佐惠. 战争因素对美国体育发展的影响[J]. 体育文化导刊, 2008 (4): 115-118.

[296]梁立启, 栗霞, 等. 我国体育话语权的产生基础与有效发挥研究[J]. 武汉体育学院学报, 2017, 51(7): 20-25.

[297]林润辉,李维安.网络组织——更具环境适应能力的新型组织模式[J].南开管理评论,2000,3(3):4-7.

[298]林泽鸿.学校体育运动组织之探讨[J].运动资讯季刊,2001(3):72-80.

[299]林章榜.校园体育活动的推展与青少年体适能促进[J].学校体育,2005(16):44-49.

[300]刘斌,王春福.政策科学研究(第一卷)[M].北京:人民出版社,2000:230.

[301]刘波.德国体育政策的演进及启示[J].上海体育学院学报,2014,38(1):1-7.

[302]刘春华,李祥飞,张再生.基于政策工具视角下的中国体育政策分析[J].体育科学,2012,32(12):3-9.

[303]刘德明,陈治.政策工具视角下《关于深化体教融合促进青少年健康发展意见》的文本分析[J].湖北体育科技,2022,41(1):11-14,72.

[304]刘东峰.中国体育管理体制改革的路径选择[J].成都体育学院学报,2005,31(2):20-23.

[305]刘扶民,杨桦.中国青少年体育发展报告[M].北京:社会科学文献出社,2017:33-35.

[306]刘红建,江宇,陶郁.全民健身政策执行的制度约束与优化研究[J].沈阳体育学院学报,2014,33(4):13-18.

[307]刘红建,孙庆祝.群众体育政策基层执行的调查与分析[J].上海体育学院学报,2012,36(4):49-53.

[308]刘红建,谢正阳,高奎亭.大众体育政策"第三方评估"的国外经验与本土发展[J].武汉体育学院学报,2016,50(7):39-45.

[309]刘红建,尤传豹.新世纪英国青少年体育政策的演进脉络、有益经验与本土启示[J].南京体育学院学报(社会科学版),2017,31(4):5-13.

[310]刘红建.发达国家大众体育政策执行的成功经验与启示[J].体育成人教育学刊,2014,30(2):5-8.

[311]刘红建.群众体育政策执行阻滞问题及其治理路径研究[D].南京师范大学,2013.

[312]刘洪.政策工具的评价与选择:以房地产业政策工具为例[D].厦门大学,2005.

[313]刘会平. 德国老年人体育政策演进特征探析[J]. 体育文化导刊，2015(12)：33-37.

[314]刘宁，刘静民，张威. 改革开放以来我国学校体育政策、法规演变脉络之研究[J]. 体育科学，2009，29(12)：88-92.

[315]刘晶. 论"上下互动"的教育政策执行——以师范生免费教育政策为例[J]. 教育发展研究，2016，36(10)：8-13.

[316]刘玉. 转型期我国社会体育政策执行模式研究[J]. 西安体育学院学报，2010，27(5)：519-524.

[317]刘峥，唐炎. 公共体育服务政策执行阻滞的表现、成因及治理[J]. 体育科学，2014，34(10)：78-82.

[318]刘峥. 新中国体育发展战略的演变[D]. 北京体育大学，2011.

[319]卢泰宏. 信息分析方法[M]. 广州：中山大学出版社，1992：71-78.

[320]鲁长芬，曾紫荣，王健. 美国《青少年身体活动提高战略》研究[J]. 体育学刊，2017，24(3)：81-86.

[321]鲁长芬，丁婷婷，罗小兵. 美国青少年身体活动的治理历史、特征与启示[J]. 北京体育大学学报，2019，42(8)：27-36.

[322]陆士桢，王玥. 青少年社会工作[M]. 北京：社会科学文献出版社，2010：2-4.

[323]罗小兵，何梅，鲁长芬. 中、美、英、加、澳儿童青少年身体活动指南比较[J]. 体育学刊，2020，27(5)：117-123.

[324]罗小兵，张晓强，鲁长芬. 青少年身体活动的家庭、学校、社区整体性治理研究[J]. 武汉体育学院学报，2021，55(8)：33-40.

[325]吕俊莉. 美、德体育政策嬗变的经验与启示[J]. 体育与科学，2014，35(2)：19-23.

[326]吕树庭，刘德佩. 体育社会学[M]. 北京：人民体育出版社，2007：35-40.

[327]马翠军. 国家治理与地方性知识：政策执行的双重逻辑——兼论"政策执行"研究现状[J]. 中共福建省委党校学报，2015(8)：4-10.

[328]马德浩. 从割裂走向融合——论我国学校、社区、家庭体育的协同治理[J]. 中国体育科技，2020，56(3)：46-54.

[329]马德浩. 从管理到治理：新时代体育治理体系与治理能力现代化建设的四个主要转变[J]. 武汉体育学院学报，2018，52(7)：5-11.

[330]马莉芳. 中国体育简史：下[M]. 长春：吉林大学出版社，2007.

[331]马敏航，韩震. 美国与澳洲公共体育政策分析[J]. 体育文化导刊，

2014(8)：27-30.

[332]马宣建. 论中国群众体育政策[J]. 成都体育学院学报，2005，31
(6)：1-7.

[333]马志和，戴健. 论政府体育管理职能的转变与制度创新[J]. 上海体
育学院学报，2003(3)：14-17.

[334]马忠利，叶华聪，陈浩，等. 苏联解体后俄罗斯体育政策的演进及
启示[J]. 上海体育学院学报，2014，38(1)：12-17.

[335]迈克尔·豪利特，拉米什. 公共政策研究[M]. 上海：三联书店出
版社，2006：57.

[336]毛振明，叶玲，丁天翠，邱丽玲. "三精准"视域下新时代学校体育
大面积大幅度提升学生体质干预策略研究[J]. 天津体育学院学报，
2022，37(2)：125-130.

[337]苗治文. 当代中国体育政策分析[D]. 北京体育大学，2006.

[338]那格尔. 政策研究百科全书[M]. 北京：科学技术文献出版社，
1990：60.

[339]宁骚. 公共政策学[M]. 北京：高等教育出版社，2003：382.

[340]农工党中央. 加强青少年体育赛事发展[J]. 前进论坛，2022(8)：
28.

[341]欧文·休斯. 公共管理导论[M]. 北京：中国人民大学出版社，
2007：65.

[342]欧秀伶，于宝明. 芬兰体育公共政策及其启示[J]. 山东体育学院学
报，2012，28(3)：10-13.

[343]潘凌云，樊莲香，张文鹏. 国际上学校体育政策执行研究述论：缘
起、论域及启示[J]. 首都体育学院学报，2018，30(4)：341-345..

[344]潘凌云，王健，樊莲香. 我国学校体育政策执行的制约因素与路径
选择——基于史密斯政策执行过程模型的分析[J]. 体育科学，
2015，35(7)：27-34.

[345]潘凌云，王健，樊莲香. 现阶段我国学校体育政策执行研究的思
考：问题与对策[J]. 天津体育学院学报，2015，30(1)：18-22.

[346]潘凌云，王健. 构建教师专业共同体促进体育教师专业发展[J]. 武
汉体育学院学报，2009，43(5)：91-95.

[347]裴立新. 激发体育社会组织活力广泛开展青少年体育活动(一)[J].
青少年体育，2014(1)：7-10.

[348]彭国强，舒盛芳. 美国大众体育战略演进的历程、特征与启示[J].

中国体育科技，2018，54（2）：30-39.

[349]彭雪涵.改革开放时期学校体育政策法规的文本解读[J].北京体育大学学报，2009，32（5）：76-79..

[350]平杰，郭修金.青少年公共体育服务平台的构建[J].上海体育学院学报，2012，36（1）：83-85.

[351]钱景.试论体育政策的科学性[J].四川体育科学，1987（4）：9-13.

[352]钱再见.影响公共政策执行主体的深层机制探究[J].理论与改革，2001（5）：15-17.

[353]秦椿林.体育管理学高级教程[M].北京：高等教育出版社，2009：35.

[354]秦小平，高嵩，汪子文，等.群众体育政策执行中居民体育利益表达机制完善研究[J].天津体育学院学报，2011，26（2）：118-121.

[355]秦小平.城乡体育基本公共服务均等化研究[D].华中师范大学，2011.

[356]全国人民代表大会.中华人民共和国体育法[EB/OL].http：//www.npc.gov.cn/npc/c30834/202206/ad515e98ae274e44b1cd2c02687db07f.shtml.

[357]人民体育出版社.中华人民共和国体育运动文件汇编：第1辑[M].北京：人民体育出版社，1958.

[358]人民体育出版社.中华人民共和国体育运动文件汇编：第2辑[M].北京：人民体育出版社，1957.

[359]人民体育出版社.中华人民共和国体育运动文件汇编：第3辑[M].北京：人民体育出版社，1958.

[360]任海，张佃波，单涛，张永泽.体育改革的总体思路和顶层设计研究[J].体育学研究，2018，1（1）：1-12.

[361]山西省人民政府.山西省人民政府关于印发山西省全民健身实施计划（2021—2025年）的通知[EB/OL].http：//www.shanxi.gov.cn/zfxxgk/zfxxgkzl/fdzdgknr/lzyj/szfwj/202205/t20220513_5976564.shtml.

[362]邵凯，董传升.改革背景下我国体育事业发展的公共价值回转——基于3个关键事件的解读[J].南京体育学院学报（社会科学版），2015，29（3）：43-49.

[363]邵凯，董传升.全民健身国家战略背景下竞技体育社会价值新论——试论竞技体育的公共价值[J].山东体育学院学报，2015，31（1）：8-13.

[364]申喜连.论公共政策的执行力:问题与对策[J].中国行政管理,
　　　2009(3):41-44.

[365]时浩杰.许昌市足球特色小学足球课教学实施现状及影响因素研究
　　　[D].西安体育学院,2022.

[366]世界卫生组织.2001年世界卫生报告[M].王汝宽,等,译.北京:
　　　人民卫生出版社,2002:59.

[367]舒宗礼.基于整体性治理的我国青少年体育公共服务体系研究[J].
　　　武汉体育学院学报,2020,54(8):20-27.

[368]舒宗礼.全民健身国家战略背景下社区青少年体育社会组织的培育
　　　与发展[J].体育科学,2016,36(6):3-10.

[369]宋会君.改革开放三十年体育教师教育变迁的专业化审视[J].中国
　　　学校体育,2009(6):17-20.

[370]孙科技.教育政策执行碎片化及其防治策略:一个整体性治理的视
　　　角[J].教育发展研究,2018,38(1):33-38.

[371]孙立平,王汉生,等.改革以来中国社会结构的变迁[J].中国社会
　　　科学,1994(2):47-62.

[372]孙庆祝.群众体育政策执行的协同效应研究[J].体育成人教育学
　　　刊,2014,30(2):18-22.

[373]孙有中.美国精神的象征——杜威社会思想研究[M].上海:上海
　　　人民出版社,2002:35.

[374]邰文燕.中国低碳经济发展的财政政策工具研究——基于政策文本
　　　的分析[D].江苏:南京大学,2014.

[375]谭利,于文谦.改革开放以来我国学校体育政策工具的选择与优化
　　　[J].北京体育大学学报,2019,42(5):63-71.

[376]谭玲.公共决策中协商民主机制的完善研究[D].湘潭大学,2015.

[377]汤际澜.英国公共服务改革和体育政策变迁[J].南京体育学院学报
　　　(社会科学版),2010,24(2):43-47.

[378]唐念,妥培兴,秦志辉.加拿大公共体育服务研究[J].体育文化导
　　　刊,2014(8):20-23.

[379]唐斯,郭小聪.官僚制内幕[M].北京:中国人民大学出版社,
　　　2006:45.

[380]唐文玲,王娟.中学学校体育政策执行现状实证研究——以上海市
　　　20所中学为例[J].上海体育学院学报,2014,38(6):89-93.

[381]陶克祥.学校体育政策执行力及其影响因素[J].现代教育管理,

2012(6)：68-71.

[382]陶学荣，崔运武．公共政策分析[M]．武汉：华中科技大学出版社，2008：399.

[383]涂端午．教育政策文本分析及其应用[J]．复旦教育论坛，2009，7(5)：22-27.

[384]汪博．瑞士公共体育政策发展研究[J]．体育文化导刊，2014(3)：36-39.

[385]汪明杰，陈德海．校园体适能推广策略[J]．远东学报，2007(19)：402-406.

[386]王春，曲燕．治理理论及国内外实践综述[J]．学理论，2013(25)：126-129.

[387]王春福．农村基础设施治理的政策工具选择[J]．学术交流，2008(2)：68-71.

[388]王庚勇，刘泽林．我国青少年体育政策存在问题及对策研究[J]．吉林体育学院学报，2013，29(5)：26-29.

[389]王国勇，程杰．中葡都市青少年体力活动、健康体能的比较研究——以上海市和布拉加两城市为例[J]．北京体育大学学报，2009，32(10)：60-63.

[390]王华倬．论我国近现代中小学体育课程的发展演变及其历史经验[J]．北京体育大学学报，2005，28(7)：937-941.

[391]王健，史云，吴冬梅．"金融学"课程中的思政元素挖掘与教学改革探索[J]．黑龙江教育(高教研究与评估)，2021(11)：30-33.

[392]王健，王涛，董国永，王丽清．美国、澳大利亚学校体育外包的实践及经验启示[J]．北京体育大学学报，2015，38(10)：83-89.

[393]王锦瑭．美国社会文化[M]．武汉：武汉大学出版社，1996：37.

[394]王敬波．面向整体政府的改革与行政主体理论的重塑[J]．中国社会科学，2020(7)：103-122.

[395]王浦劬，杨凤春．电子治理：电子政务发展的新趋向[J]．中国行政管理，2005(1)：75-77.

[396]王诗宗．治理理论及其中国适用性[M]．杭州：浙江大学出版社，2009：25.

[397]王书彦，孙晓婷．普通中学体育政策执行力影响因素探析[J]．北京体育大学学报，2009，32(2)：104-106.

[398]王书彦，周登嵩．学校体育政策执行力的评价指标体系[J]．体育学

刊，2010，17（6）：46-50.

[399] 王书彦 . 普通中学体育政策执行力实证研究[J]. 山东体育学院学报，2009，25（6）：88-90.

[400] 王书彦 . 学校体育政策执行力及其评价指标体系实证研究[D]. 福建师范大学，2009.

[401] 王曙光，李维新，金菊 . 公共政策学[M]. 北京：经济科学出版社，2008：408-409.

[402] 王涛，王健 . 论我国体育竞赛表演业政策的阶段划分、变化特征及其走向[J]. 体育文化导刊，2018（5）：6-10.

[403] 王涛 . 基于文本分析的我国竞赛表演业政策研究[D]. 苏州大学，2016.

[404] 王习胜 . 意识形态及其话语权审思[J]. 马克思主义研究，2007（4）：42-46.

[405] 王晓波 . 澳大利亚的群众体育政策及其启示[J]. 体育文化导刊，2014（5）：24-27.

[406] 王晓波 . 加拿大大众体育政策的演进及其启示[J]. 体育文化导刊，2016（2）：25-29.

[407] 王雪伟 . 地方政府雾霾跨域合作治理研究[D]. 南京大学，2016.

[408] 王燕梅 .《国家学生体质健康标准（2014 修订）》执行偏差问题与矫正措施研究[D]. 杭州师范大学，2016.

[409] 王英峰 . 英国体育管理及体育政策的演进研究[J]. 天津体育学院学报，2011，26（3）：251-254.

[410] 王玉香 . 青少年社会工作[M]. 济南：山东人民出版社，2012：121-123.

[411] 王占春 . 中小学体育教学大纲修订概述[J]. 课程教材教法，1987（3）：12-15.

[412] 王志学，刘连发，张勇 . 我国青少年体育发展的时代特征与治理体系探究[J]. 体育与科学，2017，38（5）：69-75.

[413] 威廉·邓恩，等 . 公共政策分析导论[M]. 北京：中国人民大学出版社，2002：32.

[414] 魏荣 . 建国以来我国群众体育法规建设的回顾与展望[J]. 西安体育学院学报，2016，33（3）：274-277.

[415] 魏显迪 . 我国青少年体育俱乐部的政策研究[D]. 北京体育大学，2012.

[416]吴超, 阎涛, 柴王军, 等. 论实现体育强国目标的软法建设研究[J]. 山东体育学院学报, 2012, 28(2): 13-17.

[417]吴亮.《全民健身条例》有关学校体育的条文解读及思考[J]. 河北体育学院学报, 2012, 26(2): 42-44.

[418]吴逊, 饶墨仕, 等. 公共政策过程: 制定、实施与管理[M]. 上海: 格致出版社, 2016: 111.

[419]伍绍祖. 中国体育年鉴1999[M]. 北京: 人民体育出版社, 1999: 121.

[420]伍绍祖. 中华人民共和国体育史(1949—1998): 综合卷[M]. 北京: 中国书籍出版社, 1999: 396.

[421]肖谋文. 从功能演绎到制度变迁: 改革开放后我国体育政策的演进[J]. 北京体育大学学报, 2012, 35(2): 16-18.

[422]肖谋文. 新中国群众体育政策的历史演进[J]. 体育科学, 2009, 29(4): 89-96.

[423]肖嵘. 加入WTO后我国体育用品业发展对策之研究[J]. 武汉体育学院学报, 2002, 36(5): 12-14.

[424]谢晨. 美国青少年体育参与的组织支撑研究[D]. 北京体育大学, 2013.

[425]谢炼. 中国公共政策执行过程中的利益博弈[D]. 华东师范大学, 2007.

[426]谢明. 政策分析的主要类型及其评述[J]. 北京行政学院学报, 2012(3): 45-48.

[427]谢正阳, 胡乔, 李燕领, 等. 体育公共服务体系建设中公民参与的必要性、可行性及路径[J]. 体育学刊, 2011, 18(5): 16-20.

[428]邢金明, 陈钢, 姜勇. 论青少年体育公共服务体系的完善[J]. 广州体育学院学报, 2013, 33(5): 33-36.

[429]熊晓正. 新中国体育60年: 1949—2009[M]. 北京: 北京体育大学出版社, 2010: 278.

[430]熊亚骅. 自媒体时代政府管理创新研究[D]. 湖南大学, 2015.

[431]徐金尧, 李启迪. 改进与加强我国体育政策研究的思考[J]. 北京体育大学学报, 2005, 28(3): 303-305.

[432]徐士韦, 张业安, 肖焕禹. 澳大利亚精英体育政策的演进及启示[J]. 山东体育学院学报, 2015, 31(3): 12-17.

[433]徐士韦. 澳大利亚大众体育政策的演进述析[J]. 沈阳体育学院学

报，2016，35（6）：6-13.

[434] 徐通．英国福利制度与大众体育政策演变[J]．体育文化导刊，2008（4）：110-111.

[435] 徐艳梅．政策工具视角下我国青少年体育政策文本分析[J]．运动精品，2021，40（12）：67-70，73.

[436] 徐寅生．国家体委副主任徐寅生在全国施行《国家体育锻炼标准》工作经验交流会上的讲话（摘要）[J]．学校体育，1990（1）：9-10.

[437] 徐增辉．新公共管理研究[D]．吉林大学，2005.

[438] 许兰，刘苏．普通高校招收高水平运动员政策解析[J]．体育科技，2009（11）：33-35.

[439] 许正勇．我国青少年体育俱乐部政策变迁分析[J]．体育文化导刊，2014（5）：8-11.

[440] 杨晨曦．基于BOT+EPC模式的公共基础设施建设项目的组织管理研究[D]．重庆交通大学，2015.

[441] 杨成伟，唐炎，张赫，张鸿．青少年体质健康政策的有效执行路径研究——基于米特霍恩政策执行系统模型的视角[J]．体育科学，2014，34（8）：56-63.

[442] 杨成伟，唐炎．学校体育设施服务社会政策的执行困境与路径优化[J]．体育学刊，2013，20（6）：55-59.

[443] 杨成伟．美国青少年体质健康政策的演进及执行路径研究[J]．西南师范大学学报，2015，40（8）：158-162.

[444] 杨定玉，杨万文，黄道主，等．学校体育政策执行偏差的表现、原因与对策——以"阳光体育运动"的政策分析为例[J]．武汉体育学院学报，2014，48（1）：78-82.

[445] 杨冬妮．半月简讯[J]．留学，2021（21）：20-25.

[446] 杨贵仁．中央7号文件实施5周年的回顾与展望[J]．首都体育学院学报，2012，24（3）：196-199.

[447] 杨洪刚．中国环境政策工具的实施效果及其选择研究[D]．复旦大学，2009.

[448] 杨桦．深化体育改革推进体育治理体系和治理能力现代化[J]．北京体育大学学报，2015，38（1）：1-7.

[449] 杨桦．中国体育治理体系和治理能力现代化的概念体系[J]．北京体育大学学报，2015，38（8）：1-6.

[450] 杨洁．论公共政策执行主体的优化问题[J]．云南行政学院学报，

2003(4)：36.

[451]杨君,徐选国,徐永祥.迈向服务型社区治理:整体性治理与社会再组织化[J].中国农业大学学报(社会科学版),2015,32(3):95-105.

[452]杨明玉.美国童工法发展述论[J].法制与社会,2015(9):278-281.

[453]杨青松,罗建河.我国群众体育政策执行阻滞效应的多维分析——以《全民健身计划纲要》为例[J].广州体育学院学报,2008,28(6):11-14.

[454]杨青松.我国体育政策研究述评[J].武汉体育学院学报,2011,45(1):19-23.

[455]杨万文,李欢.对我国现行学校体育法律法规体系的探讨[J].武汉体育学院学报,2013,47(9):10-14.

[456]杨宗文.体育政策评估的理念[J].中华体育季刊,2001,15(1):9-17.

[457]于素梅.从一体化谈家、校、社联合的困境及突破[J].中国学校体育,2020,39(7):13-15.

[458]余晓绘."融治理"背景下推进政府购买社会服务的困境及对策[J].经济研究导刊,2022,521(27):98-100.

[459]俞可平,李景鹏,毛寿龙,等.中国离"善治"有多远——"治理与善治"学术笔谈[J].中国行政管理,2001(9):15-21.

[460]俞可平,王颖.公民社会的兴起与政府善治[J].中国改革,2001(6):38-39.

[461]俞可平.论国家治理现代化[M].北京:社会科学文献出版社,2014:131.

[462]俞可平.善治与幸福[J].马克思主义与现实,2011(2):1-3.

[463]俞可平.中国的治理改革(1978—2018)[J].武汉大学学报(哲学社会科学版),2018,71(3):48-59.

[464]愈可平.治理与善治[M].北京:社会科学文献出版社,2000:27-37.

[465]袁贵仁.深化教育领域综合改革,加快推进教育治理体系和治理能力现代化[N].中国教育报,2014.

[466]袁伟民.中国体育年鉴:2000[M].北京:人民体育出版社,2000.

[467]袁伟民.中国体育年鉴:2001[M].北京:人民体育出版社,2001.

[468] 袁伟民. 中国体育年鉴: 2002[M]. 北京: 人民体育出版社, 2002.

[469] 袁伟民. 中国体育年鉴: 2008[M]. 北京: 人民体育出版社, 2008.

[470] 袁伟民. 中国体育年鉴: 2010[M]. 北京: 人民体育出版社, 2011.

[471] 原朝阳. 公共政策的合法性及其提升途径研究[J]. 云南社会主义学院学报, 2012(1): 86-87.

[472] 岳建军. 美国《国民体力活动计划》研究及启示[J]. 中国体育科技, 2015, 51(2): 126-134.

[473] 臧宇. 体育强国背景下的高校足球教学与发展探讨[J]. 体育视野, 2022(18): 40-42.

[474] 战建华. 公共政策学[M]. 济南: 山东人民出版社, 2011: 37.

[475] 湛冰, 王凯珍. 政策工具视角下美国老年体育政策文本特征分析[J]. 体育科学, 2017, 37(2): 28-36.

[476] 张彩珍. 中国体育年鉴 1983—1984[M]. 北京: 人民体育出版社, 1987: 35.

[477] 张彩珍. 中国体育年鉴 1990[M]. 北京: 人民体育出版社, 1992: 41.

[478] 张绰庵. 青少年体育综合改革的理性思考[J]. 北京体育大学学报, 2014, 37(8): 1-5.

[479] 张成福, 党秀云. 公共管理学[M]. 北京: 中国人民大学出版社, 2007: 31.

[480] 张聪林. 基于公共政策的城市规划过程研究[D]. 华中科技大学, 2005.

[481] 张翠芳. 新中国以来我国竞技体育政策演进研究[D]. 华中师范大学, 2017.

[482] 张德军, 杜少辉. 我国体育政策执行效果的影响因素探索[J]. 广州体育学院学报, 2016, 36(5): 1-4.

[483] 张钿富. 教育政策分析——理论与实务[M]. 台北: 五南图书出版社, 2004: 8.

[484] 张浩, 吴冶. 高校高水平运动队管理政策现状研究[J]. 北京体育大学学报, 2010, 33(2): 31-34.

[485] 张红, 江宇. 群众体育政策过程中的公民参与及其提升路径[J]. 沈阳体育学院学报, 2014, 33(5): 17-21.

[486] 张建华, 高嵘, 毛振明. 当代美国体育课程改革及对我国的启示[J]. 体育科学, 2004, 24(1): 50-52.

[487]张建会,钟秉枢.全运会政策执行中的利益博弈——基于利益相关者视角的分析[J].武汉体育学院学报,2014,48(11):18-22.

[488]张金马.政策科学导论[M].北京:中国人民大学出版社,1992:51.

[489]张康平.全民健身公共服务供给侧结构性改革研究[J].体育文化导刊,2016(11):11-14.

[490]张康平.英国青少年体育政策的演进及启示[J].体育文化导刊,2015(5):36-39.

[491]张莉清.运动员文化教育政策与法规发展历程[J].青少年体育,2014(2):25-37.

[492]张瑞林,王晓芳,王先亮.我国全民健身公共政策执行阻滞分析[J].上海体育学院学报,2013,37(4):1-5.

[493]张婷,刘壮.日、韩奥运后的体育发展对北京奥运后中国体育政策的启示[J].体育与科学,2008,29(4):49-51.

[494]张卫平.青少年体质健康促进政策历史变迁研究[J].辽宁广播电视大学学报,2016(4):14-15.

[495]张文鹏,何秋鸿,段莉.我国学校体育政策研究的热点、问题与展望——基于CNKI收录文献的计量分析[J].体育成人教育学刊,2019,35(2):1-9.

[496]张文鹏,王健,董国永.让学校体育政策落地生根——基于教育部〔2014〕3号文的解读[J].体育学刊,2015,22(1):66-69.

[497]张文鹏,王健.清末学校体育改革的制度更新:基于政策文本的研究[J].成都体育学院学报,2016,42(5):113-117.

[498]张文鹏,王健.新中国成立以来学校体育政策的演进:基于政策文本的研究[J].体育科学,2015,35(2):14-23.

[499]张文鹏.民国时期学校体育政策演进研究[J].体育文化导刊,2017(2):175-180.

[500]张文鹏.英国青少年体育政策的治理体系研究[J].北京体育大学学报,2017,40(1):71-77.

[501]张文新.青少年发展心理学[M].济南:山东人民出版社,2008:29.

[502]张吾龙,杨薇,陈观云.印度体育法律法规及政策发展趋势[J].体育文化导刊,2006(12):63-65.

[503]张晓琳,李启迪,李晨峰.体育政策学研究方法探微[J].成都体育

学院学报，2009，35（10）：41-43.

［504］张晓明．美国国家治理体系和治理能力现代化的过程、做法及启示［J］．当代世界与社会主义，2015（2）：13-17.

［505］张晓强，罗小兵．"国家-社会"关系视角下我国青少年体育治理研究［J］．北京体育大学学报，2021，44（11）：18-28.

［506］张兴贵．青少年人格、人口学变量与主观幸福感的关系模型［J］．心理发展与教育，2007（1）：46-53.

［507］张秀丽．英意西大众体育政策特点及其启示［J］．体育文化导刊，2008（8）：102-105.

［508］张颖．中国大众体育政策制定情况与执行者现状研究［D］．北京体育大学，2006.

［509］张永保，沈克印．体育强国目标下发展群众体育的路径探讨［J］．武汉体育学院学报，2010，44（12）：79-86.

［510］张云婷，马生霞，陈畅，等．中国儿童青少年身体活动指南［J］．中国循证儿科杂志，2017，12（6）：401-409.

［511］赵广涛．从运动生理学角度看加强青少年体育锻炼的意义——解读中央7号文件［J］．运动，2010（2）：37.

［512］赵立霞．我国青少年体育政策文本量化分析——一个分析框架及其应用［J］．南京体育学院学报（自然科学版），2014，13（1）：131-135.

［513］赵丽莉．政策工具视角的中国光伏产业政策文本内容分析［D］．浙江大学，2011.

［514］赵文凤．基于文本分析的中小企业扶持政策研究［D］．中北大学，2016.

［515］甄媛圆，缪佳．英国体育政策的嬗变及启示［J］．西安体育学院学报，2015，32（3）：264-268.

［516］郑琦．美国政府与社会组织的关系演进［J］．社会主义研究，2012（2）：63-67.

［517］郑祥荣，江广和．国内外青少年健康促进与干预策略比较［J］．成都体育学院学报，2013，39（7）：17-22.

［518］郑志龙，李玲玲．转型期我国公共政策执行中的问题分析［J］．河南社会科学，2002（6）：23-26.

［519］郑智航．国家治理现代化的中国逻辑及其展开［J］．法制与社会发展，2021，27（3）：71-89.

[520]中国体育年鉴编辑部.中国体育年鉴：1996[M].北京：人民体育
　　　出版社，1999.

[521]中国体育年鉴编辑委员会.中国体育年鉴：1949—1962[M].北京：
　　　人民体育出版社，1964.

[522]中国体育年鉴编辑委员会.中国体育年鉴：1963[M].北京：人民
　　　体育出版社，1965.

[523]中国体育年鉴编辑委员会.中国体育年鉴：1964[M].北京：人民
　　　体育出版社，1965.

[524]中国体育年鉴编辑委员会.中国体育年鉴：1965[M].北京：人民
　　　体育出版社，1982.

[525]中国体育年鉴编辑委员会.中国体育年鉴：1966—1972[M].北京：
　　　人民体育出版社，1983.

[526]中国体育年鉴编辑委员会.中国体育年鉴：1973—1974[M].北京：
　　　人民体育出版社，1982.

[527]中国体育年鉴编辑委员会.中国体育年鉴：1975[M].北京：人民
　　　体育出版社，1982.

[528]中国体育年鉴编辑委员会.中国体育年鉴：1976[M].北京：人民
　　　体育出版社，1981.

[529]中国体育年鉴编辑委员会.中国体育年鉴：1977[M].北京：人民
　　　体育出版社，1982.

[530]中国体育年鉴编辑委员会.中国体育年鉴：1978[M].北京：人民
　　　体育出版社，1981.

[531]中国体育年鉴编辑委员会.中国体育年鉴：1979[M].北京：人民
　　　体育出版社，1981.

[532]中国体育年鉴编辑委员会.中国体育年鉴：1980[M].北京：人民
　　　体育出版社，1983.

[533]国家体育总局.中国体育年鉴：1997[M].北京：人民体育出版社，
　　　2000.

[534]国家体育总局.中国体育年鉴：1998[M].北京：人民体育出版社，
　　　2000.

[535]中华人民共和国国史网.中共中央批转国家体委党组《关于体育运
　　　动十年规划的报告》[EB/OL]. http：//www. hprc. org. cn/gsyj/whs/
　　　tyfzs/200909/t20090914_31053. html.

[536]中华人民共和国教育部.关于印发《全国青少年校园足球改革试验

区基本要求(试行)》和《全国青少年校园足球试点县(区)基本要求(试行)》的通知[EB/OL]. http://www. moe. gov. cn/srcsite/A17/moe_938/s3273/201808/t20180829_346499. html.

[537]中华人民共和国教育部. 教育部 国家体育总局 共青团中央关于开展全国亿万学生阳光体育运动的通知[EB/OL]. http://www. gov. cn/gzdt/2006-12/25/content_477488. htm.

[538]中华人民共和国教育部. 教育部 国家体育总局关于进一步加强学校体育工作切实提高学生健康素质的意见[EB/OL]. http://www. moe. gov. cn/jyb_xxgk/gk_gbgg/moe_0/moe_1443/moe_1463/tnull_21505. html.

[539]中华人民共和国教育部. 教育部办公厅关于进一步加强中小学生体质健康管理工作的通知[EB/OL]. http://www. moe. gov. cn/srcsite/A17/moe_943/moe_947/202104/t20210425_528082. html.

[540]中华人民共和国教育部. 中共中央办公厅国务院办公厅印发《关于全面加强和改进新时代学校体育工作的意见》[EB/OL]. http://www. moe. gov. cn/s78/A01/s4561/jgfwzx_zcwj/202010/t20201019_495583. html.

[541]中华人民共和国教育部. 中共中央国务院关于深化教育改革,全面推进素质教育的决定[EB/OL]. http://old. moe. gov. cn/publicfiles/business/htmlfiles/moe/moe_177/200407. html.

[542]中华人民共和国体育运动委员会. 现行体育法规汇编 1949—1988[M]. 北京:人民体育出版社,1990.

[543]中华人民共和国体育运动委员会编. 中华人民共和国体育法规汇编1989—1992[M]. 北京:人民体育出版社,1993.

[544]中华人民共和国体育运动委员会编. 中华人民共和国体育法规汇编1993—1996[M]. 北京:新华出版社,1997.

[545]中华人民共和国中央人民政府. 国务院办公厅印发《中国足球改革发展总体方案的通知》[EB/OL]. http://www. gov. cn/zhengce/content/2015-03/16/content_9537. htm.

[546]中华人民共和国中央人民政府. 国务院办公厅关于强化学校体育促进学生身心健康全面发展的意见[EB/OL]. http://www. gov. cn/zhengce/content/2016-05/06/content_5070778. htm.

[547]中华人民共和国中央人民政府. 国务院办公厅关于同意建立青少年体育工作部际联席会议制度的函[EB/OL]. http://www. gov. cn/

zhengce/content/2020-12/22/content_5572209. htm.

[548]中华人民共和国中央人民政府. 国务院办公厅关于印发体育强国建设纲要的通知[EB/OL]. http：//www. gov. cn/zhengce/content/2019-09/02/content_5426485. htm.

[549]中华人民共和国中央人民政府. 国务院办公厅转发教育部等部门关于进一步加强学校体育工作若干意见的通知[EB/OL]. http：//www. gov. cn/zhengce/content/2012-10/29/content_5309. htm.

[550]中华人民共和国中央人民政府. 国务院关于印发全民健身计划（2016—2020）的通知[EB/OL]. http：//www. gov. cn/gongbao/content/2016/content_5088765. htm.

[551]中华人民共和国中央人民政府. 教育部 国家体育总局关于推进学校体育场馆向社会开放的实施意见[EB/OL]. http：//www. gov. cn/xinwen/2017-03/08/content_5175010. htm.

[552]中华人民共和国中央人民政府. 教育部等七部门关于印发《全国青少年校园足球八大体系建设行动计划》的通知[EB/OL]. http：//www. gov. cn/zhengce/zhengceku/2020-09/27/content_5547544. htm.

[553]中华人民共和国中央人民政府. 教育部关于印发《教育部等五部门关于全面加强和改进新时代学校卫生与健康教育工作的意见》[EB/OL]. http：//www. gov. cn/zhengce/zhengceku/2021-09/03/content_5635117. htm.

[554]中华人民共和国中央人民政府. 教育部关于印发《切实保证中小学生每天一小时校园体育活动的规定》的通知[EB/OL]. http：//www. gov. cn/zwgk/2011-08/02/content_1918342. htm.

[555]中华人民共和国中央人民政府. 全民健身条例[EB/OL]. http：//www. gov. cn/zhengce/2020-12/27/content_5575063. htm.

[556]中华人民共和国中央人民政府. 体育总局、教育部关于印发深化体教融合 促进青少年健康发展意见的通知[EB/OL]. http：//www. gov. cn/zhengce/zhengceku/2020-09/21/content_5545112. htm.

[557]中华人民共和国中央人民政府. 习近平提出，提高保障和改善民生水平，加强和创新社会治理[EB/OL]. http：//www. gov. cn/zhuanti/2017-10/18/content_ 5232656. htm.

[558]中华人民共和国中央人民政府. 中共中央国务院关于加强青少年体育增强青少年体质的意见[EB/OL]. http：//www. gov. cn/gongbao/content/2007/content_663655. htm.

[559]中华人民共和国中央人民政府.中共中央国务院印发《"健康中国2030"规划纲要》[EB/OL].http：//www. gov. cn/xinwen/2016-10/25/content_5124174. htm.

[560]中华人民共和国中央人民政府.中共中央办公厅国务院办公厅印发《关于全面加强和改进新时代学校体育工作的意见》和《关于全面加强和改进新时代学校美育工作的意见》[EB/OL].http：//www. gov. cn/zhengce/2020-10/15/content_5551609. htm.

[561]中华人民共和国中央政府网.全国推进学校体育工作电视电话会议在京召开[EB/OL].http：//www. gov. cn/gzdt/2012-12/25/content_2298127. htm.

[562]钟秉枢.制度变迁、城市遴选、市场开发——我国综合性体育赛事改革研究[M].北京：北京体育大学出版社，2011：37-38.

[563]周爱光.从体育公共服务的概念审视政府的地位和作用[J].体育科学，2012，32(5)：64-70.

[564]周爱光.日本体育政策的新动向——《体育振兴基本计划》解析[J].体育学刊，2007，14(2)：16-19.

[565]周兰君.美国老年体育政策对我国的启示[J].中国体育科技，2013，49(1)：57-62.

[566]周黎安.行政发包制[J].社会，2014，34(6)：1-38.

[567]周铭扬，谢正阳，等.青少年体质健康促进的社会治理研究：国外镜鉴、基本原则与路径设计[J].天津体育学院学报，2021，36(1)：29-36.

[568]朱琼.全民健身计划出台的前前后后[J].体育文史，1995(3)：16-17.

[569]朱艳敏.公共政策失效的背后：一个合法性视阈的探析[J].江南社会学院学报，2014，16(2)：71-75.

[570]竺乾威.公共行政理论[M].上海：复旦大学出版社，2008：71-77.

[571]祝菁.普通高校开展"阳光体育运动"的可持续发展研究[D].山东大学，2009.

附　　录

附录1　美国青少年体育政策文件汇总表

序号	名　称	出　处	年份
1	Physical Activity and Health: A Report of the Surgeon General	Washington: U.S. Govt. Printing Office	1996
2	Guidelines for School and Community Programs to Promote Lifelong Physical Activity Among Young People	Morbidity and Mortality Weekly Report: Recommendations and Reports	1997
3	Promoting Better Health for Young People Through Physical Activity and Sports: A Report to the President From the Secretary of Health and Human Services and the Secretary of Education	Washington, DC: Centers for Disease Control and Prevention	2000
4	2008 Physical Activity Guidelines for Americans	Washington, DC: U.S. Government Printing Office	2008
5	School Health Guidelines to Promote Healthy Eating and Physical Activity	Morbidity and Mortality Weekly Report: Recommendations and Reports	2011
6	The CDC Guide to Strategies to Increase Physical Activity in the Community	Atlanta: U.S. Department of Health and Human Services	2011
7	Physical Activity Guidelines for Americans Midcourse Report: Strategies to Increase Physical Activity Among Youth	Washington, DC: U.S. Government Printing Office	2012

续表

序号	名　称	出　处	年份
8	Comprehensive School Physical Activity Programs: A Guide for Schools	Atlanta: U. S. Department of Health and Human Services	2013
9	Educating the Student Body: Taking Physical Activity and Physical Education to School	Washington, DC: The National Academies Press	2013
10	National Physical Activity Plan	NATIONAL PHYSICAL ACTIVITY PLAN ALLIANCE	2016
11	Healthy People 2000	Atlanta: U. S. Department of Health and Human Services	1990
12	Healthy People 2010	Atlanta: U. S. Department of Health and Human Services	2000
13	Healthy People 2020	Atlanta: U. S. Department of Health and Human Services	2010

附录2 新中国成立以来青少年体育政策文本汇总表

编号	政策标题	发文部门	发文日期
1	教育部关于颁发中学暂行教学计划(草案)及中等学校暂行校历(草案)的命令	教育部	1950.08
2	中央人民政府政务院关于改善各级学校学生健康状况的决定(摘录)	政务院	1951.08.06
3	体育总会筹委会、教育部等9单位关于推广广播体操活动的联合通知	体育总会筹委会、教育部、卫生部、总政治部、青年团中央、全国总工会、全国妇联、全国青联、全国学联	1951.11.24
4	中学暂行规程(草案)、小学暂行规程(草案)	教育部	1952.03.18
5	关于正确发展学校体育运动、防止伤害事故的联合指示	高等教育部、中央体委、教育部	1953.10.14
6	关于在中等以上学校中开展群众性体育运动的联合指示	中央体委、教育部、卫生部、中国新民主主义青年团中央委员会、中华全国学生联合会	1954.05.04
7	关于开展学校保健工作的联合指示	中央体委、高等教育部、卫生部、教育部	1954.06.11
8	《"准备劳动与卫国"体育制度暂行条例》(简称《劳卫制》)	中央体委	1954.05.04
9	关于在全国小学中推行少年广播体操的联合指示	中央体委、高等教育部、教育部、共青团中央、卫生部、广播事业局	1954.08.24
10	关于改进中小学体育工作的指示	教育部、国家体委、卫生部	1955.08.09

续表

编号	政策标题	发文部门	发文日期
11	关于在全国小学中推行儿童广播体操的联合指示	国家体委、教育部、卫生部、广播事业局、青年团中央	1955.11.19
12	教育部关于减轻中、小学校学生过重负担的指示	教育部	1955.07.01
13	中华人民共和国体育运动委员会关于积极开展暑假学生体育活动的通知	国家体委	1955.07
14	少年业余体育学校章程(草案)	国家体委	1956.04.15
15	中华人民共和国体育运动委员会关于举办青、少年业余体育学校应行注意事项的通报	国家体委	1956.06
16	中华人民共和国教育部关于改进小学体育工作的指示(摘录)	教育部	1956.07.12
17	中华人民共和国教育部关于中学和师范院校学校体育的几个问题的指示	教育部	1956.11.14
18	中华人民共和国教育部关于1957年学校体育工作的几点意见	教育部	1957.03.05
19	中华人民共和国体育运动委员会关于体育学校工作几个问题的提示	国家体委	1957.01.30
20	劳动卫国体育制度条例	国家体委	1958.10.25
21	中共中央批转国家体委党组《关于体育运动十年规划的报告》	中共中央	1958.09.19
22	共青团中央关于更广泛地组织青少年参加体育运动的指示	共青团中央	1959.08.05
23	共青团中央关于在青少年中广泛组织乒乓球竞赛活动的通知	共青团中央	1959.11.23
24	教育部、卫生部关于在各级学校中大搞爱国卫生运动和加强体育运动的通知	教育部、卫生部	1960.04.06
25	国家体委、教育部、共青团中央关于在青少年中广泛开展田径运动竞赛的联合通知	国家体委、教育部、共青团中央	1960.04.20
26	国家体委关于贯彻中央关于卫生工作的指示精神,大力开展群众体育活动的意见	国家体委	1960.04.25

续表

编号	政策标题	发文部门	发文日期
27	国家体委、教育部、共青团中央关于在青少年中大力开展游泳活动的联合通知(摘录)	国家体委、教育部、共青团中央	1960.06.03
28	关于试行运动队伍工作条例(草案)的通知	国家体委	1963.03.31
29	关于在女少年中大力倡导乒乓球活动的通知	共青团中央、教育部、国家体委	1963.10.10
30	全日制小学暂行工作条例(草案)	中共中央	1963.03.23
31	全日制中学暂行工作条例(草案)	中共中央	1963.03.23
32	关于中、小学学生健康状况和改进学校体育、卫生工作的报告	教育部、国家体委、卫生部	1964.06.30
33	关于大力开展足球运动,迅速提高技术水平的决定	国家体委	1964.04.14
34	关于在男少年中开展小足球活动的联合通知	共青团中央、教育部、国家体委	1964.06.01
35	青少年业余体育学校试行工作条例(草案)	国家体委	1964.09.14
36	青少年体育锻炼标准条例(草案)	国家体委	1965.03.11
37	一九七二年全国青少年业余体育学校工作座谈会纪要(摘要)	国家体委、国务院科教组	1972.11.18
38	关于在全国中小学中推行第五套儿童广播体操的通知	国家体委、国务院科教组	1973.06.01
39	国家体育锻炼标准条例	国家体委、总参谋部	1975.03.26
40	关于加强学校体育、卫生工作的通知(摘录)	教育部、国家体委、卫生部	1978.04.14
41	全国学生体育运动竞赛制度	国家体委、教育部	1979.03.29
42	中、小学体育工作暂行规定(试行草案)	教育部、国家体委	1979.10.05
43	关于在学校中进一步广泛施行国家体育锻炼标准意见的通知	国家体委、教育部	1979.04.29
44	国家体委关于加强群体工作的意见(摘录)	国家体委	1979.03.20
45	少年儿童业余体育学校章程	国家体委、教育部	1979.03.29
46	关于贯彻全国学校体育、卫生工作经验交流会议纪要精神的联合通知	国家体委	1979.09.25

编号	政策标题	发文部门	发文日期
47	国家体委关于提高我国足球技术水平若干措施的请示	国家体委	1979.06.06
48	关于开展文化体育活动促进青少年健康成长的意见	共青团中央	1980.05.07
49	关于在全国中、小学生中积极开展足球活动的联合通知	国家体委、教育部、共青团中央	1980.01.17
50	关于加强少年儿童业余体育学校工作的意见	国家体委	1980.02.08
51	国家体委关于认真贯彻落实全国学校体育卫生工作经验交流会议精神 抓好学校体育工作的意见	国家体委	1980.02.08
52	关于举办一九八〇年全国市、县小学基层代表队小足球比赛的联合通知	国家体委、共青团中央，教育部	1980.04.30
53	关于积极推行第六套广播体操的联合通知	共青团中央、教育部、国家体委、卫生部、国家民委、广播事业局、总参谋部、总政治部、全国总工会、全国妇联、全国青联、全国学联、全国体育总会	1981.08.18
54	关于在全国小学推行《第六套儿童广播体操》的通知	共青团中央、教育部、国家体委、卫生部、广播电视部、全国妇联	1982.07.22
55	国家体育锻炼标准	国家体委	1982.08.27
56	关于在中医院校体育课中增加保健体育内容的意见	卫生部、教育部、国家体委	1982.06
57	教育部关于保证中小学生每天有1小时体育活动的通知	教育部	1982.06.12
58	教育部关于印发《全国学校体育卫生工作会议纪要》的通知	教育部	1983.08.27

续表

编号	政策标题	发文部门	发文日期
59	国务院批转国家体委关于进一步开创体育新局面的请示的通知	国务院	1983.10.28
60	关于进一步加强学校体育工作的意见	国家体委	1983.05.15
61	国家体委关于进一步发展业余训练的意见（摘录）	国家体委	1983.05.15
62	国家体委、教育部颁发体育传统项目学校试行办法	国家体委、教育部	1983.11.09
63	关于体育部门所属体育场馆向儿童、少年开放的通知	国家体委	1984.05.05
64	中共中央关于进一步发展体育运动的通知	中共中央	1984.10.05
65	国家教委关于加强中、小学体育师资队伍建设的意见	国家教委	1986.03
66	中华人民共和国义务教育法	全国人民代表大会	1986.04.12
67	国家体委关于加速培养高水平运动后备人才的指示	国家体委	1986.04.15
68	共青团中央关于颁发《青年宫、青少年宫管理工作条例(试行)的通知》	共青团中央	1986.11
69	全国培养高水平学生运动员试点学校申报审批暂行办法	国家教委	1986.03
70	关于开展课余体育训练，提高学校体育运动技术的规划(1986—2000)	中华人民共和国国家教委、中华人民共和国体育运动委员会	1986.11.11
71	关于执行《优秀运动队工作条例》中有关文化教育工作的暂行规定	国家体委	1986.12.19
72	中学生体育合格标准的试行办法	国家教委	1987.09
73	关于中国学生体质健康状况调查研究结果和加强学校体育卫生工作的意见	国家教委、国家体委、卫生部、国家民委、国家科委、财政部	1987.12.30
74	关于在全国小学和中学(初中)积极推行第七套儿童广播(韵律)体操和第五套少年广播(韵律)体操的联合通知	国家体委、国家教委、广播电影电视部、共青团中央	1988.08.05

编号	政策标题	发文部门	发文日期
75	参加国际中学生体育竞赛活动若干问题的暂行规定	国家教委	1989.01.09
76	国家教委、文化部等关于全国各类文化设施向中小学生免费或优惠开放的意见	国家教委、文化部	1989.06.01
77	全国学生体质健康状况监测实施方案	国教委、国体委、卫生部、国民委、国科委	1989.06.22
78	国家体育锻炼标准施行办法	国家体委	1990.01.06
79	学校体育工作条例	国家教委、国家体委	1990.03.12
80	国家体委、国家教委关于在全国各级各类学校推进《国家体育锻炼标准实行办法》的通知	国家体委、国家教委	1990.01.23
81	关于公共体育场所应进一步向中、小学生开放的通知	国家体委	1990.04.05
82	全国普通大、中学校学生体育竞赛暂行规定	教育部	1990.07
83	关于印发《中等学校招生体育考试试点工作座谈会纪要》的通知	国家教委	1990.08
84	国家教委关于印发《农村教育综合改革试验县贯彻〈学校体育工作条例〉和〈学校卫生工作条例〉的意见》的通知	国家教委	1990.11
85	关于印发《全国学生体质、健康监测工作座谈会纪要》搞好全国学生体质、健康监测工作的通知	教育部、国家科学技术委员会、国家体委、卫生部、国家民族事务委员会	1991.12
86	关于加强中小学生竞赛活动管理的通知	国家教委	1991.02
87	关于转发《当前中小学体育工作中存在的主要问题及改进意见》的通知	国家教委	1991.02.20
88	国家教委关于印发《试点中学培养体育运动后备人才暂行管理办法》的通知	国家教委	1991.03.15
89	国家教委关于颁发《中学生体育合格标准实施办法》的通知	国家教委	1991.05.16

编号	政策标题	发文部门	发文日期
90	关于在中小学校开展远足活动的通知	国家教委	1991.02.09
91	国家教委关于印发《小学生体育合格标准实施办法》的通知	国家教委	1992.02.24
92	关于进一步加强学校体育卫生工作，提高学生体质健康水平的意见	国家教委、国家体委、卫生部、国家民委、国家科委	1992.09.07
93	中国教育改革和发展纲要	中共中央、国务院	1993.02
94	国家体委关于深化体育改革的意见	国家体委	1993.05.24
95	关于贯彻《九年义务教育全日制小学、初级中学课程方案(试行)》中有关体育教学要求的意见	国家教委	1993.03.30
96	关于印发《全国培养体育后备人才试点中学评估体系及办法(试行)》的通知	国家教委	1993.01.15
97	国家体委关于优秀运动队文化教育工作深化改革的意见	国家体委	1993.10.30
98	1995年全国学生体质健康状况调查研究实施方案	国家教委、国家体委、卫生部、国家民委、国家科委	1994.09.23
99	关于开展"到阳光下、到操场上、到大自然中去陶冶身心"的活动通知	国家教委、国家体委、共青团中央	1994.03.29
100	关于加强农村学校体育工作的几点意见	国家教委	1995.02.11
101	中华人民共和国体育法	全国人大常委会	1995.08.29
102	国务院关于印发全民健身计划纲要的通知	国务院	1995.06.20
103	奥运争光计划纲要(1994—2000年)	国家体委	1995.07.06
104	贯彻《全民健身计划纲要》的意见	国家教委	1995.07.21
105	关于加强学校体育活动中安全教育和安全管理工作的通知	国家教委	1995.02.07
106	国家体委、国家教委等9单位关于坚持开展广播体操活动的通知	国家体委、国家教委、广播电影电视部、卫生部、全国总工会、共青团中央、全国妇联、总参谋部、总政治部	1995.06.30

续表

编号	政策标题	发文部门	发文日期
107	关于公共体育场馆向群众开放的通知	国家体委	1995.04.25
108	关于下发《培养体育后备人才试点中学评估办法》的通知	国家教委	1995.02.05
109	关于继续开展"到阳光下、到操场上、到大自然中去陶冶身心"的活动通知	国家教委、国家体委、共青团中央	1995.05.22
110	关于加强学生健康教育、防止意外事件发生的通知	国家教委	1996.01.22
111	关于印发《"九五"期间农村学校体育卫生工作意见》的通知	国家教委	1996.11.28
112	国家教委关于下发实验《"体育两类课程整体教学改革"的方案》	国家体委	1996.01.17
113	关于开展高水平体育后备人才基地评估工作的通知	国家体委	1996.03.15
114	国家教委关于印发《全国部分省市初中毕业生升学考试体育工作座谈会纪要》的通知	国家教委	1997.06.02
115	国家教委关于印发《初中毕业生升学体育考试工作实施方案》的通知	国家教委	1997.11.16
116	国家教委关于印发《全国学生体育竞赛管理规定》的通知	国家教委	1997.11.28
117	关于印发《学校课余体育训练座谈会纪要》的通知	国家教委体育卫生与艺术教育司	1997.06.17
118	关于推行《中小学生幼儿系列广播体操》的通知	国家教委	1998.03.18
119	中共中央、国务院关于深化教育改革全面推进素质教育的决定(节选)	国家体育总局、教育部	1999.06.13
120	国家体育总局、教育部关于下发《少年儿童体育学校管理办法》的通知	国家体育总局、教育部	1999.02.04
121	学校体育卫生工作经验交流会会议纪要	教育部	1999.10.25
122	教育部办公厅关于假期、公休日学校体育场地向学生开放的通知	教育部	1999.06.10
123	关于开展中小学课外文体活动试点工作的通知	教育部	2000.05.19

续表

编号	政策标题	发文部门	发文日期
124	教育部办公厅关于开展学校体育卫生艺术教育工作专项督导检查的通知	教育部	2000.12.29
125	2001—2010年体育改革与发展纲要	国家体育总局	2000.12.15
126	教育部、体育总局、卫生部、国家民委、科技部关于印发《2000年全国学生体质健康状况调查研究实施方案》的通知	教育部、国家体育总局、卫生部、国家民族事务委员会、科学技术部	2000.03.09
127	关于加强青少年学生活动场所建设和管理工作的通知	中共中央办公厅、国务院办公厅	2000.07.03
128	关于筹集用于建设青少年活动场所的体育彩票公益金有关问题的通知	国家体育总局	2000.09.11
129	关于增加彩票发行额度筹集青少年活动场所建设及维护资金的通知	财政部、民政部、国家体育总局	2000.08.03
130	体育总局、教育部关于下发《体育传统项目学校管理办法》的通知	国家体育总局、教育部	2000.07.28
131	关于印发《全日制普通高级中学体育与健康教学大纲》(实验修订版)的通知	教育部	2000.02.29
132	关于各运动项目管理中心和训练单位创建青少年体育俱乐部的通知	国家体育总局	2001.06.21
133	关于实施"全国中小学生课外文体活动工程"的通知	教育部、国家体育总局、共青团中央、全国少工委	2001.05.28
134	国务院关于基础教育改革与发展的决定(节选)	国务院	2001.05.29
135	关于印发《基础教育课程改革纲要(试行)》的通知	教育部	2001.06.08
136	中等体育运动学校设置标准(试行)	国家体育总局、教育部	2001.11.01
137	国家体育总局、教育部关于开展"亿万青少年儿童体育健身活动"的通知	国家体育总局、教育部	2001.07.03
138	农村体育工作暂行规定	国家体育总局	2002.04.12
139	教育部关于加强农村学校体育卫生工作的几点意见	教育部	2002.06.26

续表

编号	政策标题	发文部门	发文日期
140	关于印发《学生体质健康标准(试行方案)》及《〈学生体质健康标准(试行方案)〉实施办法》的通知	教育部、国家体育总局	2002.07.04
141	教育部关于推行《第二套全国中小学生(幼儿)系列广播体操》的通知	教育部	2002.07.05
142	关于进一步加强和改进新时期体育工作的意见	中共中央、国务院	2002.07.22
143	关于印发《中学体育器材设施配备目录》《小学体育器材设施配备目录》的通知	教育部	2002.07.22
144	2001—2010年奥运争光计划纲要	国家体育总局	2002.11.19
145	关于2002年使用体育彩票公益金创建青少年体育俱乐部的通知	国家体育总局	2002.03.14
146	关于使用体育彩票公益金资助体育传统项目学校体育器材的通知	国家体育总局	2002.10.09
147	关于使用体育彩票公益金资助开展青少年体育夏(冬)令营活动的通知	国家体育总局	2002.03.22
148	关于进一步加强运动员文化教育工作的意见	国家体育总局、教育部	2003.01.07
149	体育总局、教育部关于印发国家级体育传统项目学校评定办法、标准及评分的通知	国家体育总局、教育部	2003.04.02
150	关于鼓励和支持学校创建青少年体育俱乐部的通知	国家体育总局、教育部	2003.02.01
151	关于印发《普通高中课程方案(实验)》和语文等十五个学科课程标准(实验)的通知	教育部	2003.03.31
152	关于开展"全国学生体质健康标准推广活动"的通知	教育部、国家体育总局、共青团中央	2003.06.11
153	教育部关于2002年学生体质健康监测结果公告	教育部	2003
154	关于印发《全国青少年学生校外活动场所建设及维护资金管理办法》和《国家扶持青少年学生校外活动场所建设项目设备采购管理办法》的通知	财政部、全国青少年校外教育工作联席会议	2003.06.02
155	关于开展《国家奥林匹克体育后备人才基地》认定工作的通知	国家体育总局	2004.01.06

续表

编号	政策标题	发文部门	发文日期
156	关于加强全国学生体质健康监测网络建设的通知	教育部办公厅	2004.04.20
157	关于开展"体育、艺术2+1项目"实验工作的通知	教育部	2004.08.12
158	关于印发《普通高等学校体育场馆设施、器材配备目录》的通知	教育部办公厅	2004.08.22
159	关于保证中小学体育课课时的通知	教育部	2004.11.08
160	关于2004年学生体质健康监测结果公告	教育部	2005.07.06
161	关于在全国中小学生课外文体活动工程示范区研制开发集体竞赛项目的通知	教育部	2005.03.23
162	关于落实保证中小学生每天体育活动时间的意见	教育部	2005.08.19
163	关于贯彻执行《中小学体育器材和场地》国家标准有关问题的通知	教育部办公厅	2005.11.03
164	关于开展2005年青少年体育俱乐部创建工作的通知	国家体育总局办公厅	2005.06.17
165	关于创建青少年户外体育活动营地的通知	国家体育总局办公厅	2005.09.20
166	关于资助北京第一七一中学等单位创建青少年体育俱乐部的通知	国家体育总局办公厅	2005.12.30
167	中华人民共和国义务教育法(2006年修订)	全国人大常委会	2006.06.29
168	教育部、国家体育总局关于进一步加强学校体育工作 切实提高学生健康素质的意见	教育部、国家体育总局	2006.12.20
169	关于开展全国亿万学生阳光体育运动的通知	教育部、国家体育总局、共青团中央	2006.12.20
170	关于组织开展体育集体竞赛项目工作的通知	教育部	2006.04.14
171	国家体育总局关于印发《"十一五"群众体育事业发展规划》的通知	国家体育总局	2006.07.11
172	国家高水平体育后备人才基地认定办法	国家体育总局	2006.01.17
173	关于印发《竞技体育"十一五"规划》的通知	国家体育总局	2006.08.31
174	教育部、国家体育总局关于实施《国家学生体质健康标准》的通知	教育部、国家体育总局	2007.04.04

续表

编号	政策标题	发文部门	发文日期
175	中共中央、国务院关于加强青少年体育增强青少年体质的意见	中共中央、国务院	2007.05.07
176	关于 2005 年全国学生体质与健康调研结果公告	教育部	2007.05.22
177	关于推广《第一套全国中小学校园集体舞》的通知	教育部	2007.05.31
178	关于全面启动全国亿万学生阳光体育运动的通知	教育部、国家体育总局、共青团中央	2007.04.26
179	关于认真贯彻落实《中共中央、国务院关于加强青少年体育　增强青少年体质的意见》的通知	卫生部	2007.07.03
180	关于在新学年贯彻落实中央 7 号文件精神切实加强学校体育工作的通知	教育部办公厅	2007.08.28
181	教育部关于贯彻学习《中共中央、国务院关于加强青少年体育增强青少年体质的意见》的通知	教育部	2007.06.04
182	关于开展"阳光体育与奥运同行冬季长跑活动"的通知	共青团中央、教育部、国家体育总局	2007.10.18
183	阳光体育奖章管理办法	教育部、国家体育总局、共青团中央	2007.09.28
184	关于资助北京市第二中学等单位创建国家级青少年体育俱乐部的通知	国家体育总局办公厅	2008.01.23
185	关于资助建设 2008 年全国青少年户外体育活动营地的通知	国家体育总局办公厅	2008.01.24
186	关于开展 2008 年国家级体育传统项目学校评定工作的通知	国家体育总局办公厅	2008.02.15
187	国家学校体育卫生条件试行基本标准	教育部、卫生部、财政部	2008.06.12
188	关于印发《中小学体育工作督导评估指标体系(试行)》的通知	教育部	2008.08.12
189	关于推行实施《第三套全国中小学生系列广播体操》的通知	教育部	2008.07.03
190	关于印发《中央专项彩票公益金支持青少年学生校外活动场所建设管理办法》的通知	教育部、财政部	2008.11.26

续表

编号	政策标题	发文部门	发文日期
191	关于开展"'全民健身与奥运同行'青少年动起来"系列活动的通知	共青团中央、国家体育总局	2008.05.29
192	关于开展全国青少年校园足球活动的通知	国家体育总局、教育部	2009.09.14
193	关于加强青少年体育 增强青少年体质的实施意见的通知	国家体育总局	2009.01.05
194	中华人民共和国体育法(2009年修正)	全国人大常委会	2009.08.27
195	全民健身条例	国务院	2009.08.30
196	关于印发《2010年全国学生体质健康调研实施方案》的通知	教育部、国家体育总局、卫生部、国家民委、科技部、财政部	2010.02.26
197	关于印发《国家中长期教育改革和发展规划纲要(2010—2020年)》的通知	中共中央、国务院	2010.07.08
198	关于进一步加强运动员文化教育和运动员保障工作指导意见	国家体育总局、教育部、财政部、人力资源和社会保障部	2010.03.30
199	关于加快发展体育产业的指导意见(节选)	国务院办公厅	2010.03.24
200	国务院关于印发全民健身计划(2011—2015年)的通知	国务院	2011.02.15
201	青少年体育"十二五"规划	青少年体育司	2011.04.06
202	关于印发《体育事业发展"十二五"规划》的通知	国家体育总局	2011.03.28
203	2011—2020年奥运争光计划纲要	国家体育总局	2011.04.29
204	关于在义务教育阶段中小学实施"体育、艺术2+1项目"的通知	教育部	2011.04.26
205	关于印发《切实保证中小学生每天一小时校园体育活动的规定》的通知	教育部	2011.07.08
206	中等体育运动学校管理办法	国家体育总局	2011.08.31
207	少年儿童体育学校管理办法	国家体育总局	2011.09.02
208	中等体育运动学校设置标准	国家体育总局、教育部	2011.09.02
209	国家体育总局关于印发《竞技体育"十二五"规划》的通知	国家体育总局	2011.02.18

续表

编号	政策标题	发文部门	发文日期
210	关于命名北京市"人民大学附属小学"等单位为国家级青少年体育俱乐部的通知	国家体育总局	2011.12.29
211	国家高水平体育后备人才基地认定办法	国家体育总局	2012.03.21
212	关于深入贯彻落实《关于进一步加强运动员文化教育和运动员保障工作的指导意见》的通知	国家体育总局、教育部、财政部、人力资源和社会保障部、中央编办	2012.07.07
213	关于进一步加强学校体育工作若干意见的通知	国务院办公厅	2012.10.22
214	关于加强全国青少年校园足球工作的意见	国家体育总局、教育部	2013.02.18
215	关于印发《体育传统项目学校管理办法》的通知(2013年修订)	国家体育总局、教育部	2013.11.06
216	关于继续组织开展切实保证中小学生每天一小时校园体育活动专项督导检查的通知	教育部办公厅	2013.04.28
217	关于组织开展学校体育工作专项督查的通知	教育部办公厅	2013.09.22
218	关于印发《国家体育锻炼标准施行办法》的通知(2013年修订)	国家体育总局、教育部、全国总工会	2013.12.16
219	关于召开青少年体育俱乐部发展研讨会暨青少年体育社会组织建设培训的通知	国家体育总局	2013.12.09
220	关于印发《体育总局青少司2014年工作要点》的通知	国家体育总局	2014.01.16
221	关于印发《国家学生体质健康标准(2014年修订)》的通知	教育部	2014.07.07
222	关于印发《学生体质健康监测评价办法》等三个文件的通知	教育部	2014.04.21
223	关于在暑假期间广泛组织开展青少年体育活动的通知	国家体育总局	2014.07.04
224	关于印发《国家高水平体育后备人才基地认定办法》的通知	国家体育总局	2014.09.25
225	国务院关于加快发展体育产业促进体育消费的若干意见(节选)	国务院	2014.10.20

续表

编号	政策标题	发文部门	发文日期
226	关于印发《奥运项目竞技体育后备人才培养中长期规划(2014—2024)》的通知	国家体育总局	2014. 11. 14
227	关于加快构建现代公共文化服务体系的意见(节选)	中共中央、国务院办公厅	2015. 01. 14
228	中华人民共和国义务教育法(2015年修正)	全国人大常委会	2015. 04. 24
229	国务院办公厅关于印发中国足球改革发展总体方案的通知	国务院办公厅	2015. 03. 08
230	关于开展全国青少年校园足球骨干师资国家级专项培训的通知	教育部办公厅	2015. 06. 09
231	关于2015年开展国家学生体质健康标准测试和落实学校体育三个办法有关工作安排的通知	教育部	2015. 07. 08
232	教育部等6部门关于加快发展青少年校园足球的实施意见	教育部、国家发展改革委、财政部、新闻出版广电总局、体育总局、共青团中央	2015. 07. 22
233	关于印发《2016年全国青少年体育活动计划》的通知	国家体育总局、教育部	2016. 04. 07
234	关于组织开展加快发展青少年校园足球重点督察工作的通知	教育部办公厅	2016. 04. 28
235	国务院办公厅关于强化学校体育促进学生身心健康全面发展的意见	国务院办公厅	2016. 04. 21
236	关于印发中国足球中长期发展规划(2016—2050)的通知	国家发展改革委员会、中国足球协会、国家体育总局、教育部	2016. 04. 06
237	体育发展"十三五"规划(节选)	国家体育总局	2016. 05
238	关于印发《体育产业发展"十三五"规划》的通知(节选)	国家体育总局	2016. 06
239	关于公布2016年全国青少年校园足球特色学校及试点县(区)名单的通知	教育部	2016. 06. 27
240	关于印发《全国青少年校园足球教学指南(试行)》和《学生足球运动技能等级评定标准(试行)》的通知	教育部办公厅	2016. 06. 27

编号	政策标题	发文部门	发文日期
241	国务院关于印发全民健身计划（2016—2020年）的通知	国务院办公厅	2016.06.15
242	关于发布《小学体育器材设施配备标准》《初中体育器材设施配备标准》的通知	中华人民共和国教育部	2016.07.25
243	中华人民共和国体育法（2016年修正）	全国人大常委会	2016.11.07
244	体育总局印发《青少年体育"十三五"规划》	国家体育总局	2016.09.05
245	国家体育总局关于印发《竞技体育"十三五"规划》的通知	国家体育总局	2016.07.22
246	"健康中国2030"规划纲要	中共中央、国务院	2016.10.25
247	关于印发《中央集中彩票公益金资助青少年体育活动管理办法（试行）》的通知	国家体育总局	2017.04.24
248	关于推进学校体育场馆向社会开放的实施意见	教育部、国家体育总局	2017.02.14
249	关于加强全国青少年校园足球改革试验区、试点县（区）工作的指导意见	教育部办公厅	2017.02.17
250	关于印发《2017年青少年体育工作要点》的通知	青少年体育司	2017.03.02
251	学校体育工作条例（修改）	国务院	2017.03.01
252	关于印发《中小学校体育工作督导评估办法》的通知	国务院教育督导委员会办公室	2017.03.27
253	教育部办公厅 国家外国专家局办公室关于组织申报聘请校园足球外籍教师支持项目的通知	教育部办公厅、国家外国专家局办公室	2017.03.14
254	教育部办公厅关于举办2017年度学校体育艺术教育工作专题研讨班的通知	教育部办公厅	2017.03.31
255	教育部关于印发《学校体育美育兼职教师管理办法》的通知	教育部	2017.10.08
256	教育部办公厅关于开展全国青少年校园网球试点工作的通知	教育部办公厅	2017.10.19
257	关于加强竞技体育后备人才培养工作的指导意见	体育总局竞技体育司	2017.12.11
258	教育部办公厅关于继续做好2018年全国青少年校园篮球特色学校遴选等有关工作的通知	教育部办公厅	2017.12.20

续表

编号	政策标题	发文部门	发文日期
259	教育部办公厅 国家外国专家局办公室关于组织申报聘请校园足球外籍教师支持项目的通知	教育部办公厅、国家外国专家局办公室	2018.01.24
260	教育部办公厅关于组织开展全国青少年校园足球教练员国家级专项培训的通知	教育部办公厅	2018.02.12
261	教育部办公厅关于加强全国青少年校园足球特色学校建设质量管理与考核的通知	教育部办公厅	2018.03.12
262	教育部办公厅关于做好全国青少年校园足球特色学校、试点县(区)创建(2018—2025)和2018年"满天星"训练营遴选工作的通知	教育部办公厅	2018.03.20
263	体育总局办公厅关于印发《全国青少年户外体育活动营地建设规范及器材目录》的通知	国家体育总局青少年体育司	2018.04.19
264	体育总局办公厅关于做好2018年全国青少年体育冬夏令营实施工作的通知	国家体育总局青少年体育司	2018.05.07
265	教育部办公厅关于印发《全国青少年校园足球改革试验区基本要求(试行)》和《全国青少年校园足球试点县(区)基本要求(试行)》的通知	教育部办公厅	2018.08.20
266	教育部办公厅关于组织开展2018年全国青少年校园足球教练员国家级专项培训的通知	教育部	2018.09.20
267	关于《加强竞技体育后备人才培养工作》的指导意见	国家体育总局、教育部	2018.11.15
268	关于印发《青少年体育活动促进计划》的通知	体育总局、教育部、中央文明办、发展改革委、民政部、财政部、共青团中央	2018.12.06
269	教育部办公厅关于做好全国青少年校园冰雪运动特色学校及北京2022年冬奥会和冬残奥会奥林匹克教育示范学校遴选工作的通知	教育部	2018.12.25
270	教育部办公厅关于继续做好2019年全国青少年校园篮球特色学校遴选等有关工作的通知	教育部办公厅	2019.02.02

续表

编号	政策标题	发文部门	发文日期
271	关于加强全国青少年校园足球工作的意见	国家体育总局、教育部	2019.03.06
272	关于以 2022 年北京冬奥会为契机大力发展冰雪运动的意见	中共中央办公厅、国务院办公厅	2019.03.31
273	体育强国建设纲要	国务院办公厅	2019.09.02
274	国务院办公厅印发《关于促进全民健身和体育消费推动体育产业高质量发展》的意见	国务院办公厅	2019.09.17
275	关于《促进和规范社会体育俱乐部发展》的意见	国家体育总局、教育部、公安部、民政部、人力资源和社会保障部	2020.06.30
276	教育部等七部门关于印发《全国青少年校园足球八大体系建设行动计划》的通知	教育部、国家发展改革委、财政部、广电总局、体育总局、共青团中央、中国足协	2020.08.28
277	关于印发深化体教融合 促进青少年健康发展意见的通知	国家体育总局、教育部	2020.08.31
278	国务院办公厅关于《加强全民健身场地设施建设发展群众体育》的意见	国务院办公厅	2020.09.30
279	《关于全面加强和改进新时代学校体育工作的意见》和《关于全面加强和改进新时代学校美育工作的意见》	中共中央办公厅、国务院办公厅	2020.10.15
280	国务院办公厅关于同意建立青少年体育工作部际联席会议制度的函	国务院办公厅	2020.12.22
281	教育部办公厅关于组织申报全国青少年校园足球改革试验区和2020年优秀夏令营承办营区的通知	教育部办公厅	2020.12.14
282	住房和城乡建设部 体育总局关于全面推进城市社区足球场地设施建设的意见	住房和城乡建设部、体育总局	2020.12.24
283	教育部办公厅关于开展 2021 年全国青少年校园足球特色学校、试点县（区）、"满天星"训练营和改革试验区申报工作的通知	教育部办公厅	2021.07.29

续表

编号	政策标题	发文部门	发文日期
284	国家体育总局、国家发展改革委联合印发《关于加强社会足球场地对外开放和运营管理的指导意见》	国家体育总局、国家发展改革委	2021.02.22
285	国家发展改革委、体育总局关于印发《"十四五"时期全民健身设施补短板工程实施方案》的通知	国家发展改革委、体育总局	2021.04.20
286	教育部办公厅关于进一步加强中小学生体质健康管理工作的通知	教育部	2021.04.21
287	教育部办公厅关于印发《〈体育与健康〉教学改革指导纲要(试行)》的通知	教育部	2021.06.30
288	国务院关于印发全民健身计划(2021—2025年)的通知	国务院办公厅	2021.08.03
289	教育部等五部门关于全面加强和改进新时代学校卫生与健康教育工作的意见	教育部、国家发展改革委、财政部、国家卫生健康委、市场监管总局	2021.08.10
290	体育总局关于印发《"十四五"体育发展规划》的通知	体育总局	2021.10.08

附录 3　改革开放以来我国青少年体育政策文本

序号	文件名称	发文单位	时间
1	关于加强学校体育、卫生工作的通知	教育部、国家体委、卫生部	1978.04.14
2	关于提高我国足球技术水平若干措施的指示	国家体委	1979.6
3	国家体委、教育部关于在学校中进一步实施国家体育锻炼标准的意见	国家体委、教育部	1979.10
4	关于在全国中、小学生中积极开展足球活动的联合通知	国家体委、教育部、共青团中央	1980.1
5	国家体委关于加强少年儿童业余体育学校工作的意见	国家体委	1980.2
6	共青团中央关于开展文化体育活动促进青少年健康成长的意见	共青团中央	1980.5
7	卫生部、教育部、国家体委关于在中医院校体育课中增加保健体育内容的意见	卫生部、教育部、国家体育运动委员会	1982.06.28
8	国务院转批国家体委关于进一步开创体育新局面的请示的通知	国家体委	1983.10.28
9	中共中央关于进一步发展体育运动的通知（节选）	中共中央	1984.10.05
10	国家教育委员会、文化部等关于全国各类文化设施向中小学生免费或优惠开放的意见	国家教育委员会、文化部	1989.06.01
11	学校体育工作条例	国家教委	1990.03.12
12	国家教委关于印发《农村教育综合改革实验县贯彻〈学校体育工作条例〉和〈学校卫生工作条例〉的意见》的通知	国家教委	1990.11.17
13	国家教委办公厅关于加强中小学生竞赛活动管理的通知	国家教委	1991.02.07
14	国家教委办公厅关于转发《当前中小学体育工作中存在的主要问题及改进意见》的通知	国家教委	1991.02.20

续表

序号	文件名称	发文单位	时间
15	国家教委、国家体委、卫生部、国家民委、国家科委关于进一步加强学校体育卫生工作，提高学生体质健康水平的意见	国家教委、国家体委、卫生部、国家民委、国家科委	1992.09.07
16	中国教育改革和发展纲要	中共中央、国务院	1993.02.13
17	中华人民共和国体育法	全国人大	1995.08.29
18	奥运争光计划纲要(1994—2000年)	国家体委	1995.06.20
19	全民健身计划纲要	国务院	1995.06.20
20	中共中央国务院关于深化教育改革全面推进素质教育的决定	中共中央、国务院	1999.06.13
21	国家体育总局关于印发《2001—2010年体育改革与发展纲要》的通知	国家体育总局	2000.12.15
22	国务院关于基础教育改革与发展的决定	国务院	2001.05.29
23	农村体育工作暂行规定	国家体育总局	2002.04.12
24	中共中央、国务院关于进一步加强和改进新时期体育工作的意见(节选)	中共中央、国务院	2002.07.22
25	教育部《关于加强农村学校体育卫生工作的几点意见》	教育部	2002.06.26
26	教育部关于保证中小学体育课课时的通知	教育部	2004.11.08
27	教育部关于落实保证中小学生每天体育活动时间的意见	教育部	2005.08.19
28	国家体育总局关于印发《"十一五"群众体育事业发展规划》的通知	国家体育总局	2006.07.27
29	教育部、国家体育总局关于进一步加强学校体育工作切实提高学生健康素质的意见	教育部、国家体育总局	2006.12.20
30	教育部、国家体育总局、共青团中央关于开展全国亿万学生阳光体育运动的通知	教育部、国家体育总局、共青团中央	2006.12.20
31	国家体育总局关于印发《竞技体育"十一五"规划》的通知	国家体育总局	2006.08.31
32	中共中央、国务院关于加强青少年体育增强青少年体质的意见	中共中央、国务院	2007.05.07

续表

序号	文件名称	发文单位	时间
33	教育部关于贯彻学习《中共中央、国务院关于加强青少年体育增强青少年体质的意见》的通知	教育部	2007.06.07
34	全民健身条例(节选)	国务院	2009.08.30
35	关于开展全国青少年校园足球活动的通知	国家体育总局、教育部	2009.04.14
36	关于加快发展体育产业的指导意见	国务院办公厅	2010.03.20
37	国务院办公厅转发体育总局等部门关于进一步加强运动员文化教育和运动员保障工作指导意见的通知	国务院办公厅	2010.03.30
38	中共中央、国务院关于印发《国家中长期教育改革和发展规划纲要(2010—2020年)》的通知	中共中央、国务院	2010.07.29
39	国务院关于印发全民健身计划(2011—2015年)的通知	国务院	2011.02.15
40	国家体育总局关于印发《体育事业发展"十二五"规划》的通知(节选)	国家体育总局	2011.04.01
41	青少年体育"十二五"规划	国家体育总局青少年体育司	2011.04.06
42	国家体育总局关于印发《竞技体育"十二五"规划》的通知	国家体育总局	2011.02.18
43	教育部关于印发《切实保证中小学生每天一小时校园体育活动的规定》的通知	教育部	2011.07.08
44	关于深入贯彻落实《关于进一步加强运动员文化教育和运动员保障工作的指导意见》的通知	国家体育总局、教育部、财政部、人力资源和社会保障部	2012.07.07
45	国务院办公厅转发教育部等部门关于进一步加强学校体育工作若干意见的通知	教育部、发展改革委、财政部、体育总局	2012.10.22
46	体育总局、教育部关于加强全国青少年校园足球工作的意见	国家体育总局、教育部	2013.02.18

续表

序号	文件名称	发文单位	时间
47	国务院关于加快发展体育产业促进体育消费的若干意见(节选)	国务院办公厅	2014.10.20
48	国务院办公厅关于印发中国足球改革发展总体方案的通知	国务院办公厅	2015.03.08
49	关于加快构建现代公共文化服务体系的意见(节选)	中共中央、国务院办公厅	2015.01.14
50	教育部等6部门关于加快发展青少年校园足球的实施意见	中华人民共和国教育部等6部门	2015.07.22
51	关于印发中国足球中长期发展规划(2016—2050年)的通知	国家发展改革委、中国足协、国家体育总局、教育部	2016.04.06
52	体育发展"十三五"规划(节选)	国家体育总局	2016.05.05
53	国务院办公厅关于强化学校体育促进学生身心健康全面发展的意见	国务院办公厅	2016.04.21
54	体育总局关于印发《体育产业发展"十三五"规划》的通知(节选)	国家体育总局	2016.07.13
55	国务院关于印发《全民健身计划2016—2020》的通知(节选)	国务院办公厅	2016.06.15
56	国家体育总局关于印发《竞技体育"十三五"规划》的通知	国家体育总局	2016.07.22
57	青少年体育"十三五"规划	国家体育总局青少年体育司	2016.09.05
58	"健康中国2030"规划纲要	中共中央、国务院	2016.10.25
59	教育部办公厅关于加强全国青少年校园足球改革试验区、试点县(区)工作的指导意见	教育部办公厅	2017.02.17
60	关于加强竞技体育后备人才培养工作的指导意见	国家体育总局竞技体育司	2017.12.11
61	教育部办公厅关于印发《全国青少年校园足球改革试验区基本要求(试行)》和《全国青少年校园足球试点县(区)基本要求(试行)》的通知	教育部办公厅	2018.08.20

续表

序号	文件名称	发文单位	时间
62	关于印发《青少年体育活动促进计划》的通知	体育总局、教育部、中央文明办、发展改革委、民政部、财政部、共青团中央	2018.12.06
63	关于以2022年北京冬奥会为契机大力发展冰雪运动的意见	中共中央办公厅、国务院办公厅	2019.03.31
64	体育强国建设纲要	国务院办公厅	2019.09.02
65	国务院办公厅关于《促进全民健身和体育消费推动体育产业高质量发展》的意见	国务院办公厅	2019.09.17
66	关于《促进和规范社会体育俱乐部发展》的意见	体育总局、教育部、公安部、民政部、人力资源和社会保障部、卫生健康委	2020.06.30
67	教育部等七部门关于印发《全国青少年校园足球八大体系建设行动计划》的通知	教育部、国家发展改革委、财政部、广电总局、体育总局、共青团中央、中国足协	2020.08.28
68	关于印发深化体教融合 促进青少年健康发展意见的通知	国家体育总局、教育部	2020.08.31
69	《关于全面加强和改进新时代学校体育工作的意见》和《关于全面加强和改进新时代学校美育工作的意见》	中共中央办公厅、国务院办公厅	2020.10.15
70	国务院办公厅关于同意建立青少年体育工作部际联席会议制度的函	国务院办公厅	2020.12.22
71	住房和城乡建设部 体育总局关于全面推进城市社区足球场地设施建设的意见	住房和城乡建设部、体育总局	2020.12.24
72	教育部办公厅关于进一步加强中小学生体质健康管理工作的通知	教育部	2021.04.21
73	教育部办公厅关于印发《〈体育与健康〉教学改革指导纲要(试行)》的通知	教育部	2021.06.30
74	国务院关于印发全民健身计划(2021—2025年)的通知	国务院办公厅	2021.08.03

续表

序号	文件名称	发文单位	时间
75	教育部等五部门关于全面加强和改进新时代学校卫生与健康教育工作的意见	教育部、国家发展改革委、财政部、国家卫生健康委、市场监管总局	2021.08.10
76	体育总局关于印发《"十四五"体育发展规划》的通知	体育总局	2021.10.08

附录4　专家信效度评估表

尊敬的专家:

您好! 为了测评我国已有的青少年体育政策体系是否完善, 本文从基本政策工具 X 维度和青少年体育治理主体 Y 维度两个方面构建了青少年体育政策分析框架。现需要您就本文构建的分析框架、分析类目及编码情况进行信度和效度评估。

(一) 信度

信度主要包括类目信度和判断者间的信度。类目信度主要是判断本文界定的类目是否明确、详尽互斥。判断者之间的信度需要您判断本文将分析单元归属到特定的类目(详见附件 2)是否与您的设想一致。类目信度和判断者间的信度评估分值为 0 和 1: 0 表示和本文的观点不一致, 1 表示和本文的观点一致。

(二) 效度

效度是指测量方法能够反映测量内容的准确性和有效程度。关于效度评估的方法具有一定的局限性, 目前还没有一套具有科学性和全面性的评估准则。由于本研究的内容分析单元为政策文本的有关条款, 而条款最终表现为若干政策工具的组合。因此, 为了能够最大限度地反映政策的真实含义, 本文把 5 位专家对确定的分析框架的打分情况作为检验本文效度的标准。

本文的效度评估分值从 0 到 5 不等: 0 表示本文确定的分析框架完全不能有效评测已有的青少年政策体系; 5 表示本文确定的分析框架完全能够有效评测已有的青少年政策体系。

非常感谢您对本论文的撰写提供的帮助。

附录 4-1 青少年体育政策类目信度评估

工具类型	工具名称	工具注释	信度
供给型	体育资金投入	提供青少年体育发展所需的资金	
	体育人才培养	培养青少年体育人才以及体育老师、社会指导人员、教练员	
	体育场地(馆)设施投入	提供青少年体育运动、健身所需的场地、器材和设施等	
	体育科技支持	通过技术创新促进青少年发展,包括科研资助、利用科技制定运动健身方案等	
	体育信息支持	对青少年体育活动提供直接信息服务,如提供信息宣传,提供体育活动指南和手册等	
环境型	体育目标规划	对青少年体育发展的目标和远景规划的描述	
	体育外部主体激励	体育场地(馆)、设施对青少年的优惠政策	
	体育法规管理	政府制定的一系列法规、制度,如青少年体育活动场地建设标准、赛事制度等	
	策略性措施	为了执行和推广青少年体育计划,对相关行为主体采取的措施和手段等	
需求型	税收优惠	政府对企业或组织机构的税收给予减免	
	政府采购	政府购买青少年体育相关的公共服务	
	个人需求层面满足	关注学生本身的体育发展需求,如青少年达到一定的标准给予实质性的鼓励与支持	
	体育服务外包	政府将青少年体育相关事务委托给第三方或者寻求民间、社会组织进行合作	
	体育交流与合作	学校之间、国家之间的体育交流,如通过体育赛事达到相互交流的目的	

附录4-2　判断者间的信度评估

序号	编号	青少年体育政策内容分析单元	所属类目	判断
1	1-2	二、对学校体育、卫生工作要有明确的要求,提高学校体育、卫生工作水平,建立健全各项规章制度	体育法规管理-政府	
2	4-3	三、重点开展足球活动的学校,可在群众活动的基础上建立班级、年级或校级运动队	策略性措施-学校	
3	7-2	二、保健体育的课时,在完成《高等学校普通体育课教学大纲》基本教材时数的基础上,可不少于体育课总课时的百分之二十五	体育法规管理-学校	
4	8-3-1-3	继续执行一九七九年教育部和国家体委联合下达的《全国学生体育运动竞赛制度》,并根据情况在制订年度计划时作适当调整	体育法规管理-政府	
5	11-5	学校体育工作应当面向全体学生,积极推行国家体育锻炼标准	策略性措施-学校	
6	12-6	六、努力改善体育卫生工作条件的县、乡(镇)人民政府在安排年度学校教育经费时,应当安排一定数额的体育卫生经费	体育资金投入-政府	
7	14-4-7	(七)端正体育指导思想。中小学体育活动要普及化、经常化	策略性措施-学校	
8	17-17	第十七条　教育行政部门和学校应当将体育作为学校教育的组成部分,培养德、智、体等方面全面发展的人才	体育人才培养-学校/政府	
9	18-4-7	四、7. 全国城市运动会继续坚持以培养奥运会重点项目后备人才为目的,以青少年为参加对象的宗旨;同时适当引导参赛城市发展基础薄弱的奥运优势项目	体育人才培养-政府	
10	22-20	20. 贯彻"健康第一"的思想,切实提高学生体质和健康水平	策略性措施-学校	
11	25-3	三、坚持因地制宜原则,认真做好学校卫生与健康教育工作	策略性措施-学校	

序号	编号	青少年体育政策内容分析单元	所属类目	判断
12	27-4	四、落实必要的物质保障。支持中小学校认真执行《中小学校体育场馆设施、器材配备目录》，购置必要的体育器材，建设、改善体育场地设施	体育场地(馆)设施投入-政府	
13	29-3-3	增加学校体育工作的经费投入	体育资金投入-政府	
14	30-5	5. 开展阳光体育运动，要与课外体育活动相结合。配合体育课教学，保证学生平均每个学习日有一小时体育锻炼时间	策略性措施-政府	
15	32-5-2	对达到合格等级的学生颁发"阳光体育证章"，优秀等级的颁发"阳光体育奖章"，增强学生参加体育锻炼的荣誉感和自觉性	个人需求层面满足-学校	
16	32-16	16. 积极倡导和鼓励创建青少年体育俱乐部和青少年体育户外营地	策略性措施-学校	
17	34-21	第二十一条 根据学生的年龄、性别和体质状况，组织实施体育课教学，开展广播体操、眼保健操等体育活动，指导学生的体育锻炼，提高学生的身体素质	策略性措施-学校	
18	36-10	(十)加快体育产业管理人才培养	体育人才培养-政府	
19	39-3-1	三、目标任务(一)学生在校期间每天至少参加1小时的体育锻炼活动	体育目标规划-学校	
20	40-53	(五十三)加大体育宣传力度，充分发挥舆论导向作用	体育信息支持-政府	
21	41-3-3-2-2	完善公共体育场馆设施免费或优惠向周边学校和学生开放的政策措施	体育外部主体激励-政府	
22	41-4-1-2	2. 全面推进依法行政	体育法规管理-政府	
23	41-4-4 2	2. 建立健全青少年体育从业人员培训制度	体育法规管理-政府	
24	42-30-2	加强足球后备人才培养和队伍梯队建设	体育人才培养-政府	
25	44-2	二、要建立以体育行政部门为主，体育、教育行政部门各负其责的竞技体育后备人才管理体制和运行机制	策略性措施-政府	
26	45-7-2	大力推动公共体育场馆和运动设施向青少年学生免费或优惠开放，学校体育场馆设施在课余和节假日应向学生开放	体育外部主体激励-政府、学校	

续表

序号	编号	青少年体育政策内容分析单元	所属类目	判断
27	45-16	16.健全学校体育工作奖惩机制	个人需求层面满足-政府	
28	46-9	九、推动学校足球教育	策略性措施-学校	
29	46-17	充分利用现代信息技术，建设基于互联网的校园足球便捷服务平台	体育信息支持-政府	
30	48-19	(十九)深化学校体育改革、培养全面发展人才，把校园足球作为扩大足球人口规模、夯实足球人才根基……使参与足球运动成为体验、适应社会规则和道德规范的有效途径	策略性措施-学校	
31	48-39	《三十九)加大财政投入。各级政府应当加大对足球的投入，根据事权划分主要用于场地建设、校园足球、青少年足球、女子足球、国家队建设、教学科研等方面	体育资金投入-政府	
32	50-2-5	(五)畅通优秀足球苗子的成长通道	体育人才培养-政府	
33	51-3-1	三、(一)发展目标强基层。校园足球加快发展，全国特色足球学校达到2万所，中小学生经常参加足球运动人数超过3000万人	体育目标规划-政府	
34	52-31	鼓励吸引国际体育组织或体育企业、国际体育学校落户中国	体育交流与合作-政府	
35	53-9	(九)加强体育教师队伍建设	体育人才培养-政府	
36	53-18	(十八)通过多种途径，充分利用报刊、广播、电视及网络等手段，加强学校体育工作新闻宣传力度，总结交流典型经验和有效做法，传播科学的教育观、人才观和健康观，营造全社会关心、重视和支持学校体育的良好氛围	体育信息支持-学校	
37	57-5	(五)发展目标　青少年体育活动更加广泛，青少年训练基础更加坚实，青少年基本公共体育服务城乡、区域更加协调——体育职业教育制度更加完善，建成出口畅通，与社会需求和市场衔接更加紧密的中、高职体育职业教育体系	体育目标规划-学校	
38	57-9-4	鼓励社会力量参与青少年户外体育活动营地建设	体育场地(馆)设施投入-市场	
39	57-14	(十四)进一步加强运动员文化教育	策略性措施-政府	
40	57-21	(二十一)完善政策法治　推进各级体育部门青少年体育事权规范化、制度化……推动建立青少年体育公共服务国家指导标准体系	体育法规管理-政府	

附录4-3 青少年体育政策整体分析框架效度评估

政策工具的研究不是某一种政策所独有的,仅从政策工具对青少年体育政策文本进行归类不能完全反映青少年体育政策的所有特点,因此本文从基本政策工具维度和青少年体育治理主体维度构建青少年体育政策分析框架。

您觉得本文构建的政策分析框架是否能有效地评测已有的青少年体育政策体系,分值从0到5不等(青少年体育政策整体分析框架效度分值)。

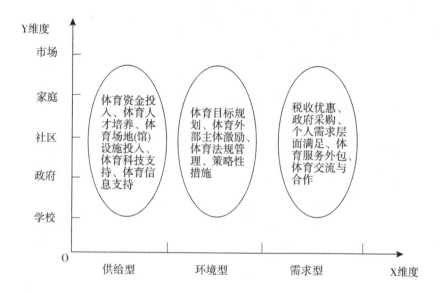

附录5　青少年体育政策文本编码表

序号	政策文件	青少年体育政策的文本分析单元	编码	分类
1	关于加强学校体育、卫生工作的通知	二、对学校体育、卫生工作要有明确的要求，提高学校体育、卫生工作水平，建立健全各种规章制度	1-2	环境型政策工具-体育法规管理-政府
		三、加强体育教师和卫生人员队伍的建设	1-3	供给型政策工具-体育人才培养-政府
2	关于提高我国足球技术水平若干措施的指示	一、在群众中，特别是在青少年中大力普及足球运动	2-1	环境型政策工具-策略性措施-政府
		四、派出去，请进来	2-4	供给型政策工具-体育人才培养-政府
		六、继续举办国际足球邀请赛	2-6	需求型政策工具-体育交流与合作-政府
3	国家体委、教育部关于在学校中进一步实施国家体育锻炼标准的意见	二、采取有效措施，保证《国家体育锻炼标准》活动的顺利实施	3-2	环境型政策工具-策略性措施-政府
		三、搞好《国家体育锻炼标准》的测验	3-3	环境型政策工具-策略性措施-政府
4	关于在全国中、小学生中积极开展足球活动的联合通知	二、重点小学要注意跟本地区的重点中学对口挂钩，互相衔接，使学生连续多年进行系统训练	4-2	环境型政策工具-策略性措施-学校
		三、重点开展足球活动的学校，可在群众活动的基础上建立班级、年级或校级运动队	4-3	环境型政策工具-策略性措施-学校
		四、要提高担任足球专项训练的体育教师的业务水平	4-4	供给型政策工具-体育人才培养-政府
		五、积极地、有计划地举办足球竞赛活动……逐步形成稳定的竞赛制度	4-5	需求型政策工具-体育交流与合作-学校

续表

序号	政策文件	青少年体育政策的文本分析单元	编码	分类
5	国家体委关于加强少年儿童业余体育学校工作的意见	一、认知搞好业余体校的整顿和体制调整工作	5-1	环境型政策工具-策略性措施-政府
		三、努力提高业余体校的教学训练质量	5-3	供给型政策工具-体育人才培养-学校
		四、进一步处理好竞赛与训练、打基础与出成绩的关系	5-4	环境型政策工具-策略性措施-政府
6	共青团中央关于开展文化体育活动促进青少年健康成长的意见	二、团组织要和有关部门共同倡导开展青少年喜爱的各种体育活动	6-2	环境型政策工具-策略性措施-政府
7	卫生部、教育部、国家体委关于在中医院校体育课中增加保健体育内容的意见	一、在实行原有教学计划和《高等学校普通体育课教学大纲》的条件下，要结合中医院校的特点和实际情况，制订各年级保健体育课的教学进度计划，努力提高教学质量	7-1	环境型政策工具-策略性措施-学校
		二、保健体育的课时，在完成《高等学校普通体育课教学大纲》基本教材时数的基础上，可不少于体育课总课时的百分之二十五	7-2	环境型政策工具-体育法规管理-学校
		三、要重视实际锻炼，使学生较熟练地掌握和运用两种以上保健体育的手段和方法，坚持长期锻炼	7-3	环境型政策工具-体育目标规划-学校
		四、保健体育必须与卫生保健密切结合，实行医务监督。病残学生必须上适合人体条件的保健体育课，并参加考试。有条件的学校应在三年级以上的各年级继续开设保健体育课	7-4	环境型政策工具-策略性措施-学校
		五、保健体育是中医院校体育课教学内容的组成部分，要教育学生认真学好，并建立严格的考勤和考核制度	7-5	环境型政策工具-策略性措施-学校
		六、课外体育活动是高校体育工作的一个重要方面。在开展群众性体育活动中，要积极推行保健体育，可搞些定时定点的太极拳、气功辅导站，还可开展一些小型多样的单项竞赛活动	7-6	环境型政策工具-策略性措施-学校
		七、有计划地培养保健体育的师资，根据不同情况，采取业余和脱产方式组织教师学习与进修，尽快提高业务水平	7-7	供给型政策工具-体育人才培养-学校

续表

序号	政策文件	青少年体育政策的文本分析单元	编码	分类
8	国务院转批国家体委关于进一步开创体育新局面的请示的通知	三(1)学校体育和业余训练是整个体育工作的战略重点,一定要切实抓好。学校体育工作必须认真执行教育部、国家体委联合制颁发的高等学校体育工作暂行规定和中小学体育工作暂行规定,面向全体学生,贯彻普及与提高相结合的方针	8-3-1-1	环境型政策工具-体育法规管理-学校
		抓好体育师资的培养工作,提高现有师资的水平	8-3-1-2	供给型政策工具-体育人才培养-政府
		继续执行一九七九年教育部和国家体委联合下达的《全国学生体育运动竞赛制度》,并根据情况在制订年度计划时作适当调整	8-3-1-3	环境型政策工具-体育法规管理-政府
9	中共中央关于进一步发展体育运动的通知(节选)	二、重点抓好学校体育,从少年儿童抓起	9-2	环境型政策工具-策略性措施-学校
		三、做出优异成绩的运动员、教练员等,要给予精神鼓励和物质奖励,其中有特殊贡献的,应予重奖	9-3-1	需求型政策工具-个人需求层面满足-政府
		要妥善安排退役的优秀运动员,给予他们进体育院校、师范体育系科和其他专业学校深造的机会,将他们培养成合格的体育教师、教练员、科研人员和体育干部等	9-3-2	供给型政策工具-体育人才培养-政府
10	国家教育委员会、文化部等关于全国各类文化设施向中小学生免费或优惠开放的意见	各博物馆、纪念馆、科技馆、文化馆、体育场(馆)、影剧院等公共文化设施和国家机关、部队、企事业、社会团体所属的礼堂、文化体育设施,每年应免费向中小学生开放一至二次。	10-1	环境型政策工具-体育外部主体激励-政府
11	学校体育工作条例	第三条　学校体育工作的基本任务是:增进学生身心健康、增强学生体质……增强组织纪律性,培养学生的勇敢、顽强、进取精神	11-3	环境型政策工具-体育目标规划-学校
		第四条　学校体育工作应当坚持普及与提高相结合、体育锻炼与安全卫生相结合的原则,积极开展多种形式的强身健体活动,重视继承和发扬民族传统体育,注意吸取国外学校体育的有益经验	11-4-1	环境型政策工具-策略性措施-学校
		积极开展体育科学研究工作	11-4-2	供给型政策工具-体育科技支持-学校

序号	政策文件	青少年体育政策的文本分析单元	编码	分类
11	学校体育工作条例	第五条　学校体育工作应当面向全体学生，积极推行国家体育锻炼标准	11-5	环境型政策工具-策略性措施-学校
		第七条　学校应当根据教育行政部门的规定，组织实施体育课教学活动	11-7	环境型政策工具-策略性措施-学校
		第八条　体育课教学应当遵循学生身心发展的规律，教学内容应当符合教学大纲的要求，符合学生年龄、性别特点和所在地区地理、气候条件	11-8	环境型政策工具-策略性措施-学校
		第十一条　学校应当在学生中认真推行国家体育锻炼标准的达标活动和等级运动员制度	11-11	环境型政策工具-策略性措施-学校
12	国家教委关于印发《农村教育综合改革实验县贯彻〈学校体育工作条例〉和〈学校卫生工作条例〉的意见》的通知	二、加强规划	12-2	环境型政策工具-体育目标规划-政府
		三、强化管理	12-3	环境型政策工具-策略性措施-学校
		四、坚持分类指导	12-4	环境型政策工具-策略性措施-学校
		五、建立一支数量足够、质量合格、相对稳定的体育师资和卫生保健人员队伍	12-5	供给型政策工具-体育人才培养-学校
		六、努力改善体育卫生工作条件	12-6	供给型政策工具-体育资金投入-政府
13	国家教委办公厅关于加强中小学生竞赛活动管理的通知	一、严格控制各种名目的竞赛活动。各级教育行政部门和中小学校，应本着有利于学生健康成长、全面发展，有利于促进教育教学工作，不加重教育行政部门和教师的工作负担，不加重学生负担的精神，适当地安排本地区和本校的竞赛活动	13-1	环境型政策工具-体育法规管理-政府、学校
		二、行政部门、社会团体、学术机构主办跨省市或全国性的有中小学生参加的各类竞赛，凡未经过国家教委批准，其参赛者和辅导教师的成绩，教育行政部门一律不予承认，不作为奖励、升学、评职、晋级的依据	13-2	环境型政策工具-体育法规管理-政府、学校
		三、各级教育行政部门和中小学校，对国家教委主办或署名的竞赛活动，可视各地实际情况，自愿参加……对利用竞赛进行诈骗、牟取暴利或产生错误导向，造成恶劣后果的，要予以揭露并依法制裁	13-3	环境型政策工具-体育法规管理-政府、学校

续表

序号	政策文件	青少年体育政策的文本分析单元	编码	分类
14	国家教委办公厅关于转发《当前中小学体育工作中存在的主要问题及改进意见》的通知	四、(一)教育部门要积极采取措施,从根本上扭转忽视体育的状况,把体育摆到应有的位置上来	14-4-1	环境型政策工具-策略性措施-学校
		(二)为中小学体育教学提供必要的经费保证	14-4-2	供给型政策工具-体育资金投入-政府
		(三)为中小学体育教学提供必要的场馆保证	14-4-3	供给型政策工具-体育场地(馆)设施投入-政府
		(四)有计划地解决中小学体育师资问题	14-4-4	供给型政策工具-体育人才培养-政府
		(七)端正体育指导思想。中小学体育活动要普及化、经常化	14-4-7	环境型政策工具-策略性措施-学校
15	国家教委、国家体委、卫生部、国家民委、国家科委关于进一步加强学校体育卫生工作,提高学生体质健康水平的意见	四、各级体育行政部门要把作为国民体育基础的学校体育真正列为重点,继续予以重视……为广大中小学生开展体育活动提供方便	15-4	环境型政策工具-策略性措施-政府
		五、加强学校体育卫生的科学研究,把学生体质健康研究课题作为社会发展研究的基本内容之一纳入国家长期科研规划	15-5	供给型政策工具-体育科技支持-学校
		六、要针对当前学生体质健康状况存在的问题采取切实有效的改进措施,尤其要认真上好体育课……在体育活动中注意培养学生坚韧不拔、吃苦耐劳的精神	15-6	环境型政策工具-策略性措施-政府
		七、要重点加强广大农村和少数民族与民族地区的学校体育卫生工作	15-7	环境型政策工具-策略性措施-学校
		八、要充分利用全国学生体质健康监测资料,对学校体育卫生工作进行广泛宣传	15-8	供给型政策工具-体育信息支持-政府
16	中国教育改革和发展纲要	(34)进一步加强和改善学校体育卫生工作,动员社会各方面和家长关心学生的体质和健康。各级政府要积极创造条件,切实解决师资、经费、体育场地、设施问题,逐步做到按教学计划上好体育与健康教育课	16-34	环境型政策工具-策略性措施-学校
		(37)要制定和完善公共文化设施对学生开放和减免收费的制度	16-37	环境型政策工具-体育外部主体激励-政府

续表

序号	政策文件	青少年体育政策的文本分析单元	编码	分类
17	中华人民共和国体育法	第十七条 教育行政部门和学校应当将体育作为学校教育的组成部分,培养德、智、体等方面全面发展的人才	17-17	供给型政策工具-体育人才培养-学校、政府
		第十八条 学校必须开设体育课,并将体育课列为考核学生学业成绩的科目。学校应当创造条件为病残学生组织适合其特点的体育活动	17-18	环境型政策工具-体育法规管理-学校
		第十九条 学校必须实施国家体育锻炼标准,对学生在校期间每天用于体育活动的时间给予保证	17-19	环境型政策工具-策略性措施-学校
		第二十条 学校应当组织多种形式的课外体育活动,开展课外训练和体育竞赛,并根据条件每学年举行一次全校性的体育运动会	17-20	环境型政策工具-策略性措施-学校
		第二十一条 学校应当按照国家有关规定,配备合格的体育教师,保障体育教师享受与其工作特点有关的待遇	17-21	供给型政策工具-体育人才培养-学校
		第二十二条 学校应当按照国务院教育行政部门规定的标准配置体育场地、设施和器材。学校体育场地必须用于体育活动,不得挪作他用	17-22	供给型政策工具-体育场地(馆)设施投入-学校
		第二十三条 学校应当建立学生体格健康检查制度。教育、体育和卫生行政部门应当加强对学生体质的监测	17-23	环境型政策工具-策略性措施-学校
		第二十五条 国家鼓励、支持开展业余体育训练,培养优秀的体育后备人才	17-25	供给型政策工具-体育人才培养-政府
18	奥运争光计划纲要(1995—2000 年)(节选)	四、7 全国城市运动会继续坚持以培养奥运会重点项目后备人才为目的,以青少年为参加对象的宗旨;同时适当引导参赛城市发展基础薄弱的奥运优势项目	18-4-7	供给型政策工具-体育人才培养-政府

续表

序号	政策文件	青少年体育政策的文本分析单元	编码	分类
19	全民健身计划纲要	(七)全民健身计划以全国人民为实施对象，以青少年和儿童为重点。各级各类学校要全面贯彻党的教育方针，努力做好学校体育工作……要积极创造条件，切实解决学校体育师资、经费、场地设施等问题	19-7	环境型政策工具-策略性措施-学校
		(十八)逐步完善群众体育运动竞赛制度，加强对工人、农民、少数民族、残疾人以及各类学生运动会等的组织和管理	19-18	环境型政策工具-体育法规管理-政府
		(二十四)体育场地设施建设要纳入城乡建设规划，落实国家关于城市公共体育设施用地定额和学校体育场地设施的规定	19-24	环境型政策工具-体育法规管理-政府
20	中共中央国务院关于深化教育改革全面推进素质教育的决定	5 学校教育要树立健康第一的指导思想，切实加强体育工作，使学生掌握基本的运动技能，养成坚持锻炼身体的良好习惯……根据农村的实际条件和需要，有针对性地加强农村学校的体育和卫生	20-5	环境型政策工具-策略性措施-学校、政府
21	国家体育总局关于印发《2001—2010年体育改革与发展纲要》的通知	8 青少年体育以学校为重点。各级教育行政部门和各级各类学校要认真贯彻德智体美全面发展的教育方针，加快体育教学改革……使青少年养成终生参加体育锻炼的习惯	21-8-1	环境型政策工具-策略性措施-政府
		鼓励社会兴办各种类型的青少年体育俱乐部	21-8-2	环境型政策工具-策略性措施-市场
22	国务院关于基础教育改革与发展的决定	20 增加体育课时并保证学生每天参加一小时体育活动。开展经常性小型多样的学生体育比赛，培养学生团队精神和顽强意志	22-20	环境型政策工具-策略性措施-学校
23	农村体育工作暂行规定	第十六条 县、乡镇、居委会应当为儿童青少年开辟校外体育活动场所，建设儿童青少年体育活动中心或体育俱乐部，丰富学生校外生活	23-16	环境型政策工具-策略性措施-政府
		第二十条 县、乡镇、居委会应当注重开展老年人、残疾人和妇女、儿童的体育健身活动，为他们参加体育健身活动创造条件，提供方便	23-20	环境型政策工具-策略性措施-政府
		第二十二条 学校应当每年至少举办一次全校性体育运动会，经常举办各种小型体育竞赛及活动……提高课外体育活动的组织化、科学化水平	23-22	环境型政策工具-策略性措施-学校

续表

序号	政策文件	青少年体育政策的文本分析单元	编码	分类
24	中共中央、国务院关于进一步加强和改进新时期体育工作的意见（节选）	（十一）构建群众性体育服务体系，要抓住四个重点	24-11	环境型政策工具-策略性措施-学校
		（二十六）学校必须配备建设相应的体育设施	24-26	供给型政策工具-体育场地(馆)设施投入-学校
25	教育部《关于加强农村学校体育卫生工作的几点意见》	一、提高认识，转变观念，随着素质教育的全面推进和基础教育新课程标准的实验推广，开足开齐体育课并不断提高教学质量	25-1	环境型政策工具-策略性措施-学校
		二、采取有效措施，加强师资队伍建设	25-2	供给型政策工具-体育人才培养-政府
		三、坚持因地制宜原则，认真做好学校卫生与健康教育工作	25-3	环境型政策工具-策略性措施-学校
		四、加大投入力度，保证体育、卫生和健康教育的教学条件	25-4	供给型政策工具-体育场地(馆)设施投入-政府
26	教育部关于保证中小学体育课课时的通知	一、贯彻《课程标准》要求，保证体育课课时	26-1	环境型政策工具-体育法规管理-学校
		二、采取有效措施，保证体育教师的数量和质量	26-2	供给型政策工具-体育人才培养-政府
		三、加强领导和管理，保证体育课程改革顺利进行	26-3	环境型政策工具-策略性措施-学校
27	教育部关于落实保证中小学生每天体育活动时间的意见	一、开齐并上好体育课。各地中小学校必须按照国家有关中小学体育课设置的规定和要求，开齐并上好体育课	27-1	环境型政策工具-体育法规管理-学校
		二、保证课外体育活动时间。凡没有体育课的当天，学校要组织学生参加一小时课外体育活动，课外体育活动时间应排进课表，形成制度。寄宿制学校要实行学生出早操制度	27-2	环境型政策工具-体育法规管理-学校
		三、实行大课间体育活动制度	27-3	环境型政策工具-策略性措施-学校
		四、落实必要的物质保障。支持中小学校认真执行《中小学校体育场馆设施、器材配备目录》，购置必要的体育器材，建设、改善体育场地设施	27-4	供给型政策工具-体育场地(馆)设施投入-政府
		五、加强组织管理	27-5	环境型政策工具-策略性措施-政府
		六、建立督导、检查和工作评比制度	27-6	环境型政策工具-策略性措施-政府

序号	政策文件	青少年体育政策的文本分析单元	编码	分类
28	国家体育总局关于印发《"十一五"群众体育事业发展规划》的通知	(二)1. 广泛开展全民健身活动，提高全民特别是青少年的身体素质。到2010年，经常参加体育活动的人数占总人口的比例达到40%，其中城市达到45%。达到《国民体质测定标准》合格标准人数比例有较大提高，青少年比例提高更加明显	28-2-1	环境型政策工具-体育目标规划-政府
		(九)特别关注青少年和儿童体育。公共体育设施要落实对青少年和儿童开放的优惠措施	28-9	环境型政策工具-体育外部主体激励-政府
29	教育部、国家体育总局关于进一步加强学校体育工作切实提高学生健康素质的意见	积极推进体育教学改革，不断提高教学质量。要通过调动学生参与课内外体育活动的积极性，有效增强学生体质，使学生掌握科学锻炼身体的基础知识和基本技能，养成良好的体育锻炼习惯，为终身体育打下坚实基础	29-2-1	环境型政策工具-策略性措施-学校
		坚持因地制宜、分类指导的原则。体育课、课外体育活动和课余体育训练都要从学生的特点和本地区、本学校的实际情况、历史传统出发……强调活动的多样性，增强学生自觉参与体育锻炼的意识	29-2-2	需求政策工具-个人需求层面满足-学校
		三、完善学校体育的保障机制	29-3-1	环境型政策工具-策略性措施-政府、学校
		要把加强体育教师队伍建设作为当前教师队伍建设的重点	29-3-2	供给型政策工具-体育人才培养-政府
		增加学校体育工作的经费投入	29-3-3	供给型政策工具-体育资金投入-政府
		各级教育、体育行政部门和学校要相互配合，积极创造条件，在保证正常教学秩序的情况下，使学校体育场馆在课余和节假日向广大学生和社区居民开放	29-3-4	环境型政策工具-体育外部主体激励-政府、学校
		四、完善学生体质健康和学校体育的评价制度	29-4	环境型政策工具-体育法规管理-学校
		五、采取有力措施加强学校体育的督导检查和服务支持	29-5-1	环境型政策工具-策略性措施-政府、学校
		积极促进全社会支持学校体育工作，关心青少年学生的健康成长……争取广大家长主动支持、配合学校体育工作	29-5-2	供给型政策工具-体育信息支持-政府

续表

序号	政策文件	青少年体育政策的文本分析单元	编码	分类
30	教育部国家体育总局共青团中央关于开展全国亿万学生阳光体育运动的通知	2. 开展阳光体育运动，要以"达标争优、强健体魄"为目标……形成良好的体育锻炼习惯，体质健康水平切实得到提高	30-2	环境型政策工具-体育目标规划-政府
		3. 认真组织全体学生积极开展"达标争优"活动，对达到《学生体质健康标准》优秀等级的学生，颁发"阳光体育奖章"	30-3	需求型政策工具-个人需求层面满足-学校
		4. 开展阳光体育运动，要与体育课教学相结合	30-4	环境型政策工具-策略性措施-学校
		5. 开展阳光体育运动，要与课外体育活动相结合。配合体育课教学，保证学生平均每个学习日有一小时体育锻炼时间	30-5	环境型政策工具-策略性措施-政府
		6. 开展阳光体育运动，要营造良好的舆论氛围。通过多种形式，大力宣传阳光体育运动，广泛传播健康理念，使"健康第一""达标争优、强健体魄""每天锻炼一小时，健康工作五十年，幸福生活一辈子"等口号家喻户晓，深入人心	30-6-1	供给型政策工具-体育信息支持-政府
		建立评比表彰制度，对在阳光体育运动中取得优异成绩的单位和个人给予表彰，以唤起全社会对学生体质健康的广泛关注，吸引家庭和社会力量共同支持阳光体育运动的开展	30-6-2	需求型政策工具-个人需求层面满足-学校
31	国家体育总局关于印发《竞技体育"十一五"规划》的通知	二(二)3. 可持续发展目标：建立国家与社会共同培养高水平竞技体育后备人才的体制和机制	31-2-2-3	环境型政策工具-体育目标规划-政府
		(三)4. 加强竞技体育后备人才培养，促进可持续发展。实施竞技体育后备人才培养工程，加强国家高水平体育后备人才基地建设；鼓励社会力量培养体育后备人才，探索和建立与社会主义市场经济相适应的"体教结合"模式	31-2-3-4	供给型政策工具-体育人才培养-政府、市场

续表

序号	政策文件	青少年体育政策的文本分析单元	编码	分类
32	中共中央、国务院关于加强青少年体育增强青少年体质的意见	3. 认真落实健康第一的指导思想，把增强学生体质作为学校教育的基本目标之一……不断提高青少年乃至全民族的健康素质	32-3	环境型政策工具-体育目标规划-学校
		4. 全面实施《国家学生体质健康标准》，把健康素质作为评价学生全面健康发展的重要指标	32-4	环境型政策工具-策略性措施-政府
		5. 广泛开展"全国亿万学生阳光体育运动"	32-5-1	环境型政策工具-策略性措施-学校
		对达到合格等级的学生颁发"阳光体育证章"，优秀等级的颁发"阳光体育奖章"，增强学生参加体育锻炼的荣誉感和自觉性。	32-5-2	需求型政策工具-个人需求层面满足-学校
		7. 确保学生每天锻炼一小时	32-7	环境型政策工具-策略性措施-学校
		8. 举办多层次多形式的学生体育运动会，积极开展竞技性和群众性体育活动	32-8	环境型政策工具-策略性措施-学校
		11. 加强学校体育设施建设	32-11-1	供给型政策工具-体育场地(馆)设施投入-政府
		公共体育场馆和运动设施应免费或优惠向周边学校和学生开放，学校体育场馆在课余和节假日应向学生开放	32-11-2	环境型政策工具-体育外部主体激励-政府、学校
		12. 加强体育安全管理，指导青少年科学锻炼	32-12	环境型政策工具-策略性措施-学校
		14. 对成绩突出的地方、部门、学校和个人进行表彰奖励	32-14	需求型政策工具-个人需求层面满足-政府
		15. 制定国家学校体育卫生条件基本标准，加大执法监督力度	32-15	环境型政策工具-体育法规管理-政府
		16. 积极倡导和鼓励创建青少年体育俱乐部和青少年体育户外营地	32-16	环境型政策工具-策略性措施-学校
		18. 加强家庭和社区的青少年体育活动，形成学校、家庭和社区的合力	32-18	环境型政策工具-策略性措施-家庭、社区
		19. 进一步完善加强青少年体育的政策保障措施	32-19	环境型政策工具-策略性措施-政府
		20. 努力营造重视青少年体育的舆论环境	32-20	供给型政策工具-体育信息支持-政府

序号	政策文件	青少年体育政策的文本分析单元	编码	分类
33	教育部关于贯彻学习《中共中央、国务院关于加强青少年体育增强青少年体质的意见》的通知	四、在下学期有一批学生通过《国家学生体质健康标准》测试，达到合格或优秀等级，获得"阳光体育证章"和"阳光体育奖章"	33-4	需求型政策工具-个人需求层面满足-政府、学校
		五、各级各类学校要主动争取家长的支持和配合，形成共同促进学校体育工作的合力	33-5	环境型政策工具-策略性措施-家庭
		六、要尽快对公共体育场馆设施和学校体育场馆设施开放的有关问题进行研究，提出具体的解决办法，努力使更多的体育场馆设施暑假期间向学生开放	33-6	环境型政策工具-体育外部主体激励-政府
		七、加大学校体育工作的宣传力度，营造有利于学校实施素质教育、加强体育工作的氛围	33-7	供给型政策工具-体育信息支持-学校
34	全民健身条例	第二十一条 根据学生的年龄、性别和体质状况，组织实施体育课教学，开展广播体操、眼保健操等体育活动，指导学生的体育锻炼，提高学生的身体素质	34-21	环境型政策工具-策略性措施-学校
		第二十二条 学校每学年至少举办一次全校性的运动会；有条件的，还可以有计划地组织学生参加远足、野营、体育夏(冬)令营等活动	34-22	环境型政策工具-策略性措施-学校
		第二十三条 基层文化体育组织、学校、家庭应当加强合作，支持和引导学生参加校外体育活动。	34-23	需求型政策工具-体育交流与合作-学校、家庭
		第二十八条 学校应当在课余时间和节假日向学生开放体育设施	34-28	环境型政策工具-体育外部主体激励-学校
35	关于开展全国青少年校园足球活动的通知	二、各地要认真选择开展校园足球活动的布局城市和学校，纳入当地体育、教育发展规划，并按照实施方案组织本地小学、初中、高中和大学的足球四级联赛	35-2	环境型政策工具-策略性措施-政府
		三、国家将安排专项经费用于启动校园足球活动，各地要安排配套经费……做到专款专用，加强对专项经费的审计监督	35-3	供给型政策工具-体育资金投入-政府
		四、建立表彰激励机制，将开展校园足球活动的情况纳入对学校教育工作评比、表彰的内容。对取得突出成绩的学校、有关单位及个人进行表彰和奖励	35-4	环境型政策工具-策略性措施-政府

续表

序号	政策文件	青少年体育政策的文本分析单元	编码	分类
36	关于加快发展体育产业的指导意见	(六)公共体育设施应当根据其功能、特点向公众开放,并在一定时间和范围内,对学生、老年人和残疾人优惠或者免费开放	36-5	环境型政策工具-体育外部主体激励-政府
		(十)加快体育产业管理人才培养	36-10	供给型政策工具-体育人才培养-政府
37	国务院办公厅转发体育总局等部门关于进一步加强运动员文化教育和运动员保障工作指导意见的通知	一、加强竞技体育后备人才培养阶段的文化教育工作,打好运动员文化教育基础	37-1	环境型政策工具-策略性措施-政府
		二、拓宽体育运动学校运动员培养输送渠道,为运动员就学、就业创造条件	37-2	供给型政策工具-体育人才培养-政府
		三、发挥国家队运动员文化教育的示范作用,抓好运动队的文化学习	37-3	环境型政策工具-策略性措施-政府
		四、完善并落实各项激励和保障政策,切实维护运动员切身利益	37-4	环境型政策工具-体育法规管理-政府
		五、构建和完善运动员职业转换社会扶持体系,帮助运动员顺利实现职业转换	37-5	环境型政策工具-策略性措施-政府
38	中共中央、国务院关于印发《国家中长期教育改革和发展规划纲要(2010—2020年)》的通知	(四)加强体育,牢固树立健康第一的思想,确保学生体育课程和课余活动时间,提高体育教学质量	38-4	环境型政策工具-体育目标规划-政府
		(八)增强学生体质。科学安排学习、生活、锻炼,保证学生睡眠时间。大力开展"阳光体育"运动,保证学生每天锻炼一小时,不断提高学生体质健康水平	38-8	环境型政策工具-策略性措施-学校
39	国务院关于印发全民健身计划(2011-2015年)的通知	二、目标任务(一)学生在校期间每天至少参加1小时的体育锻炼活动	39-2-1	环境型政策工具-体育目标规划-学校
		(二)在校学生普遍达到《国家学生体质健康标准》基本要求,其中达到优秀标准的人数比例超过20%,耐力、力量、速度等体能素质明显提高	39-2-2	环境型政策工具-体育目标规划-学校
		(五)切实加强青少年体育……办好各级各类体育学校、体育传统项目学校。加强青少年体育俱乐部、青少年校外体育活动中心和营地建设。建立和完善学校、社区、家庭相结合的青少年体育网络和联动机制	39-3-5	环境型政策工具-策略性措施-学校

续表

序号	政策文件	青少年体育政策的文本分析单元	编码	分类
40	国家体育总局关于印发《体育事业发展"十二五"规划》的通知（节选）	（十四）实施"青少年体育活动促进计划"，提高青少年健康素质……保持青少年户外体育营地数量稳步增长	40-14-1	环境型政策工具-体育目标规划-政府
		探索创建"青少年校外体育活动中心"和国家示范性青少年体育俱乐部……全面提高青少年健康素质	40-14-2	环境型政策工具-策略性措施-政府
		（三十）在广大群众特别是青少年中广泛普及足球运动	40-30-1	环境型政策工具-策略性措施-政府
		加强足球后备人才培养和队伍梯队建设	40-30-2	供给型政策工具-体育人才培养-政府
		（五十一）抓住领导班子后备干部、优秀社会体育指导人才、群众体育组织管理人才、精英体育教练员人才、体育产业经营管理人才和中青年体育专业技术人才等重点体育人才群体，实施"体育人才培养专项计划"	40-51	供给型政策工具-体育人才培养-政府
		（五十三）加大体育宣传力度，充分发挥舆论导向作用	40-53	供给型政策工具-体育信息支持-政府
		（五十四）扩大对外体育交流与合作	40-54	需求型政策工具-体育交流与合作-政府
41	青少年体育"十二五"规划	（二）具体目标 1. 实施"青少年体育活动促进计划"，初步建成青少年体育公共服务体系	41-3-2-1	环境型政策工具-体育目标规划-政府
		2. 实施"竞技体育后备人才培养工程"，构建适应社会发展、充满活力的竞技体育后备人才培养体系	41-3-2-2	环境型政策工具-体育目标规划-政府
		3. 青少年体育政策法规制度更加完善，各项改革取得新进展	41-3-2-3	环境型政策工具-体育目标规划-政府
		（三）主要任务 1. 广泛开展青少年体育活动	41-3-3-1-1	环境型政策工具-策略性措施-政府
		加强青少年体育国际交流与合作……加强与港澳台地区的青少年体育交流、合作	41-3-3-1-2	需求型政策工具-体育交流与合作-政府
		2. 改善场地设施条件，促进体育场馆开放	41-3-3-2-1	供给型政策工具-体育场地（馆）设施投入-政府

序号	政策文件	青少年体育政策的文本分析单元	编码	分类
41	青少年体育"十二五"规划	完善公共体育场馆设施免费或优惠向周边学校和学生开放的政策措施	41-3-3-2-2	环境型政策工具-体育外部主体激励-政府
		3. 巩固、扩大青少年体育组织	41-3-3-3	环境型政策工具-策略性措施-政府
		4. 加强竞技体育后备人才培养工作基础建设，促进发展方式创新	41-3-3-4	供给型政策工具-体育人才培养-政府
		5. 不断提高业余训练质量水平	41-3-3-5	环境型政策工具-策略性措施-政府
		6. 大力加强运动员文化教育工作	41-3-3-6	环境型政策工具-策略性措施-政府
		7. 完善青少年竞赛制度	41-3-3-7	环境型政策工具-体育法规管理-政府
		8. 缩小青少年体育区域差距，促进均衡发展	41-3-3-8	环境型政策工具-策略性措施-政府
		(一)1. 完善青少年体育政策法规体系	41-4-1-1	环境型政策工具-体育法规管理-政府
		2. 全面推进依法行政	41-4-1-2	环境型政策工具-体育法规管理-政府
		3. 建立青少年体育发展基本标准、统计制度和绩效评估制度，加强青少年体育督导工作	41-4-1-3	环境型政策工具-体育法规管理-政府
		(二) 1. 建立健全以政府投入为主、多渠道筹集青少年体育经费的投入保障制度	41-4-2-1	环境型政策工具-体育法规管理-政府
		2. 各级体育行政部门应将青少年体育投入纳入年度财政预算予以保障，并随着体育事业的发展逐步增长；拓宽资金投入渠道，积极引导社会力量参与青少年体育，多渠道筹集青少年体育发展资金	41-4-2-2	供给型政策工具-体育资金投入-政府、市场
		3. 建立健全各级各类体校投入保障机制	41-4-2-3	环境型政策工具-体育法规管理-政府
		4. 建立专项资助和服务购买制度	41-4-2-4	需求型政策工具-政府采购-政府
		(三)3. 加强青少年体育宣传工作，提升宣传水平，扩大社会影响，为青少年体育创造良好的社会舆论环境	41-4-3-3	供给型政策工具-体育信息支持-政府
		(四)1. "十二五"时期将加大青少年体育骨干队伍建设力度，扩大数量规模，提高能力水平	41-4-4-1	供给型政策工具-体育人才培养-政府
		2. 建立健全青少年体育从业人员培训制度	41-4-4-2	环境型政策工具-体育法规管理-政府
		3. 组织开展青少年体育从业人员培训工作，促进专业化，提高从业水平	41-4-2-3	供给型政策工具-体育人才培养-政府
		(五)加强青少年体育信息化建设	41-4-5	供给型政策工具-体育信息支持-政府

序号	政策文件	青少年体育政策的文本分析单元	编码	分类
42	国家体育总局关于印发《竞技体育"十二五"规划》的通知	(十四)实施"青少年体育活动促进计划",提高青少年健康素质……探索创建"青少年校外体育活动中心"和国家示范性青少年体育俱乐部	42-14-1	环境型政策工具-体育目标规划-政府
		联合教育等部门和社会力量,关注青少年的体育需求,广泛开展青少年健身活动、竞赛交流、科学健身指导和体质监测等服务,努力营造全社会关心青少年体育的氛围,促进更多的青少年参与体育活动,全面提高青少年健康素质	42-14-2	环境型政策工具-策略性措施-政府
		(十九)建立符合青少年成才规律的分层次、分等级的青少年竞赛体系和制度	42-19	环境型政策工具-体育法规管理-政府
		(二十四)实施"竞技体育后备人才培养工程",夯实竞技体育可持续发展基础	42-24	供给型政策工具-体育人才培养-政府
		(三十)在广大群众特别是青少年中广泛普及足球运动,不断壮大足球发展的社会基础	42-30-1	环境型政策工具-策略性措施-政府
		加强足球后备人才培养和队伍梯队建设	42-30-2	供给型政策工具-体育人才培养-政府
43	教育部关于印发《切实保证中小学生每天一小时校园体育活动的规定》的通知	一、严格执行国家关于保证中小学生每天一小时校园体育活动规定	43-1	环境型政策工具-体育法规管理-学校
		二、建立保证中小学生每天一小时校园体育活动的有效工作机制	43-2	环境型政策工具-策略性措施-学校
		三、健全学校体育专项督导制度	43-3	环境型政策工具-策略性措施-学校
		四、建立保证中小学生每天一小时校园体育活动的社会监督机制	43-4	环境型政策工具-策略性措施-学校
		五、建立保证中小学生每天一小时校园体育活动的科学评价机制	43-5	环境型政策工具-策略性措施-学校
		六、建立保证中小学生每天一小时校园体育活动表彰奖励和问责制度	43-6	需求型政策工具-个人需求层面满足-政府

续表

序号	政策文件	青少年体育政策的文本分析单元	编码	分类
44	关于深入贯彻落实《关于进一步加强运动员文化教育和运动员保障工作的指导意见》的通知	一、各级教育和体育部门要以推进各级体育运动学校运动员文化教育为重点	44-1	环境型政策工具-策略性措施-政府
		二、要建立以体育行政部门为主，体育、教育行政部门各负其责的竞技体育后备人才管理体制和运行机制	44-2	环境型政策工具-策略性措施-政府
		三、地方各级政府有关部门要保证公办体育运动学校各项教育政策的落实和教育经费的投入	44-3	环境型政策工具-策略性措施-政府
		六、体育、教育行政部门举办的九年义务教育阶段的全国性青少年比赛，要进行赛前运动员文化课测试	44-6-1	环境型政策工具-策略性措施-政府
		在前期运动员基础教育课程测试试点工作的基础上，用5年时间实现所有全国性青少年比赛运动员基础教育课程测试全覆盖	44-6-2	环境型政策工具-体育目标规划-政府
45	关于进一步加强学校体育工作若干意见的通知	3. 加强学校体育要以科学发展观为指导，全面贯彻党的教育方针，全面实施素质教育，把增强学生体质作为学校教育的基本目标之一……不断提高学生体质健康水平和综合素质	45-3	环境型政策工具-体育目标规划-学校
		4. 要以中小学为重点全面加强学校体育，深入推进学校体育改革发展，力争到"十二五"期末，学校体育场地设施总体达到国家标准……各方责任更加明确，基本形成政府主导、部门协调、社会参与的学校体育推进机制	45-4	环境型政策工具-体育目标规划-学校
		5. 实施好体育课程和课外体育活动	45-5	环境型政策工具-策略性措施-学校
		6. 加强学校体育教师队伍建设	45-6	供给型政策工具-体育人才培养-学校
		7. 加快学校体育设施建设	45-7-1	供给型政策工具-体育场地(馆)设施投入-政府
		大力推动公共体育场馆和运动设施向青少年学生免费或优惠开放，学校体育场馆设施在课余和节假日应向学生开放	45-7-2	环境型政策工具-体育外部主体激励-政府、学校

序号	政策文件	青少年体育政策的文本分析单元	编码	分类
45	关于进一步加强学校体育工作若干意见的通知	8. 健全学校体育风险管理体系	45-8	环境型政策工具-策略性措施-学校
		9. 完善学生体质健康测试和评价制度	45-9	环境型政策工具-策略性措施-学校
		10. 实施学校体育工作评估制度	45-10	环境型政策工具-策略性措施-学校
		11. 实行学校体育报告公示制度	45-11	环境型政策工具-策略性措施-学校
		13. 加大学校体育投入力度	45-13	供给型政策工具-体育资金投入-学校
		14. 实施学校体育三年行动计划	45-14	环境型政策工具-策略性措施-学校
		15. 强化学校体育工作督导检查	45-15	环境型政策工具-策略性措施-学校
		16. 健全学校体育工作奖惩机制。对学校体育工作成绩突出的地方、部门、学校和个人进行表彰奖励	45-16	需求型政策工具-个人需求层面满足-政府
		17. 营造学校体育发展良好环境	45-17	供给型政策工具-体育信息支持-学校
46	体育总局、教育部关于加强全国青少年校园足球工作的意见	三、加大校园足球投入力度	46-3	供给型政策工具-体育资金投入-政府
		四、加强场地设施建设和利用	46-4	供给型政策工具-体育场地(馆)设施投入-政府
		五、建立健全校园足球评价机制。对校园足球工作中的先进单位和个人进行表彰奖励	46-5	需求型政策工具-个人需求层面满足-政府
		六、加快建立布局合理的全国校园足球组织网络	46-6	环境型政策工具-策略性措施-政府
		七、重点办好一批开展足球项目的体校和足球学校	46-7	环境型政策工具-策略性措施-政府
		八、体育部门要把校园足球联赛列入授予运动员技术等级的竞赛计划。有条件的布局城市要开展高中和大学足球联赛。鼓励定点学校举办校内班级、年级比赛	46-8	环境型政策工具-体育交流与合作-政府、学校

续表

序号	政策文件	青少年体育政策的文本分析单元	编码	分类
46	体育总局、教育部关于加强全国青少年校园足球工作的意见	九、推动学校足球教育	46-9	环境型政策工具-策略性措施-学校
		十、加强学校足球文化建设。有计划地组织参加足球夏(冬)令营，举办校园足球文化节、文化周等活动，促进建立足球社团或足球兴趣小组，定期举行学校与家庭、社区的足球交流活动	46-10	需求型政策工具-体育交流与合作-学校，家庭，社区
		十一、广泛整合社会资源	46-11	环境型政策工具-策略性措施-市场
		十二、扶持学校女子足球发展	46-12	环境型政策工具-策略性措施-学校
		十三、加强校园足球师资队伍建设	46-13	供给型政策工具-体育人才培养-政府
		十四、各级教育部门要采取措施鼓励教师参与开展校园足球活动	46-14	环境型政策工具-策略性措施-政府
		十五、完善校园足球定点学校招生考试政策	46-15	环境型政策工具-策略性措施-政府
		十六、加强校园足球科研工作	46-16	供给型政策工具-体育科技支持-政府
		十七、充分利用现代信息技术，建设基于互联网的校园足球便捷服务平台	46-17	供给型政策工具-体育信息支持-政府
		十八、建立完善校园足球活动安全保障体系	46-18	环境型政策工具-策略性措施-政府
		十九、加强国际交流与合作	46-19	需求型政策工具-体育交流与合作-学校
		二十、营造校园足球开展良好环境	46-20	供给型政策工具-体育信息支持-政府
47	国务院关于加快发展体育产业促进体育消费的若干意见	(六)切实保障中小学体育课时，鼓励实施学生课外体育活动计划，促进青少年培育体育爱好，掌握一项以上体育运动技能，确保学生校内每天体育活动时间不少于一小时	47-2-6-1	环境型政策工具-策略性措施-学校
		积极推动各级各类公共体育设施免费或低收费开放。加快推进企事业单位等体育设施向社会开放。学校体育场馆课余时间要向学生开放	47-2-6-2	环境型政策工具-体育外部主体激励-政府

续表

序号	政策文件	青少年体育政策的文本分析单元	编码	分类
48	国务院办公厅关于印发中国足球改革发展总体方案的通知	(三)中期目标：青少年足球人口大幅增加	48-3	环境型政策工具-体育目标规划-政府
		(十三)加强竞赛体系设计。完善竞赛结构，扩大竞赛规模，增加竞赛种类……逐步建立健全青少年联赛体系	48-13	环境型政策工具-体育法规管理-政府
		(十九)深化学校体育改革，培养全面发展人才，把校园足球作为扩大足球人口规模、夯实足球人才根基……使参与足球运动成为体验、适应社会规则和道德规范的有效途径	48-19	环境型政策工具-策略性措施-学校
		(二十)推进校园足球普及。全国中小学校园足球特色学校在现有5000多所基础上，2020年达到2万所，2025年达到5万所，其中开展女子足球的学校占一定比例	48-20-1	环境型政策工具-体育目标规划-学校
		完善保险机制，推进政府购买服务，提升校园足球安全保障水平，解除学生、家长和学校的后顾之忧	48-20-2	需求型政策工具-政府采购-政府
		(二十一)促进文化学习与足球技能共同发展	48-21	环境型政策工具-策略性措施-学校
		(二十二)促进青少年足球人才规模化成长	48-22	环境型政策工具-策略性措施-政府
		(二十三)扩充师资队伍	48-23	供给型政策工具-体育人才培养-政府
		(二十六)鼓励足球俱乐部、企业和其他社会力量选派职业球员、青少年球员到足球发达国家接受培训，并力争跻身国外高水平职业联赛	48-26	供给型政策工具-体育人才培养-市场
		(三十七)对足球场地建设予以政策扶持。对社会资本投入足球场地建设，应当落实土地、税收、金融等方面的优惠政策	48-37	环境型政策工具-税收优惠-政府
		(三十八)按照管办分离和非营利性原则通过委托授权、购买服务等方式招标选择专业的社会组织或企业负责管理运营公共足球场	48-38	需求型政策工具-政府采购-政府
		(三十九)加大财政投入。各级政府应当加大对足球的投入，根据事权划分主要用于场地建设、校园足球、青少年足球、女子足球、国家队建设、教学科研等方面	48-39	供给型政策工具-体育资金投入-政府

序号	政策文件	青少年体育政策的文本分析单元	编码	分类
49	关于加快构建现代公共文化服务体系的意见	（六）加强乡村学校少年宫建设。实施青少年体育活动促进计划	49-6	环境型政策工具-策略性措施-政府
50	教育部等6部门关于加快发展青少年校园足球的实施意见	一、（三）工作目标 到2020年，基本建成符合人才成长规律、青少年广泛参与、运动水平持续提升、体制机制充满活力、基础条件保障有力、文化氛围蓬勃向上的中国特色青少年校园足球发展体系……形成青少年校园足球持续发展保障体系	50-1-3	环境型政策工具-体育目标规划-学校
		二、（一）提高校园足球普及水平	50-2-1	环境型政策工具-策略性措施-政府
		（二）深化足球教学改革	50-2-2	环境型政策工具-策略性措施-学校
		（三）加强足球课外锻炼训练	50-2-3	环境型政策工具-策略性措施-学校、政府
		（四）完善校园足球竞赛体系　鼓励学校参加社会组织举办的足球赛事和公益活动，加强与国际组织和专业机构的交流合作，组织或参与国际青少年足球赛事活动	50-2-4-1	需求型政策工具-体育交流与合作-政府、学校
		形成稳定规范的赛制。规范竞赛管理，构建包括校内竞赛、校际联赛、区域选拔在内的青少年校园足球竞赛体系	50-2-4-2	环境型政策工具-体育法规管理-政府、学校
		（五）畅通优秀足球苗子的成长通道	50-2-5	供给型政策工具-体育人才培养-政府
		三、（一）加强师资队伍建设	50-3-1	供给型政策工具-体育人才培养-政府
		（二）改善场地设施条件	50-3-2	供给型政策工具-体育场地(馆)设施投入-政府
		（三）健全学生参与足球激励机制	50-3-3	需求型政策工具-个人需求层面满足-政府
		（四）加大经费支持力度	50-3-4	供给型政策工具-体育资金投入-政府
		（五）完善安全保险制度	50-3-5	环境型政策工具-策略性措施-学校
		（六）鼓励社会力量参与	50-3-6	环境型政策工具-策略性措施-市场
		四(三)优化发展青少年校园足球舆论环境	50-4-3	供给型政策工具-体育信息支持-政府

续表

序号	政策文件	青少年体育政策的文本分析单元	编码	分类
51	关于印发中国足球中长期发展规划(2016—2050年)的通知	三、(一)发展目标强基层。校园足球加快发展,全国特色足球学校达到2万所,中小学生经常参加足球运动人数超过3000万人	51-3-1	环境型政策工具-体育目标规划-政府
		四、(二)培养人才队伍。大幅增加青少年足球参与规模。加强校园足球建设……不断增加足球人才后备力量	51-4-2	供给型政策工具-体育人才培养-政府
		(三)场地设施建设	51-4-3	供给型政策工具-体育场地(馆)设施投入-政府
		(四)丰富赛事活动	51-4-4	需求型政策工具-策略性措施-学校
52	体育发展"十三五"规划	(十八)加快青少年体育发展 实施青少年体育活动促进计划,进一步加强青少年体育俱乐部、体育传统校和青少年户外体育活动营地建设。广泛开展丰富多样的青少年公益体育活动和运动项目技能培训,促进青少年养成体育锻炼习惯,掌握一项以上体育运动技能	52-18-1	环境型政策工具-策略性措施-政府
		大力推动青少年校外体育活动场地设施建设,开发适应青少年特点的运动器械、锻炼项目和健身方法	52-18-2	供给型政策工具-体育场地(馆)设施投入-政府
		探索青少年校外体育辅导员队伍的培育工作,推进青少年体育志愿服务体系建设,完善青少年体育评价机制	52-18-3	供给型政策工具-体育人才培养-政府
		(二十三)加强竞技体育后备人才培养工作	52-23	供给型政策工具-体育人才培养-政府
		(三十一)鼓励吸引国际体育组织或体育企业、国际体育学校落户中国	52-31	需求型政策工具-体育交流与合作-政府

续表

序号	政策文件	青少年体育政策的文本分析单元	编码	分类
53	国务院办公厅关于强化学校体育促进学生身心健康全面发展的意见	(三)工作目标。到2020年,学校体育办学条件总体达到国家标准,体育课时和锻炼时间切实保证……基本形成体系健全、制度完善、充满活力、注重实效的中国特色学校体育发展格局	53-3	环境型政策工具--体育目标规划-学校
		(四)完善体育课程	53-4	环境型政策工具-策略性措施-学校
		(五)提高教学水平	53-5-1	环境型政策工具-策略性措施-学校
		充分利用现代信息技术手段,开发和创新体育教学资源,不断增强教学吸引力。鼓励有条件的单位设立全国学校体育研究基地,开展理论和实践研究,提高学校体育科学化水平	53-5-2	供给型政策工具-体育科技支持-政府
		(六)强化课外锻炼。中小学校要合理安排家庭"体育作业",家长要支持学生参加社会体育活动,社区要为学生体育活动创造便利条件,逐步形成家庭、学校、社区联动,共同指导学生体育锻炼的机制	53-6	环境型政策工具-策略性措施-家庭、社区
		(七)开展课余训练	53-7	环境型政策工具-策略性措施-学校
		(八)完善竞赛体系	53-8	环境型政策工具-体育法规管理-学校
		(九)加强体育教师队伍建设	53-9	供给型政策工具-体育人才培养-政府
		(十)推进体育设施建设	53-10	供给型政策工具-体育场地(馆)设施投入-政府
		(十一)完善经费投入机制	53-11	供给型政策工具-体育资金投入-政府
		(十二)健全风险管理机制	53-12	环境型政策工具-策略性措施-政府
		(十三)整合各方资源支持学校体育。完善政策措施,采取政府购买体育服务等方式,逐步建立社会力量支持学校体育发展的长效机制,引导技术、人才等资源服务学校体育教学、训练和竞赛等活动	53-13	需求型政策工具-政府采购-政府
		(十四)完善考试评价办法	53-14	环境型政策工具-策略性措施-学校
		(十五)加强体育教学质量监测	53-15	环境型政策工具-体育法规管理-政府
		(十七)强化考核激励	53-17	需求型政策工具-个人需求层面满足-学校
		(十八)通过多种途径,充分利用报刊、广播、电视及网络等手段……营造全社会关心、重视和支持学校体育的良好氛围	53-18	供给型政策工具-体育信息支持-学校

序号	政策文件	青少年体育政策的文本分析单元	编码	分类
54	体育总局关于印发《体育产业发展"十三五"规划》的通知	四、(一)鼓励机关团体、企事业单位、学校等单位广泛举办各类体育比赛	54-4-1	环境型政策工具-策略性措施-政府
		四、(五)鼓励和引导各地积极开展国际合作,创办一批高水平的国际体育学校。鼓励学校与专业体育培训机构合作,加强青少年体育爱好和运动技能的培养,组织学生开展课外健身活动。加强不同运动项目培训标准的制定与实施,提高体育培训市场的专业化水平	54-4-5	需求型政策工具-体育交流与合作-政府、市场、学校
		五、(四)注重人才培养,强化智力支撑	54-5-4	供给型政策工具-体育人才培养-政府
55	国务院关于印发《全民健身计划2016—2020》的通知	(九)将青少年作为实施全民健身计划的重点人群,大力普及青少年体育活动,提高青少年身体素质……使青少年提升身体素质、掌握运动技能、培养锻炼兴趣,形成终身体育健身的良好习惯	55-9	环境型政策工具-策略性措施-学校
56	国家体育总局关于印发《竞技体育"十三五"规划》的通知	三、(七)加强竞技体育人才队伍建设,提高综合素质	56-3-7	供给型政策工具-体育人才培养-政府
		四、(六)加强对青少年体育竞赛的管理,坚持以培养竞技体育后备人才为主的宗旨,建立健全符合青少年运动员成长规律和文化教育要求的体育竞赛制度,广泛选拔发现各类后备人才。建立体育和教育部门青少年体育竞赛协作机制,协调年度竞赛计划和竞赛规程,合理安排竞赛周期,降低办赛成本	56-4-6	环境型政策工具-体育法规管理-政府
		(九)拓宽渠道,形式多样,培养竞技体育人才	56-4-9	供给型政策工具-体育人才培养-政府

续表

序号	政策文件	青少年体育政策的文本分析单元	编码	分类
57	青少年体育"十三五"规划	(五)发展目标　到 2020 年青少年体育活动更加广泛,青少年训练基础更加坚实,青少年基本公共体育服务城乡、区域更加协调……体育职业教育制度更加完善,建成出口畅通,与社会需求和市场衔接更加紧密的中、高职体育职业教育体系	57-5	环境型政策工具-体育目标规划-政府
		(六)努力提升青少年体育素养	57-6	环境型政策工具-策略性措施-政府
		(七)广泛深入开展青少年体育活动	57-7-1	环境型政策工具-策略性措施-学校
		积极开展青少年体育国际及地区交流活动	57-7-2	需求型政策工具-体育交流与合作-政府
		(八)完善青少年体育组织网络	57-8	环境型政策工具-策略性措施-市场
		(九)推动公共体育场地设施和符合开放条件的学校体育设施向青少年免费开放或低收费开放,充分利用青少年活动中心、少年宫、户外营地等资源开展青少年体育活动	57-9-1	环境型政策工具-体育外部主体激励-政府
		把农民体育健身工程与农村中小学体育场地设施建设结合起来,改善农村青少年体育条件	57-9-2	供给型政策工具-体育场地(馆)设施投入-政府
		对于面向青少年的活动场馆和健身设施,政府以购买服务方式予以支持	57-9-3	需求型政策工具-政府采购-政府
		鼓励社会力量参与青少年户外体育活动营地建设	57-9-4	供给型政策工具-体育场地(馆)设施投入-市场
		加强研制青少年体育场地设施器材标准,开发适应青少年特点设施和运动器械,促进青少年体育场地设施建设标准化	57-9-5	环境型政策工具-体育法规管理-政府
		(十)建立和完善青少年健身科学普及推广制度,开展青少年体育科普活动和青少年体育科学研究,推广研究成果,布局建设若干个定位明晰、特色鲜明、决策咨询能力强的智库型青少年体育研究基地	57-10-1	供给型政策工具-体育科技支持-政府

序号	政策文件	青少年体育政策的文本分析单元	编码	分类
57	青少年体育"十三五"规划	开展青少年健身活动状况检查指导。积极开发推广普及程度高、有基础、深受广大青少年喜爱的运动项目,积极培育适合青少年身心特点的时尚休闲运动项目,鼓励开发具有地域、地方特色运动项目	57-10-2	环境型政策工具-策略性措施-政府
		(十一)完善青少年训练竞赛体系	57-11-1	环境型政策工具-策略性措施-政府
		积极恢复区县青少年训练,鼓励支持社会力量参与青少年训练,拓宽人才培养和选拔平台。推进青少年运动技能培训和赛事组织市场化,鼓励引导职业俱乐部建立后备人才培养制度	57-11-2	供给型政策工具-体育人才培养-市场
		(十二)落实《奥运项目竞技体育后备人才培养中长期规划(2014—2024)》	57-12	环境型政策工具-策略性措施-政府
		(十三)积极推进科训结合和科学选材	57-13	供给型政策工具-体育科技支持-政府
		(十四)进一步加强运动员文化教育	57-14	环境型政策工具-策略性措施-政府
		(十五)促进青少年体育协调发展	57-15	环境型政策工具-策略性措施-政府
		(十六)健全青少年体育政策制度体系	57-16	环境型政策工具-体育法规管理-政府
		(十八)加大资金投入	57-18-1	供给型政策工具-体育资金投入-政府
		推动政府购买青少年体育公共服务	57-18-2	需求型政策工具-政府采购-政府
		积极推动财税相关优惠政策的落实和完善,引导社会力量捐助、捐赠和出资兴办青少年体育事业	57-18-3	需求型政策工具-税收优惠-政府
		(十九)加强队伍建设	57-19	供给型政策工具-体育人才培养-政府
		(二十)促进科技创新	57-20	供给型政策工具-体育科技支持-政府
		(二十一)完善政策法治 推进各级体育部门青少年体育事权规范化、制度化……推动建立青少年体育公共服务国家指导标准体系	57-21	环境型政策工具-体育法规管理-政府
		(二十二)加强信息化建设	57-22	供给型政策工具-体育信息支持-政府

续表

序号	政策文件	青少年体育政策的文本分析单元	编码	分类
58	"健康中国2030"规划纲要	第六章第四节 实施青少年体育活动促进计划，培育青少年体育爱好，基本实现青少年熟练掌握1项以上体育运动技能，确保学生校内每天体育活动时间不少于1小时	58-6-4-1	环境型政策工具-策略性措施-学校
		到2030年，学校体育场地设施与器材配置达标率达到100%，青少年学生每周参与体育活动达到中等强度3次以上，国家学生体质健康标准达标优秀率25%以上	58-6-4-2	环境型政策工具-体育目标规划-政府
59	教育部办公厅关于加强全国青少年校园足球改革试验区、试点县（区）工作的指导意见	三、（一）配齐配强体育师资	59-3-1	供给型政策工具-体育人才培养-政府
		（二）加大场地设施建设力度	59-3-2	供给型政策工具-体育场地（馆）设施投入-政府
		（三）加大校园足球经费投入	59-3-3	供给型政策工具-体育资金投入-政府
		（四）强化安全风险防范意识	59-3-4	环境型政策工具-策略性措施-政府
60	关于加强竞技体育后备人才培养工作的指导意见	一、进一步完善竞技体育后备人才培养体系（一）夯实学校体育基础	60-1-1	环境型政策工具-策略性措施-政府
		（三）推动社会力量参与 引导和支持社会力量参与竞技体育后备人才培养工作，鼓励兴办多种形式的青少年体育训练机构，引导社会资本参与青少年校外体育活动中心和户外活动营地等建设	60-1-3-1	环境型政策工具-策略性措施-市场
		积极培育青少年体育社会组织，研究制定相关优惠政策，以全国体育运动学校联合会建设和改革为引领，推动有条件的地方组建区域性青少年体育联盟，发展基层青少年体育训练组织	60-1-3-2	需求性政策工具-税收优惠-政府

续表

序号	政策文件	青少年体育政策的文本分析单元	编码	分类
60	关于加强竞技体育后备人才培养工作的指导意见	鼓励通过委托授权、购买服务等方式，将适合由社会组织提供的公共服务项目交由社会力量承担……参与青少年品牌赛事、特色体育项目等无形资产开发	60-1-3-3	需求性政策工具-政府采购-政府
		三、创新发展青少年体育竞赛体系	60-3	环境型政策工具-体育法规管理-政府
		五、(十六)建立健全法治保障	60-5-16	环境型政策工具-体育法规管理-政府
		(十七)完善经费投入机制	60-5-17	供给型政策工具-体育资金投入-政府
		(十八)改善青少年体育设施条件	60-5-18	供给型政策工具-体育场地(馆)设施投入-政府
		(十九)落实安全保险制度	60-5-19	环境型政策工具-策略性措施-学校
		六、(二十)加强组织领导	60-6-20	环境型政策工具-策略性措施-政府
		(二十一)明确工作责任	60-6-21	环境型政策工具-策略性措施-政府、学校
		(二十二)抓好督促检查	60-6-22	环境型政策工具-体育法规管理-政府
		(二十三)营造发展氛围	60-6-23	需求性政策工具-个人需求层面满足-政府、市场

续表

序号	政策文件	青少年体育政策的文本分析单元	编码	分类
61	教育部办公厅关于印发《全国青少年校园足球改革试验区基本要求(试行)》和《全国青少年校园足球试点县(区)基本要求(试行)》的通知	一、精心布局，夯实普及推广体系 建立和完善本地区全国青少年校园足球工作组织领导和工作推进机制，统筹推进本地区校园足球工作……制定本地区校园足球工作规章制度和实施方案	61-1-1-1	环境型政策工具-体育法规管理-政府
		加大政策保障和经费支持力度，逐年增加本地区青少年校园足球专项资金，做到专款专用，保障教学、竞赛和活动经费，优化区域内足球教育资源配置，支持学校与科研院所、社会组织、企业等深入合作	61-1-1-2	供给型政策工具-体育资金投入-政府
		加强对区域内全国和各级校园足球特色学校的指导与监管力度，实施建设质量复核制度，建立退出机制	61-1-1-3	环境型政策工具-体育法规管理-政府
		大力开展校园足球普及教育活动，组织开展本地区校园足球文化节等相关活动，加强足球知识宣传和足球文化教育……提高全社会的关注度和参与度，营造浓厚的校园足球文化氛围	61-1-1-4	供给型政策工具-体育信息支持-学校
		二、全面发力，健全教学训练体系 搭建科学规范、衔接有序的教学体系。在区域内学校全面落实国家体育与健康课程标准规定的体育与健康课时要求，在区域内所有全国和各级校园足球特色学校落实每周面向全体学生开设 1 节足球课的基本要求，条件具备的学校可以每周开设 2 节足球课……进一步发现、推荐、培养优秀足球人才，开展科学化训练	61-1-2-1	环境型政策工具-体育目标规划-学校
		通过政府购买服务方式，鼓励支持社会力量参与校园足球"满天星"训练营的组织运营。选聘、组建高质量的校园足球外籍教练团队，参与校园足球"满天星"训练营的教学、训练和比赛指导	61-1-2-2	需求性政策工具-政府采购-政府
		加强校园足球运动员安全教育，推动中小学生和家长树立安全风险意识和法治意识，建立政府、学校和家庭三方安全防范和风险共担机制……做好校园足球风险防范工作	61-1-2-3	环境型政策工具-策略性措施-政府、学校、家庭

续表

序号	政策文件	青少年体育政策的文本分析单元	编码	分类
61	教育部办公厅关于印发《全国青少年校园足球改革试验区基本要求(试行)》和《全国青少年校园足球试点县(区)基本要求(试行)》的通知	三、严格管理,做强竞赛体系	61-1-3	环境型政策工具-策略性措施-学校
		四、示范引领,打造样板体系	61-1-4	环境型政策工具-体育目标规划-学校
		五、激励创新,构建荣誉体系	61-1-5	需求性政策工具-个人需求层面满足-政府、学校
		六、精诚合作,合力形成一体化推进体系	61-1-6	环境型政策工具-体育目标规划-政府、学校、市场
		七、攻坚克难,搭建科研体系	61-1-7	供给型政策工具-体育科技支持-学校
		八、树立导向,完善舆论宣传引导体系	61-1-8	供给型政策工具-体育信息支持-政府、学校、市场
		一、加强组织领导 (一)落实国家政策,加强区域统筹,纳入发展规划	61-2-1-1	环境型政策工具-策略性措施-政府
		(二)健全工作机制,完善规章制度	61-2-1-2-1	环境型政策工具-体育法规管理-政府
		区域内的全国青少年校园足球特色学校数应占本地区中小学总数的60%以上	61-2-1-2-2	环境型政策工具-体育目标规划-政府
		(三)深入推广普及,探索有益经验	61-2-1-3	环境型政策工具-体育目标规划-政府、学校
		二、完善条件保障 (一)配齐配强体育师资,落实体育教师待遇	61-2-2-1	供给型政策工具-体育人才培养-学校
		(二)场地设施完备,体育经费保障充足	61-2-2-2	供给型政策工具-体育场地(馆)设施投入-政府
		三、打牢、做实校园足球发展体系	61-2-3	环境型政策工具-策略性措施-政府、学校

续表

序号	政策文件	青少年体育政策的文本分析单元	编码	分类
62	关于印发《青少年体育活动促进计划》的通知	二、发展目标	62-2	环境型政策工具-体育目标规划-政府
		三、主要任务 (一)广泛开展青少年体育活动 1. 充分发挥全国青少年"未来之星"阳光体育大会示范带动作用 2. 广泛开展青少年体育活动和竞赛 3. 提高学校体育活动质量 4. 大力发展青少年足球运动 5. 推动青少年冰雪运动的普及与提高 6. 促进民族传统体育项目在青少年中的推广与普及	62-3-1-1	环境型政策工具-策略性措施-政府、学校
		7. 开展青少年体育国际交流与合作	62-3-1-2	需求性政策工具-体育交流与合作-政府、市场、学校
		(二)加强青少年体育组织建设	62-3-2	环境型政策工具-策略性措施-政府、市场、学校
		(三)统筹和完善青少年体育活动场地设施	62-3-3	供给型政策工具-体育场地(馆)设施投入-政府、学校
		(四)强化青少年运动技能培训 1. 开展青少年运动技能培训	62-3-4-1	需求性政策工具-政府采购-政府
		2. 研究建立青少年运动技能等级评定标准	62-3-4-2	环境型政策工具-体育法规管理-政府、学校
		(五)推进青少年体育指导人员队伍建设	62-3-5	供给型政策工具-体育人才培养-政府、学校
		(六)加强青少年科学健身研究与普及 1. 开展青少年科学健身研究	62-3-6-1	供给型政策工具-体育科技支持-政府、学校
		2. 推广青少年科学健身普及活动	62-3-6-2	供给型政策工具-体育信息支持-政府、学校

续表

序号	政策文件	青少年体育政策的文本分析单元	编码	分类
62	关于印发《青少年体育活动促进计划》的通知	（七）加强对青少年的体育文化教育	62-3-7	供给型政策工具-体育信息支持-政府、市场、学校
		四、组织保障 （二）拓宽经费来源渠道，提高经费投入力度 各级体育、教育等部门应不断加大对青少年体育活动的投入。各有关部门应引导建立青少年体育多元化资金筹集机制，鼓励引导社会资金进入青少年体育活动领域，优化青少年体育活动投融资引导政策	62-4-2-1	供给型政策工具-体育资金投入-政府、学校
		各级体育、教育部门应进一步创新机制，鼓励通过政府购买服务、政府和社会资本合作（PPP）等方式，引导社会力量积极参与青少年体育活动。	62-4-2-2	需求性政策工具-政府采购-政府
		（三）利用现代信息技术，提高信息化水平	62-4-3	供给型政策工具-体育信息支持-政府、学校
		（四）建立风险防范机制，提高风险管理能力	62-4-4	环境型政策工具-体育法规管理-政府
		（五）加强督查评估，确保实施效果 建立《青少年体育活动促进计划》工作绩效评估体系，组织开展检查评估。对重点目标的实施进度和推行情况进行跟踪反馈，定期发布"青少年体育活动促进发展报告"	62-4-5-1	环境型政策工具-策略性措施-政府
		严格执行《国家学生体质健康标准》，积极探索通过第三方开展学生体质监测的办法，完善学生体质健康公告制度	62-4-5-2	需求性政策工具-体育服务外包-政府
63	关于以2022年北京冬奥会为契机大力发展冰雪运动的意见	四、广泛开展青少年冰雪运动 （十二）举办青少年冰雪赛事 （十三）发展校园冰雪运动	63-4	环境型政策工具-策略性措施-政府、学校

序号	政策文件	青少年体育政策的文本分析单元	编码	分类
64	体育强国建设纲要	一、总体要求 (二)战略目标 到 2035 年，青少年体育服务体系更加健全，身体素养显著提升，健康状况明显改善	64-1-2	环境型政策工具-体育目标规划-政府
		二、战略任务 (一)落实全民健身国家战略，助力健康中国建设 将促进青少年提高身体素养和养成健康生活方式作为学校体育教育的重要内容，把学生体质健康水平纳入政府、教育行政部门、学校的考核体系，全面实施青少年体育活动促进计划	64-2-1-1	环境型政策工具-策略性措施-政府、学校
		推进全民健身智慧化发展。运用物联网、云计算等新信息技术，促进体育场馆活动预订、赛事信息发布、经营服务统计等整合应用，推进智慧健身路径、智慧健身步道、智慧体育公园建设	64-2-1-2	供给型政策工具-体育信息支持-政府
		(二)提升竞技体育综合实力,增强为国争光能力 统筹国际国内体育科技资源，构建跨学科、跨地域、跨行业、跨部门的体育科技协同创新平台，加强科研攻关、科技服务和医疗保障工作	64-2-2-1	供给型政策工具-体育科技支持-政府
		建立中国特色现代化竞赛体系。推动青少年竞赛体系和学校竞赛体系有机融合；全面推动足球、篮球、排球运动的普及和提高	64-2-2-2	环境型政策工具-策略性措施-政府、学校
		(四)促进体育文化繁荣发展，弘扬中华体育精神 开展传统体育类非物质文化遗产展示展演活动，推动传统体育类非物质文化遗产进校园	64-2-4	供给型政策工具-体育信息支持-政府、学校
		(五)加强对外和对港澳台体育交往，服务中国特色大国外交和"一国两制"事业	64-2-5	需求性政策工具-体育交流与合作-政府
		三、政策保障 (二)加大政策支持力度 完善公共财政体育投入机制，多渠道筹措资金支持体育强国建设	64-3-2-1	供给型政策工具-体育资金投入-政府
		加大政府向社会力量购买公共体育服务的力度	64-3-2-2	需求性政策工具-政府采购-政府
		落实体育税费政策，加强对政策执行情况的评估督查	64-3-2-3	需求性政策工具-税收优惠-政府
		统筹考虑全民健身场地设施、体育用地需求，建立社区全民健身场地设施配建标准和评价制度	64-3-2-4	供给型政策工具-体育场地(馆)设施投入-政府
		(四)加快体育人才培养和引进	64-3-4	供给型政策工具-体育人才培养-政府
		(五)推进体育领域法治和行业作风建设	64-3-5	环境型政策工具-体育法规管理-政府
		(六)加强体育政策规划制定等工作	64-3-6	环境型政策工具-策略性措施-政府

续表

序号	政策文件	青少年体育政策的文本分析单元	编码	分类
65	国务院办公厅关于《促进全民健身和体育消费推动体育产业高质量发展》的意见	一、深化"放管服"改革，释放发展潜能 (一)深化全国性单项体育协会改革 各协会主办的体育赛事活动资源、培训项目等，符合条件的都要通过公开方式交由市场主体承办。鼓励将赛事活动承办权、场馆运营权等通过产权交易平台公开交易	65-1-1	需求性政策工具-体育服务外包-政府
		(二)完善赛事管理服务机制 制定体育赛事活动办赛指南、参赛指引，明确举办基本条件、标准、规则和各相关主管部门的责任。建立跨部门的体育赛事活动综合服务机制或例会制度。……改进商业性体育赛事活动的安全管理措施	65-1-2	环境型政策工具-体育法规管理-政府
		(三)深化场馆运营管理改革 政府投资新建体育场馆应委托第三方企业运营，不宜单独设立事业单位管理	65-1-3	需求性政策工具-体育服务外包-政府
		二、完善产业政策，优化发展环境 (五)落实已有税费政策 体育企业符合现行政策规定条件的，可享受研究开发费用税前加计扣除、小微企业财税优惠等政策。体育场馆自用的房产和土地，可按规定享受有关房产税和城镇土地使用税优惠	65-2-5	需求性政策工具-税收优惠-政府
		三、促进体育消费，增强发展动力 (九)出台鼓励消费政策 推动公共体育场馆延长开放时间，鼓励开发健身产品、提供体育培训服务	65-3-9	供给型政策工具-体育场地(馆)设施投入-政府
		(十一)培养终身运动习惯 探索实行学生运动技能标准达标评定制度，推动每名学生熟练掌握至少1项终身受益的运动技能。广泛开展各级学校体育联赛	65-3-11	环境型政策工具-体育法规管理-政府、学校
		四、建设场地设施，增加要素供给	65-4	供给型政策工具-体育场地(馆)设施投入-政府

续表

序号	政策文件	青少年体育政策的文本分析单元	编码	分类
65	国务院办公厅关于《促进全民健身和体育消费推动体育产业高质量发展》的意见	五、加强平台支持，壮大市场主体 (十九)推动体育社会组织发展	65-5-19	环境型政策工具-策略性措施-政府、市场
		六、改善产业结构，丰富产品供给 (二十一)支持体育用品制造业创新发展。推动智能制造、大数据、人工智能等新兴技术在体育制造领域应用。鼓励体育企业与高校、科研院所联合创建体育用品研发制造中心	65-6-21	供给型政策工具-体育科技支持-政府
		(二十二)推动体育赛事职业化 支持校际体育赛事发展，探索商业化运营模式	65-6-22	环境型政策工具-策略性措施-政府、市场、学校
		(二十三)加快发展冰雪产业 力争到2022年，冰雪产业总规模超过8000亿元，推动实现"三亿人参与冰雪运动"目标	65-6-23	环境型政策工具-体育目标规划-政府
		(二十四)大力发展"互联网+体育" 推动电子商务平台提供体育消费服务。支持以冰雪、足球、篮球、赛车等运动项目为主体内容的智能体育赛事发展	65-6-24	供给型政策工具-体育科技支持-政府
		八、实施"体育+"行动，促进融合发展 (三十)加快体教融合发展 通过政府购买服务等方式，引进专业教练员、退役运动员、体育培训机构等为学校体育课外训练和竞赛提供指导	65-8-30-1	需求性政策工具-政府采购-政府
		完善学校体育教学、训练和竞赛体系，支持学校与体育部门建立运动员共同培养机制	65-8-30-2	环境型政策工具-策略性措施-政府、学校
		十、夯实产业基础，提高服务水平 (三十四)加强体育产业人才培养。鼓励普通高校、职业院校设置体育产业相关专业，形成有效支撑体育产业发展的高层次人才培养体系。完善教练员水平评价制度	65-10-34	供给型政策工具-体育人才培养-政府

序号	政策文件	青少年体育政策的文本分析单元	编码	分类
66	关于《促进和规范社会体育俱乐部发展》的意见	二、全面支持发展 (三)完善治理结构。各级体育部门要会同民政部门、市场监管部门督促社会体育俱乐部完善社会组织法人或企业法人治理结构,建立健全以章程为核心的各项规章制度,推动社会体育俱乐部成为权责明确、运转高效、依法自治的法人主体	66-2-3	环境型政策工具-体育法规管理-政府
		(四)开展水平评价。各级体育部门和单项体育协会要密切配合,建立社会体育俱乐部评级制度,研究具体标准和细则,对社会体育俱乐部的资质、信用、场地、赛事、服务等状况开展综合评价,方便群众更有针对性地参加社会体育俱乐部活动	66-2-4	环境型政策工具-策略性措施-政府
		(五)加强师资建设。各级体育部门和单项体育协会要加强对社会体育俱乐部教练的管理,建立个人档案,制定行业规范,开展水平评价,量化专业标准,完善培训制度,注重师德建设,促进社会体育俱乐部教练和师资水平提升	66-2-5	供给型政策工具-体育人才培养-政府
		(六)保障场地设施。鼓励支持社会体育俱乐部依托经营性体育场所、体校、学校、公共体育场馆、运动训练基地及其他企事业单位体育设施等,开展群众性体育活动和体育项目培训,为群众就近就便安全科学健身提供服务	66-2-6	供给型政策工具-体育场地(馆)设施投入-政府、市场、学校
		(七)丰富赛事活动。各级体育部门要通过购买服务、资金补贴等方式引导鼓励社会力量举办面向社会体育俱乐部的赛事活动,丰富赛事活动供给,构建社会体育俱乐部赛事活动体系	66-2-7	需求性政策工具-政府采购-政府

续表

序号	政策文件	青少年体育政策的文本分析单元	编码	分类
67	教育部等七部门关于印发《全国青少年校园足球八大体系建设行动计划》的通知	二、主要任务 1. 精心布局、夯实校园足球推广体系	67-2-1	环境型政策工具-策略性措施-政府、学校
		2. 全面发力、健全校园足球教学体系 参与中国足协青少年训练大纲的讨论和研究，在科学吸纳中国足协青少年训练大纲的内容基础上，促进教学内容、条件和线上线下教育资源等衔接配套，形成内容丰富、形式多样、因材施教的校园足球教学体系	67-2-2-1	环境型政策工具-策略性措施-政府、学校
		促进互联网、大数据、人工智能等技术与校园足球教学深度融合	67-2-2-2	供给型政策工具-体育科技支持-政府
		强化足球师资培养培训，建立线上线下相结合的校园足球师资培训体系，开发培训课程，制定等级考核评定机制，增强教学针对性和实效性	67-2-2-3	供给型政策工具-体育人才培养-政府
		3. 示范引领、打造校园足球样板体系	67-2-3	环境型政策工具-策略性措施-政府
		4. 严格管理、做强校园足球竞赛体系	67-2-4	环境型政策工具-策略性措施-政府、学校
		5. 统筹协调、形成校园足球融合体系 完善全国青少年校园足球工作领导小组成员单位例会制度，加快推进工作对接和资源共享，发挥各自优势，深化体教融合	67-2-5-1	环境型政策工具-体育法规管理-政府、学校
		建立和完善校园足球与足协或职业俱乐部运动员流动和逐级反哺机制。完善退役运动员、优秀教练员、社会体育指导员、有体育特长的社会人员兼职校园足球教师制度	67-2-5-2	供给型政策工具-体育人才培养-政府、市场、学校
		加强国际交流，搭建国内外相关足球组织、机构和部门有序参与、协同推进校园足球健康发展的格局	67-2-5-3	需求性政策工具-体育交流与合作-政府、市场、学校

续表

序号	政策文件	青少年体育政策的文本分析单元	编码	分类
67	教育部等七部门关于印发《全国青少年校园足球八大体系建设行动计划》的通知	6. 激励创新、构建校园足球荣誉体系	67-2-6	需求性政策工具-个人需求层面满足-政府、市场、学校、家庭、社区
		7. 攻坚克难、搭建校园足球科研体系	67-2-7	供给型政策工具-体育科技支持-政府、学校
		8. 强化导向、完善校园足球舆论宣传引导体系	67-2-8	供给型政策工具-体育信息支持-政府、市场、学校
		三、保障措施 1. 加强组织领导。完善校园足球事业发展的多元化投入机制，鼓励各地通过政府购买服务等多种方式加大支持校园足球发展的力度	67-3-1	需求性政策工具-政府采购-政府
		3. 完善保障机制。各地相关部门要完善校内外足球运动安全管理制度，落实安全责任制，加强运动风险教育，提高安全意识和风险防范能力。探索建立涵盖体育意外伤害的学生综合保险机制	67-3-3-1	环境型政策工具-体育法规管理-政府、学校
		引导社会力量支持校园足球发展，加强足球场地、设施的维护管理，支持基础性、公益性足球场地设施建设	67-3-3-2	供给型政策工具-体育场地(馆)设施投入-政府、市场
		4. 健全统计机制。加强校园足球场地设施数据收集汇总工作，全面准确掌握校园足球场地数量、类型、分布等基本情况，切实加强动态调整、确保数据准确	67-3-4	供给型政策工具-体育信息支持-政府、学校

序号	政策文件	青少年体育政策的文本分析单元	编码	分类
68	关于印发深化体教融合 促进青少年健康发展意见的通知	一、加强学校体育工作 (二)通过政府购买服务等形式支持社会力量进入学校,丰富学校体育活动,加强青少年学生军训	68-1-2	需求性政策工具-政府采购-政府
		(三)对开展情况优异的学校,教育部门会同体育部门在教师、教练员培训等方面予以适当激励	68-1-3	环境型政策工具-体育外部主体激励-政府、学校
		(四)支持大中小学校成立青少年体育俱乐部,制定体育教师在课外辅导和组织竞赛活动中的课时和工作量计算等补贴政策	68-1-4	需求性政策工具-税收优惠-政府
		(五)健全学校体育相关法律体系,修订《学校体育工作条例》	68-1-5	环境型政策工具-体育法规管理-政府
		(六)将体育科目纳入初、高中学业水平考试范围,纳入中考计分科目,科学确定并逐步提高分值,启动体育素养在高校招生中的使用研究	68-1-6	环境型政策工具-策略性措施-政府
		(七)加快体育高等院校建设,丰富完善体育教育体系建设。加强体育基础理论研究,发挥其在项目开展、科研训练、人才培养等方面的智库作用	68-1-7	供给型政策工具-体育科技支持-政府、学校
		(八)在体育高等院校建立足球、篮球、排球学院,探索在专科、本科层次设置独立的足球、篮球、排球学院	68-1-8	环境型政策工具-体育目标规划-政府、学校
		二、完善青少年体育赛事体系	68-2	环境型政策工具-策略性措施-政府
		四、深化体校改革 (二十一)以适当形式与当地中小学校合作,为其提供场地设施、教学服务、师资力量等	68-4-21	供给型政策工具-体育场地(馆)设施投入-政府、学校

续表

序号	政策文件	青少年体育政策的文本分析单元	编码	分类
68	关于印发深化体教融合 促进青少年健康发展意见的通知	(二十四)鼓励体校教练员参与体育课教学和课外体育活动,为学生提供专项运动技能培训服务,并按规定领取报酬	68-4-24	供给型政策工具-体育人才培养-政府、学校
		五、规范社会体育组织 (二十五)鼓励青少年体育俱乐部发展,建立衔接有序的社会体育俱乐部竞赛、训练和培训体系。加强事中事后监管,改善营商环境,激发市场活力,避免因联合认定俱乐部而可能出现变相行政审批的现象	68-5-25-1	环境型政策工具-策略性措施-政府、市场
		落实相关税收政策,在场地等方面提供政策支持	68-5-25-2	需求性政策工具-税收优惠-政府
		(二十六)通过政府向社会体育组织购买服务的方式,为缺少体育师资的中小学校提供体育教学和教练服务	68-5-26	需求性政策工具-政府采购-政府
		六、大力培养体育教师和教练员队伍	68-6	供给型政策工具-体育人才培养-政府、学校
		七、强化政策保障 (三十二)加强场地设施共享利用,鼓励存量土地和房屋、绿化用地、地下空间、建筑屋顶等兼容建设场地设施。鼓励利用场地设施创建或引入社会体育组织,提供更多公益性体育活动	68-7-32	供给型政策工具-体育场地(馆)设施投入-政府、市场
		(三十三)严格规范青少年运动员培训、参赛和流动,加强运动员代理人从业管理,坚决执行培训补偿政策,切实保障"谁培养谁受益"	68-7-33	需求性政策工具-个人需求层面满足-政府
		(三十四)加大对青少年体育赛事、活动的宣传转播力度,营造全社会关注、重视青少年体育的良好氛围	68-7-34	供给型政策工具-体育信息支持-政府、市场
		八、加强组织实施	68-8	环境型政策工具-策略性措施-政府

序号	政策文件	青少年体育政策的文本分析单元	编码	分类
69	关于全面加强和改进新时代学校体育工作的意见	二、不断深化教学改革	69-2	环境型政策工具-策略性措施-政府、学校
		三、全面改善办学条件 9. 配齐配强体育教师	69-3-9	供给型政策工具-体育人才培养-政府、学校
		10. 改善场地器材建设配备	69-3-10	供给型政策工具-体育场地(馆)设施投入-政府、学校
		11. 统筹整合社会资源	69-3-11	环境型政策工具-策略性措施-政府、市场、学校、社区
		四、积极完善评价机制	69-4	环境型政策工具-体育法规管理-政府、学校
		五、切实加强组织保障 15. 加强组织领导和经费保障 各级政府要调整优化教育支出结构，完善投入机制，积极支持学校体育工作。地方政府要统筹安排财政转移支付资金和本级财力支持学校体育工作。鼓励和引导社会资金支持学校体育发展，吸引社会捐赠，多渠道增加投入	69-5-15	供给型政策工具-体育资金投入-政府
		16. 加强制度保障	69-5-16	环境型政策工具-体育法规管理-政府
		17. 营造社会氛围	69-5-17	供给型政策工具-体育信息支持-政府、市场、学校
70	国务院办公厅关于同意建立青少年体育工作部际联席会议制度的函	四、工作要求 各成员单位要按照职责分工，积极研究支持和促进青少年体育事业发展的有关问题，制定相关配套政策措施或提出政策建议；及时向联席会议办公室提出需要联席会议讨论的议题，认真落实联席会议确定的工作任务和议定事项；加强沟通、密切配合、相互支持、形成合力，充分发挥联席会议作用	70-4	环境型政策工具-策略性措施-政府

续表

序号	政策文件	青少年体育政策的文本分析单元	编码	分类
71	住房和城乡建设部 体育总局关于全面推进城市社区足球场地设施建设的意见	一、总体要求 (二)总体目标 2025年，地级及以上城市建立健全社区足球场地设施建设工作机制和管理模式，按照完整居住社区建设标准，实现新建居住社区内至少配建一片非标准足球场地设施，既有城市社区因地制宜配建社区足球场地设施。2035年，地级及以上城市社区实现足球场地设施全覆盖，具备条件的城市街道、街区内配建一片标准足球场地设施	71-1-2	环境型政策工具-体育目标规划-政府
		二、夯实基础工作，统筹谋划社区足球场地设施建设	71-2	环境型政策工具-策略性措施-政府
		三、充分挖潜资源，破解社区足球场地设施选址建设难题	71-3	供给型政策工具-体育场地(馆)设施投入-政府
		四、健全管理体制，完善社区足球场地设施运营维护机制 (十)探索运营维护模式 可按照属地管理原则，由用地权属单位、所在地街道等委托专业机构、物业公司、社区组织参与社区足球场地设施运营维护，保障足球场地设施功能和服务水平，提高足球场地设施的使用效率和寿命	71-4-10	需求性政策工具-体育服务外包-政府
		(十一)坚持共建共治共享。探索多元化资金筹措机制，鼓励政企联动，以公建民营、民办公助等多种形式吸引社会资本建设运营社区足球场地设施	71-4-11	供给型政策工具-体育资金投入-政府
		(十二)推动场地高效利用	71-4-12	供给型政策工具-体育场地(馆)设施投入-政府
		(十三)营造社区足球氛围	71-4-13	供给型政策工具-体育信息支持-政府、社区

续表

序号	政策文件	青少年体育政策的文本分析单元	编码	分类
72	教育部办公厅关于进一步加强中小学生体质健康管理工作的通知	一、加强宣传教育引导	72-1	供给型政策工具-体育信息支持-政府、学校
		二、开齐开足体育与健康课程 三、保证体育活动时间	72-(2-3)	环境型政策工具-体育目标规划-政府、学校、家庭
		四、提高体育教学质量 五、完善体质健康管理评价考核体系 六、做好体质健康监测 七、健全责任机制 八、强化督导检查	72-(4-8)	环境型政策工具-策略性措施-政府、学校
73	教育部办公厅关于印发《〈体育与健康〉教学改革指导纲要（试行）》的通知	一、总体要求 (三)改革目标	73-1-3	环境型政策工具-体育目标规划-学校
		二、主要任务	73-2	环境型政策工具-策略性措施-学校
		三、组织保障 (一)组织管理	73-3-1	环境型政策工具-策略性措施-政府、学校
		(二)课时保障	73-3-2	环境型政策工具-体育目标规划-学校
		(三)师资保障	73-3-3	供给型政策工具-体育人才培养-学校
		(四)场地器材	73-3-4	供给型政策工具-体育场地(馆)设施投入-政府、市场、学校
		四、督导评价	73-4	环境型政策工具-策略性措施-政府、学校

续表

序号	政策文件	青少年体育政策的文本分析单元	编码	分类
74	国务院关于印发全民健身计划(2021—2025年)的通知	二、主要任务 (七)促进重点人群健身活动开展。实施青少年体育活动促进计划,推进青少年体育"健康包"工程,开展针对青少年近视、肥胖等问题的体育干预,合理调整适合未成年人使用的设施器材标准	74-2-7	环境型政策工具-策略性措施-学校
		(九)推进全民健身融合发展。深化体教融合。完善学校体育教学模式,保障学生每天校内、校外各1个小时体育活动时间	74-2-9	环境型政策工具-体育目标规划-政府、学校
75	教育部等五部门关于全面加强和改进新时代学校卫生与健康教育工作的意见	二、深化教育教学改革 9.增加体育锻炼时间。按照教会、勤练、常赛要求,开齐开足体育与健康课,强化学校体育教学、训练,健全体育竞赛和人才培养体系。推广中华传统体育项目,开展全员运动会、亲子运动会。严格落实眼保健操、课间操制度,提倡中小学生到校后先进行20分钟左右的身体活动。保障学生每天校内、校外各1个小时体育活动时间	75-2-9	环境型政策工具-策略性措施-学校
76	体育总局关于印发《"十四五"体育发展规划》的通知	二、"十四五"时期体育发展的总体要求 6.主要目标 青少年体育发展进入新阶段。健康第一的理念深入人心,体教融合取得实质性进展,青少年普遍掌握1~2项运动技能,体育活动更加广泛深入,体育促进青少年身心健康取得新进展	76-2-6-1	环境型政策工具-体育目标规划-政府
		体育科教工作达到新水平。体育科研体系更加完备,科技创新机制更加灵活……立德树人根本任务有效落实,协同育人机制更加健全,体育教育质量进一步提升,体育人才不断涌现	76-2-6-2	供给型政策工具-体育科技支持-政府、学校
		五、加强体教融合,促进青少年体育健康发展 20.加强青少年体育优秀人才培养	76-5-20	环境型政策工具-策略性措施-政府、学校

序号	政策文件	青少年体育政策的文本分析单元	编码	分类
76	体育总局关于印发《"十四五"体育发展规划》的通知	21. 深化体校改革	76-5-21	环境型政策工具-策略性措施-政府
		22. 培育青少年体育社会组织	76-5-22	环境型政策工具-策略性措施-政府、市场
		23. 完善青少年体育竞赛活动体系	76-5-23	环境型政策工具-策略性措施-政府、学校
		24. 加强青少年体育骨干队伍建设	76-5-24	供给型政策工具-体育人才培养-政府
		七、强化体育领域思想引领，促进体育文化健康繁荣发展 34. 丰富中华体育精神时代内涵 加强运动员和青少年体育道德教育，培育和发展体育公益和志愿服务文化	76-7-34	供给型政策工具-体育信息支持-政府
		37. 加强优秀传统体育项目保护利用和传承	76-7-37	环境型政策工具-策略性措施-政府
		八、坚持合作共赢开放战略，构建体育对外交往新格局	76-8	需求性政策工具-体育交流与合作-政府
		九、以筹备北京 2022 年冬奥会为契机，实现冰雪运动跨越式发展 43. 推广普及冰雪运动	76-9-43	环境型政策工具-策略性措施-政府
		十、加强体育科教、人才和信息化建设，为体育发展提供坚实支撑 46. 提升体育科技研发水平	76-10-46	供给型政策工具-体育科技支持-政府、学校
		49. 强化体育人才队伍建设	76-10-49	供给型政策工具-体育人才培养-政府、学校、市场
		十一、完善中国特色社会主义体育法律规范体系，提升依法治体水平 51. 完善体育法律规范体系。积极配合全国人大完成《体育法》修改工作。完善全民健身、竞技体育、青少年体育、体育产业、体育文化、体育对外交往、反兴奋剂等体育各领域制度规范体系	76-11-51	环境型政策工具-体育法规管理-政府

续表

序号	政策文件	青少年体育政策的文本分析单元	编码	分类
76	体育总局关于印发《"十四五"体育发展规划》的通知	十五、加强党的领导，为规划实施提供有力保障 68. 深化体制机制改革	76-15-68	环境型政策工具-策略性措施-政府
		69. 加大政策支持 加强规划实施的资金保障，完善公共财政体育投入机制，形成财政综合支持体系	76-15-69-1	供给型政策工具-体育资金投入-政府
		完善政府购买服务机制，加大政府向社会力量购买体育公共服务的力度	76-15-69-2	需求性政策工具-政府采购-政府
		落实已有体育税费政策，加强对政策执行情况的评估督查	76-15-69-3	需求性政策工具-税收优惠-政府

致　谢

　　本书是在国家社科基金后期资助项目"青少年体育政策研究"的基础上完善而成的。本项目顺利完成并得以出版，首先要感谢课题组成员的辛勤付出，其中，第二章主要由曾紫荣完成，第三章主要由丁婷婷完成，第四章主要由徐艳梅完成，第五章主要由张晓强完成。此外，还要大力感谢武汉大学出版社分社长詹蜜、副编审聂勇军，以及参与本书出版工作的全体人员，他们为本书的出版付出了大量辛勤劳动，他们认真细致、一丝不苟的工作保证了本书的出版质量。